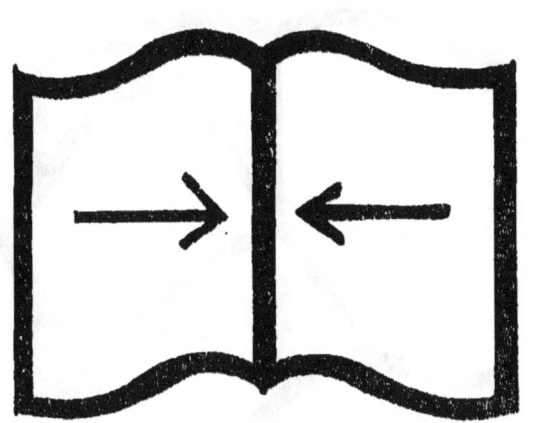

RELIURE SERREE
Absence de marges
intérieures

Valable pour tout ou partie
du document reproduit

Couvertures supérieure et inférieure manquantes

POLITIQUES ET MORALISTES
DU DIX-NEUVIÈME SIÈCLE

PREMIÈRE SÉRIE

EN VENTE A LA MÊME LIBRAIRIE.

OUVRAGES DE M. ÉMILE FAGUET

DIX-SEPTIÈME SIÈCLE, *études littéraires et dramatiques*, un fort vol. in-18 jésus, 6ᵉ édition, br. 3 50

DIX-HUITIÈME SIÈCLE, *études littéraires*, un fort vol. in-18 jésus, 6ᵉ édition, br. 3 50

DIX-NEUVIÈME SIÈCLE, *études littéraires*, un fort vol. in-18 jésus, 6ᵉ édition, br.. . . . . 3 50

COURONNÉ PAR L'ACADÉMIE FRANÇAISE.

MADAME DE MAINTENON INSTITUTRICE, *extraits de ses lettres, avis, entretiens, et proverbes sur* l'ÉDUCATION, avec une introduction, un vol. in-12 orné d'un portrait, 2ᵉ édition, br. 1 50

CORNEILLE, un vol. in-8°, illustré, 5ᵉ édit., br. . . 1 50

LA FONTAINE, un vol. in-8° illustré, 5ᵉ édit., br. . . 1 50

Ces deux derniers ouvrages font partie de la *Collection des Classiques populaires*, dirigée par M. Emile Faguet.

NOUVELLE BIBLIOTHÈQUE LITTÉRAIRE

ÉMILE FAGUET

POLITIQUES
ET
MORALISTES
DU DIX-NEUVIÈME SIÈCLE

Première Série

JOSEPH DE MAISTRE — DE BONALD
MADAME DE STAEL
BENJAMIN CONSTANT — ROYER-COLLARD
GUIZOT

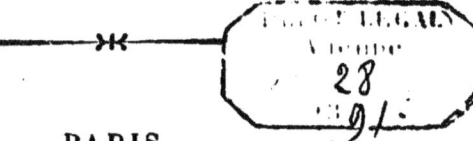

PARIS
LECÈNE, OUDIN ET Cie, ÉDITEURS
17, RUE BONAPARTE, 17

1891

Tout droit de traduction et de reproduction réservé.

AVANT-PROPOS

Je réunis ici quelques études sur les penseurs français du commencement du xixᵉ siècle. Les moralistes du siècle qui va finir ont ceci de très particulier qu'ils se sont occupés tout autant de politique que de morale, et même un peu plus de celle-là que de celle-ci, et c'est pourquoi l'on pardonnera peut-être aux essais que voici d'être parfois des études politiques encore plus que des études morales.

Il n'y a pas lieu de s'étonner beaucoup de l'importance que la politique a prise dans l'esprit des philosophes français de 1800 à 1830. Après la Révolution française, c'était bien une politique constituante qu'il paraissait le plus urgent de fonder, et par conséquent une sociologie générale qu'il s'agissait de trouver. Avant 1789, il y avait en France une Constitution à améliorer ; après la Révolution française et l'Empire, il y avait à trouver une Constitution pour la France. C'est à quoi surtout les esprits réfléchis et audacieux se sont appliqués. On n'a point à le leur reprocher.

Ils se sont pourtant trompés un peu.

Après la période de 1789 à 1815, il est vrai qu'il y avait une science politique à constituer; mais après le XVIIIe siècle tout entier il y avait une science morale à faire, et les bases d'une morale à établir. Le XVIIIe siècle, c'est une religion qui s'en va, emportant avec elle la morale où elle était comme liée. Les morales puissantes et durables se fondant, à l'ordinaire, sous forme religieuse, ce que l'historien moraliste attend dans les premières années du XIXe siècle, c'est un essai de religion nouvelle, et il n'est rien, par exemple, qui l'étonne moins que la tentative saint-simonienne.

Les grands esprits dont nous nous occupons dans ce volume ne se sont pas placés à ce point de vue, les uns parce qu'ils éta ent chrétiens fervents, les autres parce qu'ils restaient à demi chrétiens, et croyaient l'être tout à fait : d'où il suit que les uns n'ont fait que recommander le christianisme tout pur, les autres qu'insinuer un christianisme adouci, tempéré et qu'ils jugeaient plus assimilable. Au regard du curieux et du dilettante, comme on dit à présent, ils y perdent, et sont, à ce point de vue, moins intéressants et que les fondateurs et même que les démolisseurs. Ils sont très instructifs encore cependant en leurs essais, ou de reconstruction intégrale, ou de réparation et aménagement partiels.

Quant à leurs travaux politiques, ils sont de premier ordre, et depuis Montesquieu il n'y a rien en ce genre de plus vigoureusement pensé et de plus consciencieusement étudié.

J'ai dit qu'au commencement de ce siècle il y avait une science morale et une science politique à créer.

En effet, ce qui a disparu au XVIIIᵉ siècle dans l'ordre moral, ce sont deux sentiments, le sens du surnaturel et le sens de la tradition ; et par suite un grand fait : la religion chrétienne, même réduite par le protestantisme à une sorte de minimum. Désormais, jusqu'à l'avènement d'une nouvelle religion, si elle doit venir, les sentiments moraux *n'existent plus au cœur de l'homme sous forme religieuse.* — Les organiser sous une autre forme, dût-elle être provisoire, est nécessaire.

Ce qui a disparu au XVIIIᵉ siècle dans l'ordre politique, c'est un sentiment, le sentiment dynastique, et un fait, l'ancienne Constitution française. — Organiser les Français, les lier autour d'un sentiment nouveau, et dans une constitution nouvelle, accommodée à leurs idées et à leurs besoins, est nécessaire.

D'autre part, ce qui a paru, et s'est développé chez les Français au cours du XVIIIᵉ siècle, c'est, dans l'ordre moral, trois sentiments principaux : l'individualisme, la croyance au progrès, la foi scientifique. Le Français du XVIIIᵉ siècle et du commencement du XIXᵉ siècle croit en lui, croit à la perfectibilité indéfinie, et croit que savoir est la clef de tous les progrès, et l'élément *unique* de toute civilisation. Il a le respect de la personne humaine, — l'élan vers l'avenir tenu pour nécessairement plus beau que le présent, — la conviction enfin que cet avenir sera conquis par le savoir. C'est de ces trois sentiments qu'il faut tenir compte soit pour les combattre, soit pour les exciter, soit pour leur faire leur part, quand on s'occupe, au XIXᵉ siècle, de morale ou de politique.

Enfin ce qui a paru, ce qui est né au XVIIIᵉ siècle, en tant que *faits* nouveaux, en tant que grands événements historiques, c'est la liberté et la démocratie.

La liberté est avant tout, est en soi un fait historique. C'est l'impossibilité pour les hommes, à un certain point de civilisation, de vivre d'une pensée commune, d'une foi commune, d'une science commune, d'une morale commune, d'une éducation commune, parce qu'à un certain point de civilisation il y a trop de pensées diverses, de fois différentes, de sciences inégales, de morales particulières, et d'éducations dissemblables. En cet état, un besoin naît, qui est que notre façon d'être ne nous soit pas imposée par autrui. Cette sujétion était très naturelle autrefois ; elle n'est plus possible. On préférerait mourir. Après avoir longtemps contesté, les hommes finissent par reconnaître cette nécessité sociale, et par céder à chacun une part, plus ou moins généreusement mesurée, de liberté de penser, de croire, d'écrire, de vivre et de s'élever à leur guise. La communauté y perd, l'individu y gagne ; mais parce que l'individu y gagne, la communauté reçoit encore des individus libres un peu plus de services qu'elle n'en tirerait de serviteurs insoumis.

La démocratie est un fait du même genre. C'est, en son fond, l'égalité (négative) que tant de façons différentes et de sentir met entre les hommes dissemblables, et précisément parce qu'ils sont dissemblables. Les hommes en cet état sentent bien qu'ils ne sont pas plus égaux qu'auparavant, que peut-être ils le sont beaucoup moins ; mais, en une si grande variété et dispersion, ils ne savent plus qui est *plus* et qui est *moins*, qui est meilleur et qui est pire, qui est guide et qui est fait pour suivre, et ils se résignent, non à croire, mais à déclarer que tous sont égaux. De même que tout à l'heure ils renonçaient à se conquérir, ils renoncent maintenant à se classer. — Mais comme encore faut-il, sinon qu'un commandement existe, du moins que des décisions soient prises, qui décidera ? La pluralité. De même que tout à l'heure, pour ne point se battre toujours, on renonçait à se conquérir les uns les autres, maintenant, pour ne point se battre, on se compte.

Voilà les deux grands faits politiques qui étaient en train et de s'achever et de se faire reconnaître au cours du XVIII° siècle. Comme il arrive toujours, ces deux faits, à être conçus par les hommes, devenaient des sentiments. La liberté devenait, selon les caractères, la forme la plus pure de l'orgueil ou la plus basse de la vanité, une manière de stoïcisme énergique et s'enivrant de sa propre énergie, confiance en soi pour le bien qui est un des plus beaux et nobles mobiles que l'homme puisse avoir, — ou une conviction niaise que chacun de nous n'a besoin que de lui pour se conduire et devenir très grand. Et la démocratie devenait, selon les caractères, la forme la plus touchante de la fraternité, ou la plus vulgaire de l'envie, le sentiment qu'aucune supériorité humaine n'est si certaine qu'elle ait le droit de s'imposer, — ou l'impatience et l'horreur des supériorités les plus évidentes et les plus sûres.

Et ces deux grands faits, comme nous l'avons vu, sont connexes ; mais ils sont contraires.

Ils sont connexes en leur origine et, en leur fond, ils se contrarient en leurs tendances, et, chacun allant où il va, se rencontrent et se heurtent.

La liberté voudrait que dans la nation il n'y eût qu'un très petit nombre de *choses commandées*, qu'un minimum, toujours diminué, de gouvernement.

La démocratie, pour que rien ne soit commandé par quelqu'un, ce qui constitue une supériorité à celui-ci, voudrait que tout fût commandé par tout le monde ; et, de plus, a une tendance à ce qu'il n'y ait rien en dehors des choses commandées, aucun exercice de l'activité humaine non ordonné par tous ; en d'autres termes, non seulement elle ne veut pas de commandement individuel, mais elle ne voudrait pas de liberté individuelle. En quoi encore elle est clairvoyante et logique. Car une liberté n'est pas un privilège ; mais elle le devient. Une liberté exercée s'annexe d'autres libertés, s'organise en une petite collection, en une petite force sociale indépendante, et, dès lors, n'est plus seulement une liberté, mais une force, une supériorité par conséquent, ce dont la démocratie ne peut vouloir.

Ces deux grands faits, nés d'une source commune, qui est l'individualisme, sont donc en opposition l'un avec l'autre, et arrivés à leur maturité et à la conscience d'eux-mêmes, se combattent. A l'aboutissement de leur marche et à leur excès, l'un briserait l'État, l'autre établirait le pur despotisme. — Ils se combattent et se disputent le terrain, très forts tous les deux, puisqu'ils puisent leurs forces aux mêmes sources profondes et lointaines ; et cette lutte est très probablement la condition même d'un état social très instable, il est vrai, mais capable de vie, de marche et de mouvement.

Les hommes que nous étudierons dans ce volume n'ont pas vu, je crois, le problème moral du XIXᵉ siècle dans toute son étendue ; ils ont très bien vu, et presque jusqu'en son fond, le problème politique.

Le problème moral leur a semblé être l'ancienne religion à rétablir intégralement ou à restaurer partiellement. Ceux qui ont voulu, comme de Maistre ou de Bonald, la rétablir en son entier, du moins ont été très logiques. Chacun à sa manière, et donnant chacun à cette antique foi une *couleur* particulière, ils n'ont pas marchandé à la rétablir dans tout ce qu'elle avait de plus étranger et même de plus contraire aux nouvelles façons de penser. Ils l'ont tout entière rétablie sur le surnaturel et sur le providentiel. Ils ont prétendu, une fois de plus, démontrer la nécessité du surnaturel et de la providence. C'était leur foi, c'était la forme même de leur pensée ; il n'y a pas à protester contre eux. — Seulement, c'est ce que la race française, pour s'en tenir à elle, avait presque complètement abandonné au XVIIIᵉ siècle. Le surnaturel connu, et le surnaturel intervenant ; le surnaturel se faisant connaître et le surnaturel se faisant sentir, Dieu révélé et Dieu providence, voilà l'idée dont les âmes ont vécu pendant des siècles, qui peut-être reparaîtra, mais qui, au XVIIIᵉ siècle, sous l'influence des études scientifiques tout à coup prodigieusement développées, a abandonné les esprits. S'ils restent religieux par certains instincts, ou par certaines réminiscences héréditaires, ils vont à Dieu par d'autres voies, plus longues peut-être et certainement plus incertaines, mais non plus par celles-là. C'est une direction nouvelle des intelligences contre laquelle, d'ici à longtemps, aucun effort ne prévaudra. La preuve que cette foi a disparu, c'est qu'une autre existe. La foule accorde au savant ce qu'elle refuse au prêtre. Elle refuse au prêtre d'accepter la vérité religieuse sans vérification, et elle accepte du savant la vérité scientifique sans contrôle. Avec celui-là elle prétend raisonner, avec celui-ci elle ne raisonne point. La foi, éternelle dans l'humanité, s'est déplacée. Les essais de reconstruction religieuse des de Bonald et des de Maistre sont en retard, ou prématurés.

Ceux des modérés sont maladroits et incertains. Tous veulent maintenir un état d'âme religieux en sauvant je ne sais quel *minimum* de surnaturel, et se montrer respectueux de l'esprit moderne en faisant ce minimum aussi étroit et aussi indécis en même temps que possible. Ils sont rationalistes inconséquents et croyants vagues, parfois rationalistes sans logique et croyants sans foi. Dans un système rationaliste ils font une place, par courtoisie, au surnaturel. C'est au surnaturel qu'on ne fait pas sa part. Ce qu'on attend à cette époque, c'est ou une renaissance religieuse par acte de foi ; — ou une nouvelle religion fondée sur la science, non seulement crue mais adorée, et ce serait une espèce de naturalisme et de paganisme modernes ; — ou une religion de l'individualisme, une adoration de la conscience humaine, et ce serait une manière de stoïcisme renouvelé. Sauf peut-être cette dernière, qu'on trouve un peu chez

Constant et chez Madame de Staël, aucune de ces religiosités ne s'est nettement dessinée dans les écrivains philosophes dont les noms suivent. Ce qu'on a appelé la renaissance religieuse du xix° siècle n'est pas un pur rien vers 1820 ; ce n'est pas une illusion ; c'est une tendance très visible et très incontestable ; mais ce n'est qu'une tendance. Les essais de construction morale et religieuse dont je parle viendront plus tard, et peut-être trop tard ; ils n'existent pas, ou sont très faibles, dans les penseurs à qui ce volume est consacré.

C'est que les religions sont des passions. Elles consistent en un mélange intime et indissoluble de foi et d'amour ; elles consistent à ne pas raisonner, ou à ne pas commencer par raisonner ; et elles consistent à aimer ce qu'on croit, mais encore plus à croire ce qu'on aime, et à croire parce qu'on aime. Il n'y a point de religion sans mysticisme. Or les penseurs de 1800 à 1830 sont mystiques aussi peu que possible. Ce sont des raisonneurs, des hommes à idées, et des hommes qui n'ont d'ardeur passionnée, quand ils en ont, que pour les idées. Tout homme à idées est un critique, aucun critique n'est fondateur ou restaurateur religieux. Ce sont des dialecticiens, qui (sauf Madame de Staël, mais celle-là trop dispersée, et de peu de suite) mettent très peu de sentiments dans leurs idées, et ne s'enivrent que de logique. Et c'est, plus encore que les autres, les restaurateurs du christianisme, de Maistre et Bonald, qui ont ce caractère, et qui sont idéologues et raisonneurs acharnés. — Pour tout dire, ce sont tous des hommes du xviii° siècle, bon gré mal gré qu'ils puissent en avoir. Comme Chateaubriand apportait dans sa défense esthétique du christianisme quelque chose de la frivolité avec laquelle les hommes du XVIII° siècle l'attaquaient, tout de même les philosophes contemporains de Chateaubriand ont l'esprit du XVIII° siècle dans des âmes qui voudraient s'en détacher. Et plus peut-être que les autres, de Maistre et Bonald ont, en combattant Voltaire et Rousseau, le tour de pensée l'un de Voltaire, l'autre de Rousseau, si bien, succès douteux et sans grand effet, que de Rousseau et Voltaire ils donnent moins une réfutation qu'une contre-partie.

Brillants idéologues, beaux polémistes ou timides restaurateurs, tels sont, en choses religieuses et morales, les philosophes que j'ai réunis ici. Les hommes à sentiments et à passions profondes, les mystiques (car longtemps encore le mysticisme renaîtra par intervalles) paraîtront plus tard, de 1830 à 1848 environ, et nous aurons à nous en occuper dans une autre série d'études.

Le problème politique du XIX° siècle a été très bien entendu par les hommes dont je m'occupe plus loin, mieux peut-être que par ceux qui les ont suivis au cours de l'histoire. Liberté et démocratie, ces deux faits connexes et contraires, ces deux formes parallèles et opposées de l'individualisme moderne, ils les ont bien vus, avant même qu'ils fussent arrivés à leur développement et comme à leur pleine existence, et ils ont très bien compris que toute question politique du XIX° siècle y était liée, ou plutôt y était contenue. Les uns, très frappés des extrêmes dangers de l'individualisme,

AVANT-PROPOS.

et convaincus que là où l'individualisme triomphe la nation disparaît, ont repoussé l'individualisme sous ses deux formes, ont combattu la liberté et la démocratie tout ensemble, et, sans choisir entre les deux dangers, ont voulu conjurer l'un et l'autre, donnant le noble et triste spectacle de penseurs solitaires luttant contre l'histoire elle-même, et puisqu'elle était tout entière contre eux, ne pouvant, pour l'arrêter, lui opposer que leurs raisonnements.

D'autres, sentant qu'il fallait choisir, ont cru que la démocratie était un plus grand danger que la liberté, et ont cherché à combattre l'individualisme sous sa forme démocratie par l'individualisme sous sa forme liberté. C'était lutter en s'appuyant sur quelque chose, et sur quelque chose qui, ayant même origine que ce que l'on combattait, avait chance d'être aussi fort, et de durer autant. Prévenir et conjurer la souveraineté du peuple en proclamant, définissant et organisant la liberté, chacun du reste entendant celle-ci à sa manière, ç'a été l'effort des Constant, des Staël, des Royer-Collard et des Guizot.

L'un réclame un certain nombre de droits personnels, propriétés de l'individu, dérobés à la prise du souverain, que le souverain soit peuple ou roi. L'autre entend par libertés des privilèges possédés par certaines collections d'individus, et qui soient pouvoirs limitateurs du côté du pouvoir central. L'autre entend par liberté la participation des citoyens non fonctionnaires au fonctionnement de l'administration du pays.

Tous semblent comme exciter l'individualisme à se

satisfaire dans la liberté au lieu de se leurrer dans la démocratie ; tous considèrent la liberté comme l'aliment vrai de l'individualisme, et le dissuadent de chercher dans la démocratie l'illusion d'une victoire.

Tous, du reste, repoussent, en tout état de cause, l'organisation de la souveraineté populaire, et cherchent, chacun à sa façon, à y échapper ; tous, pour se dérober à la souveraineté populaire, déclarant *qu'il n'y a pas de souveraineté*, et chacun organisant, non pas la souveraineté, mais le gouvernement, d'une manière qui exclut la souveraineté du nombre.

L'un met le gouvernement dans l'équilibre de différents pouvoirs dont aucun n'est issu directement du peuple ; l'autre le fait dériver de la Loi elle-même, de la Charte ou Constitution, pouvoir impersonnel sur lequel aucune personne ou collection de personnes n'aura de prise ; l'autre le fait dériver de la Raison et le met dans les « classes moyennes » tenues pour représenter plus que d'autres la raison générale de la nation.

Sur ce point tous ces *libéraux* sont aussi réactionnaires que les purs rétrogrades de Bonald et de Maistre. Ils ne sont même libéraux, plus ou moins, et avec des différences de conception, qu'en tant que la liberté, ou les libertés, leur paraissent être des obstacles à l'avènement de la démocratie.

Ils ne sont pas pour cela aristocrates dans le sens ancien de ce mot. Ils ne rêvent point la reconstruction des castes démantelées et renversées. Le sens historique les avertit que les corps privilégiés, ni ne se reconstruisent une fois détruits, ni ne se créent de toutes pièces. Ils ont bien conscience que les corps privilégiés de l'ancien régime ont été ruinés, non par la révolution, ce qui ne les arrêterait pas, mais ce qui est autrement décisif et définitif, avant la révolution, bien avant elle, et depuis très longtemps, et que c'est pour cela qu'il serait vain de tenter de les relever. Seulement, aristocrates tout au fond de leur pensée, quelques-uns d'entre eux espèrent, ou semblent espérer, qu'avant l'avènement de la démocratie, d'autres corps aristocratiques pourront s'élever, prendre corps, consistance et racines. Ils espèrent ainsi gagner de vitesse la démocratie qui s'avance, et, pour le jour où elle aura pris force, lui avoir opposé d'autres obstacles que la simple démonstration qu'elle est mauvaise.

Tel était, à peu près, l'état des « esprits penseurs », comme dit Mme de Staël, dans les classes dirigeantes de la nation pendant les trente ou trente-cinq premières années de ce siècle. — Tous leurs espoirs ont été trompés, et déjoués tous leurs calculs. Le volume qui suit est l'histoire d'une grande illusion et d'une déception considérable.

Peut-être les très grandes âmes ont-elles une influence sur la marche des choses humaines : les grandes intelligences n'en ont aucune, sauf quand elles se trouvent dans le sens même de cette marche, auquel cas il est difficile dedire si elles guident ou si elles suivent. Au-dessous des penseurs de 1800 à 1830, la masse de la nation, sans les écouter ni les lire, et les applaudissant d'ailleurs quand elle entendait dire qu'ils étaient de son avis, suivait le mouvement où elle était emportée depuis plus d'un siècle, se détachant de plus en plus et du sens du surnaturel, et de la tradition, et du sentiment dynastique et même hiérarchique, donnant de plus en plus dans la croyance au progrès, la foi à la science et surtout l'individualisme. — Et l'individualisme passionné pouvait la rendre aussi bien libérale que démocrate. Mais la liberté est besoin de petit nombre ; l'égalité et le plaisir de se croire souverain est besoin de tous. Le courant démocratique devait vite l'emporter sur le courant libéral, et l'absorber. Les théoriciens dont je m'occupe ici furent dépassés très vite, l'étaient déjà au moment même où ils parlaient. L'impopularité du dernier d'entre eux a tenu à ce qu'il gouvernait dix ou quinze années environ après le moment où la nation avait généralement cessé de comprendre la langue qu'il parlait.

Ils nous ont laissé pourtant, non seulement des sujets d'études morales et historiques intéressants, mais encore des leçons dont, même en pleine démocratie, nous pouvons profiter. — La religion n'existe plus à l'état de force sociale ; l'instinct religieux individuel, ici et là, existe toujours. De quelle façon la très faible et indécise, mais réelle, renaissance religieuse du XIX° siècle a compris l'instinct religieux et a essayé de lui maintenir sa place parmi les conceptions nouvelles, cela reste très attrayant, et peut être utile, à considérer de près. — La démocratie est chez nous à peu près aussi complète qu'on la peut souhaiter; mais l'instinct de liberté existe aussi, très fort, exactement pour les mêmes causes. De quelle façon les théoriciens de la liberté, et aussi leurs adversaires, ont compris et expliqué les démarches de l'instinct libéral dans un peuple, cela reste précieux à connaître, pour savoir ou présager comment la liberté se maintiendra chez nous, et quelles conquêtes même elle peut faire. La démocratie est chez nous à peu près complète ; mais il n'est pas prouvé que dans une nation devenue démocratique, de nouvelles aristocraties, très différentes des anciennes, ne puissent pas se former et grandir ; et comment se forment dans une nation des corps aristocratiques, voilà ce que les théoriciens politiques qui ont étudié les transformations des sociétés peuvent contribuer à nous apprendre.

Et telles sont les différentes questions qui ont été touchées dans ce volume par cela seul qu'on y étudiait les philosophes sociologues du commencement de ce siècle.

Après eux est venue une nouvelle génération de penseurs, très différente, beaucoup plus audacieuse et plus chimérique aussi, comme touchée d'un retour inattendu de mysticisme, et qui a mis du mysticisme dans les choses qui lui sont le plus étrangères. Avec eux nous étudierons, dans un autre volume, un nouvel aspect de ce siècle. — Quant aux conclusions générales sur la marche intellectuelle et morale du siècle entier, on conçoit, si jamais nous avons l'impertinence d'essayer de les dégager, que nous attendions la fin de ces études pour nous y risquer.

Décembre 1890.   E. F.

POLITIQUES ET MORALISTES

PREMIÈRE SÉRIE

JOSEPH DE MAISTRE

Il y a eu un moment, vers 1830, où il n'était pas très malaisé d'écrire une étude sur Joseph de Maistre ; il y en a eu un autre, de 1850 à 1860, où il devenait de plus en plus difficile de faire son portrait. On ne s'y reconnaissait plus ; on ne le reconnaissait plus ; il avait changé. Après les *Considérations sur la France*, les *Soirées de Saint-Pétersbourg*, le *Pape*, l'*Église gallicane*, sa figure se dessinait très nettement à tous les yeux en deux ou trois traits si accusés qu'il y avait plaisir à le peindre, surtout pour ceux qui ne l'aimaient pas. Absolutiste féroce, théocrate enragé, légitimiste intransigeant, apôtre d'une trinité monstrueuse faite du pape, du roi et du bourreau, en toutes choses partisan des dogmes les plus durs, les plus étroits et les plus inflexibles, sombre figure du moyen âge où il y avait du docteur, de l'inquisiteur et de l'exécuteur, voilà quel était l'homme qu'on se figurait communément, même, quelquefois, après l'avoir lu.

Et puis ses papiers posthumes virent le jour, et si son *Examen de Bacon* ne changea rien, et pour cause, à l'opinion courante, ses *Mémoires et correspondances diplomatiques*, et ensuite ses *Lettres et opuscules*, vinrent tout brouiller, et déranger un peu ceux qui avaient leur siège fait et leur article écrit. On se dit des choses dont on était tout étonné en les disant : « Mais il est charmant ! Mais il est aimable ! Mais c'est un ami délicieux... un père adorable, d'une tendresse, d'une inquiétude, d'une anxiété, d'une indulgence !... Et un voisin de campagne exquis... et un gentilhomme du xviii° siècle, qui tourne une plaisanterie gauloise de la meilleure grâce. — Et savez-vous bien qu'il est libéral ? — Comment donc ! ses amis de Lausanne, vers 1795, l'appelaient le « jacobin ». — Mais, en effet, il est pour le comité du salut public. — Et pour la France contre la coalition. Personne n'est moins « émigré » que lui. — Les émigrés, il les déteste ! — Du reste, vous avez vu que M. Albert Blanc, qui publie ses mémoires, le tient pour un précurseur du saint-simonisme. »

Il y avait de quoi douter de soi ou de lui. « Allons, disait Sainte-Beuve avec son sourire, « *le voilà en train de changer de parti* » ; d'autant mieux que Sainte-Beuve lui-même, dans son article de 1851, l'avait tout doucement tiré au bonapartisme, ce qui était un peu fort, mais non pas beaucoup plus faux que le reste.

Et en vérité, ce nouvel aspect de Joseph de Maistre n'était pas plus trompeur que le premier. Oui, Joseph de Maistre est l'homme de l'infaillibilité, de l'absolutisme, de l'inquisition, de la révocation de l'édit de Nantes. Il est même, si l'on veut, l'homme du bourreau, encore que cette page du bourreau qui, à le bien entendre, n'est qu'une saillie d'*humour* un peu patibulaire, à la Swift, ait eu un peu trop aux yeux de nos pères le caractère d'une leçon en Sorbonne à prendre au pied de la lettre ; car il ne fallait pas plaisanter avec nos pères. Oui, Joseph de Maistre est tout cela, et il est aussi un homme très abordable, qui n'est point séparé de nous par un fleuve de sang. Nous le rencontrerions que nous n'aurions pas peur d'être brûlés vifs ; d'abord parce qu'il est bon, quoi qu'on en dise, et un peu quoi qu'il en ait, ensuite parce qu'il est intelligent, enfin parce qu'il a de l'esprit ; et je ne sais pas laquelle de ces trois raisons est la meilleure.

Il est très bon, d'une bonté qui a plus de profondeur que d'extension, et qui ne déborde pas sur le monde, je le sais ; mais le cœur est chaud, l'affection énergique, l'attache solide, la fidélité inflexible. Il aime pieusement, toute sa vie, des personnes qui ne sont pas de sa religion, chrétiens grecs de Russie ou protestants de Suisse, et cela est bien significatif ; et pour ces amis de son cœur, qui ne sont pas de ceux de son esprit, il est ingénieux en bons offices et en consolations.

Il est intelligent ; il sait très bien qu'on ne peut pas gouverner après la Révolution française comme auparavant : « Vous me dites que les peuples auront besoin de gouvernements *forts*... Si la monarchie vous paraît forte à mesure qu'elle est plus absolue, dans ce cas, Naples, Madrid et Lisbonne doivent vous paraître des gouvernements vigoureux... Soyez persuadé que pour fortifier la monarchie il faut l'asseoir sur les lois, éviter l'arbitraire... » On dirait un *libéral ;* c'est simplement un homme qui sait ce que c'est qu'un gouvernement.

Il est spirituel, homme de bonne compagnie, capable de sourires, et même d'échappées de bonne humeur un peu libre, dans la mesure qui sied, c'est-à-dire rarement, mais sans pruderie : « En vérité ce que je vous demande vaut à peine la galerie de Mlle *Amphitrite* (un vaisseau qu'on avait lancé la veille avec quelque difficulté) qui fit hier tant de grimaces, comme toutes les femmes, pour la chose du monde dont elle avait le plus d'envie. » — Il demande à son gouvernement un secrétaire de légation. Il lui faudrait un homme jeune, très aimable, bon danseur, joli meuble de salon, enfin un de ces hommes « qui savent par les femmes le secret des maris ». Le plaisant, c'est qu'on finit par lui envoyer son fils. Ce ne fut pas intentionnel. Il n'est que le hasard pour avoir de ces traits.

Et voilà bien des contrastes ; il faut tâcher de voir comme ils se sont unis et accordés dans un seul homme.

I.

LA POLITIQUE DE JOSEPH DE MAISTRE.

Il me semble qu'il faut dans Joseph de Maistre étudier le théoricien politique avant le philosophe et le théologien ; car il paraît bien, même à première vue, que c'est le philosophe et le théologien qui se sont modelés sur l'homme politique, et que peut-être sa philosophie et sa religion ne sont que des formes et des développements de sa politique. Remarquez au moins que c'est par des réflexions politiques qu'il a commencé. *Considérations sur la Révolution française*, voilà son livre de jeunesse, et tous ses autres livres sont les ouvrages de son âge mûr. Une foi de sentiment et d'éducation sur laquelle il semble ne pas encore réfléchir, un système politique très modifié et très creusé, voilà sa jeunesse ; — un système politique qu'il continue d'élaborer et un système religieux qu'il commence à méditer et à approfondir, et sur lequel, probablement, je ne dis encore que probablement, son système politique depuis longtemps arrêté a dû avoir son influence, voilà le milieu et la fin de sa vie. Commençons donc par voir ce qu'il a pensé en politique, sans trop craindre de nous tromper en nous réservant d'étudier sa philosophie comme une sorte de prolongement de ses idées sociales.

Joseph de Maistre a une place à part dans l'ordre des théoriciens politiques, et même tout simplement, parmi les hommes qui se mêlent à la vie nationale : c'est quelque chose comme un patricien qui n'est pas aristocrate ; et cela lui fait une originalité complexe qui est très curieuse à examiner.

C'est un patricien. Il l'est de naissance. Il est né avec le mépris du peuple et le sentiment qu'il n'en est pas, qu'il n'en a jamais été, même avant de naître. Sa famille est ancienne, connue, honorée, noble, plus que noble, car elle appartient à la magistrature héréditaire. Le sentiment patricien est plus fort dans une magistrature héréditaire ou dans un clergé héréditaire que dans une noblesse. On sent là qu'on est plus qu'une classe, qu'on est une caste ; qu'on est non seulement noblesse ancienne, mais savoir accumulé, habitude accumulée de juger, de diriger, d'éclairer, de faire penser les hommes, corps gardien d'un certain nombre de règles et des rites mystérieux, indéchiffrables au vulgaire et dont il dépend, aussi éloigné de lui que possible et beaucoup plus, par exemple, que ceux qui le mènent au combat. — Joseph de Maistre est né dans cette caste et dans les idées de cette caste. Son tempérament s'y accommodait au plus juste; il en a pris le pli tout de suite. Son enfance a été labeur énorme et obéissance absolue. Ce sont les deux traits essentiels de l'enfant de caste, bien né pour en faire partie. Acquérir de très bonne heure le savoir traditionnel qui est la force de cette caste, s'inculquer les rites, les formules et les interprétations; d'autre part, se donner l'aptitude essentielle de l'homme qui doit commander au nom d'un corps et au nom d'un texte, c'est-à-dire savoir obéir. C'est l'éducation d'un magistrat héréditaire ; ce pourrait être celle d'un lévite.

Il lut avidement, brutalement, servi par une complexion vigoureuse et par une mémoire qui a été une des plus belles du siècle, en un temps où on avait encore de la mémoire ; et il ne lisait, chose qui le peint bien déjà, que *ce qui était permis*. A vingt ans, étudiant à Turin, il n'ouvrait un livre qu'après avoir demandé à sa mère et obtenu l'autorisation de le lire. Il sera toujours ainsi ; vieux, il aura une autre mère à qui il demandera toujours ce qu'il doit lire et ce qu'il doit croire.

Puis, il fut magistrat lui-même, mais, au contraire de Montesquieu, magistrat aimant son métier. Il s'y plaisait, il s'y appliquait, il s'y renfermait. Il n'était point mondain, point amateur de sciences, point petit écrivain satirique. Il vivait chez lui, n'écrivait point de *Lettres persanes*, ne disséquait pas de grenouilles; trouvait la jurisprudence une science très belle et très conforme à sa nature d'esprit, à ce point qu'il aura toujours en lui un pli de subtilité juridique et de chicane captieuse. Procès, rapports, beaux jugements en langue grave et claire, quelques discours d'apparat, immenses lectures, il eût volontiers passé toute sa vie dans ces occupations sévères et nobles.

Un heurt survint, comme il en survient presque toujours un dans la vie des grands écrivains, sans lequel ils n'eussent probablement pas écrit. En général, ce sont les petits penseurs qui ont la vocation de penser pour les autres ; les grands se contenteraient aisément de penser pour eux. Ils sont assez forts pour s'accommoder d'une obscurité laborieuse, d'une profession régulière, honorable, et laissant quelques loisirs pour philosopher seul à seul. Un tout jeune homme, qui de ferme propos se destine à être écrivain, peut être doué de grandes qualités littéraires qui se déclareront plus tard, mais, en attendant, ne donne pas une marque éclatante de jugement. D'ordinaire, c'est une circonstance, un hasard impérieux qui a forcé les grands écrivains à le devenir, quand ils étaient loin d'y songer. Pour de Maistre, ce fut la Révolution française. Invasion de son pays, confiscation, persécution, exil; le voilà « émigré », sans patrie, sans biens, sans famille, sans occupations, dépaysé à Lausanne, en terre protestante. Que voulez-vous qu'il fît ? Écrire est une façon d'agir. C'est une façon aussi de ramasser ses idées en les exprimant, quand, sous le coup des événements, on sent comme le besoin de s'en rendre compte plus précisément qu'à l'ordinaire. Il écrivit les *Considérations*. Comme tous les esprits qui sont surtout des machines de pré-

nion appliquées à la logique, dès son premier volume il se donnait tout entier. Le patricien intelligent, sans orgueil sot, sans puérilité, sans aveuglement, sachant se rendre compte des choses ; mais le patricien convaincu, entier, tranchant, capable d'accommodement dans la pratique, mais non de transaction dans les idées, se manifestait complètement. Nous pouvons déjà le considérer d'ensemble.

Unité, continuité, c'est tout de Maistre. — Un État est un corps qui doit obéir à une intelligence unique pour rester un, et à une pensée traditionnelle pour continuer d'être. Il doit recevoir la vie d'un centre, et non essayer de constituer sa vie par le concours de cent mille volontés particulières. Ce concours ne peut pas exister ; car consulter le peuple, ce n'est pas faire concourir les volontés particulières, ce n'est que les compter ; et une addition n'est pas un organisme. Vous comptez 50,000 suffrages dans un sens, 49,000 dans un autre : à quoi arrivez-vous ? A régulariser l'oppression de 49,000 citoyens, qui, du reste, peuvent être les meilleurs, et à rien autre. Ce n'est pas même une addition, c'est une soustraction : vous vous demandez à intervalles égaux combien de citoyens vous pouvez bien retrancher du corps social et priver, pour ainsi dire, de cité. Votre système de gouvernement est une organisation de l'ostracisme.

Du reste, vous qui ne savez que compter, que comptez-vous ? Des volontés ? A peine. Des raisons ? Jamais. Vous comptez des velléités et des instincts. La pluralité, c'est le peuple, et le peuple, c'est ce qui n'est pas la raison ; car c'est ce qui n'est ni un ni continu. C'est la diversité, c'est la dispersion et c'est le caprice. Vous avez de singuliers abus de termes ; vous confondez *mandataire* et *représentant* du peuple. Mais le représentant est précisément un homme qui représente celui qui ne peut donner de mandat. « Tous les jours dans les tribunaux, l'enfant, le fou et l'absent sont *représentés* par des hommes qui ne tiennent leur mandat que de la loi : or le peuple réunit éminemment ces trois qualités ; car il est toujours enfant, toujours fou et toujours absent. »

Ah ! si les hommes étaient des quantités mathématiques, elle ne serait pas si mauvaise, votre politique par comptabilité. Si les hommes étaient tous semblables, tous ayant mêmes droits (et pour qu'ils eussent mêmes droits il faudrait qu'ils eussent même intelligence), tous ayant mêmes devoirs (et pour qu'ils eussent devoirs égaux, il faudrait qu'ils eussent égales puissances), tous ayant mêmes aptitudes, même valeur personnelle, alors je consentirais qu'on les comptât ; ce serait légitime; et même inutile ; car il est probable qu'étant si pareils, ils auraient tous pareille volonté, et qu'on saurait, sans addition, ce qu'ils veulent. Oui, l'égalité est chose juste, mais seulement en cas de similitude. — Aussi bien, c'est là précisément votre erreur. Sans bien vous en rendre compte, si vous voulez les hommes égaux, c'est qu'au fond vous les croyez pareils. Vous parlez des droits de *l'homme*, vous faites une constitution pour *l'homme*. Cela s'entend ; c'est que vous croyez que d'un homme à un autre, il n'y a point de différence, et qu'un homme et un homme cela fait *l'homme*. C'est inexact ; je veux bien vous apprendre « qu'il n'y a point d'homme dans le monde. J'ai vu dans ma vie des Français, des Italiens, des Russes ; je sais même, grâce à Montesquieu, qu'on peut être Persan ; mais quant à l'homme, je déclare ne l'avoir rencontré de ma vie ; s'il existe, c'est à mon insu. »

Revenons donc au sens commun. Vous fondez votre État sur la dispersion, ramenée à une unité factice par un procédé grossier. Vous demandez aux extrémités consultées sur leurs penchants de former un cœur. Vous comptez les grains de sable et vous croyez que le total est une maison. Je fonde mon État sur une unité vraie et une continuité réelle. Un État est un organisme, et, comme tout organisme, il vit d'une force puisée dans un passé lointain qu'il ne connaît pas, et d'un principe organisant intérieur qu'il ne connaît pas davantage. Il y a un mystère au fond de son unité, et au principe de sa continuité un autre mystère. Cela n'est pas clair; c'est précisément pour cela que c'est vivant ; car la vie repose sur un principe absolument insaisissable. — Vous croyez, avec Rousseau, que la société sort d'une délibération : on se réunit, on se consulte, on se compte, on fait le départ des droits et des devoirs, et en voilà pour jamais. C'est cela qui est clair, mais monstrueusement faux. « Jamais une société n'est sortie d'une délibération. » Cette délibération suppose déjà une société parfaitement organisée. Il a fallu un État, une civilisation, un gouvernement et une police rien que pour se réunir.

Loin que la société naisse d'une délibération, il serait plus juste de dire qu'elle en meurt. Quand vous réunissez une nation à l'effet de *se constituer*, qu'est-ce lui dire, sinon que, jusqu'à l'issue de cette délibération, elle n'existe pas ? — Mais le lendemain? Le lendemain, les mécontents songeront à une délibération nouvelle, les satisfaits se diront qu'ils peuvent d'un jour à l'autre n'être plus la majorité, tous auront ce sentiment qu'en exerçant le pouvoir constituant on ne l'épuise pas, et que d'autres délibérations pourront venir. — Et, en effet, elles viendront ; car il faut bien voir de temps en temps si la majorité n'a pas changé ; et encore une fois, puis une autre fois, puis une autre encore, la société cessera d'exister pour recommencer à être. Vous faites naître l'État tous les dix ans. C'est précisément dire qu'il ne vit pas, et l'empêcher de vivre. Vous êtes l'enfant qui déplante et replante son arbrisseau tous les matins pour mesurer ses racines.

De même vous croyez que l'État repose sur une constitution écrite. C'est une autre forme de la même erreur. « Toute constitution écrite est nulle. » On la connaît trop ; elle est trop claire; elle n'a de mystère pour personne. On n'obéit vraiment, du fond du cœur, on n'obéit *activement* qu'au mystérieux, qu'à des forces obscures et puissantes, mœurs, coutumes, préjugés, état général des esprits et des âmes, qui nous enveloppent, nous pénètrent et nous animent, à notre insu. Elles seules sont indiscutables, en raison de leur obscurité. On discute un texte, on songe à l'amender ; comme on y sent la main humaine, on songe à y mettre la main. Il est exécuté, il n'est pas respecté ; on ne lui obéit pas, on lui cède. De cette obéissance passive rien ne sort qui soit vivant, qui, pour ainsi dire, soit réel. Un texte n'est pas une âme.

L'âme d'un peuple, ne me demandez pas quelle en est l'essence ; car l'essence d'une âme est insaisissable ; mais je vous dirai quels en sont les attributs. L'âme d'un peuple, c'est tout ce qui fait qu'il se ramène à l'unité, et qu'il dure. C'est, par exemple, son amour de lui-même. C'est le patriotisme qui fait la patrie. Mais le patriotisme n'est pas un sentiment égoïste un peu épuré, comme vous le croyez ; ce n'est pas chez moi le respect de vos droits pour que vous respectiez les miennes ; ce n'est pas dans chaque classe de la nation un sacrifice fait à la communauté pour qu'à chaque classe il en revienne un avantage. Le patriotisme ainsi entendu n'est plus un sentiment, c'est un calcul ; et votre système de comptabilité se poursuit ; ce n'est pas une nation que vous fondez ainsi, c'est une société financière. Le patriotisme vrai ne calcule pas ; il est un *dévouement*. Il consiste à aimer son pays parce que c'est le pays, c'est-à-dire sans savoir pourquoi. Si on le savait, on raisonnerait, on calculerait, on n'aimerait plus. Comme la vertu est un sacrifice, c'est-à-dire une immolation de tous les intérêts, un effacement de toutes les raisons, et une abolition de tous les mobiles, devant un commandement intérieur qui ne donne pas de raisons ; de même le patriotisme, loin qu'il soit une association du moi au tout pour en tirer profit, est une absorption du moi dans le tout sans autre but que le sacrifice. C'est dans ces conditions seules qu'il est puissant et fécond, qu'il fonde quelque chose de vivant, et non une banque, mais une patrie.

Or un patriotisme de cette sorte est impossible en démocratie. Le fond de la démocratie est égoïsme ; il est souci continuel de ne pas être sacrifié, de ne pas être dupe, de limiter, de surveiller et de suspendre périodiquement le pouvoir pour qu'il n'empiète point, c'est-à-dire de pouvoir toujours retirer sa mise. Le citoyen dans ce système ne se donne pas, il se prête et se reprend sans cesse ; il semble se louer à l'année. Il y a peut-être un grand respect de soi dans ces démarches ; mais, en attendant, c'est la conspiration puissante de toutes les énergies dans le même sens, c'est la patrie qui n'existe pas.

Vous vous moquez de la monarchie ; mais la monarchie est la forme sensible de la patrie, et le dévouement au monarque la forme sensible du patriotisme. C'est un sentiment fort parce qu'il est irréductible au calcul, profond parce qu'il n'est pas susceptible d'analyse, et inébranlable justement parce qu'il est irrationnel. L'homme qui dit : « Mon roi ! » ne raisonne pas, ne compte pas, ne *délibère* pas, ne signe pas un contrat, ne souscrit pas à une émission, n'engage pas un capital qu'il songera à retirer demain s'il n'y a pas de dividendes : c'est ce qu'il ferait avec des égaux ; mais son roi, il l'aime et se dévoue à lui, et rien de plus ; en attendant, c'est à la patrie qu'il s'est attaché. La monarchie, c'est la patrie incarnée en un homme et aimée en lui.

L'âme d'un peuple, c'est encore sa tradition nationale. La France n'est pas trente millions d'hommes qui vivent entre les Pyrénées et le Rhin, c'est un milliard d'hommes qui y ont vécu ; et ceux qui sont morts comptant beaucoup plus que ceux qui vivent, car ce sont eux qui ont défriché le champ et bâti la maison ; c'est leur souvenir qui fait la continuité de l'idée de patrie, qui fait que la patrie existe, qu'elle se distingue d'une association d'un jour. Si vous avez raison de la déclarer « indivisible », ce n'est qu'à cause d'eux. Sans eux, sans la tradition qu'ils ont laissée, sans leur pensée qui vit en vous, sans le respect de leur œuvre, tout séparatiste serait respectable dans son dessein de se séparer ; il en aurait le droit absolu. La patrie est une association, sur le même sol, des vivants avec les morts et ceux qui naîtront.

Et je retrouve encore ici la monarchie. Cette association, qui la rendra visible aux yeux et sensible aux cœurs ? Où en sera le signe et l'image ? — Dans la loi ? La loi, telle que vous l'entendez, expression de la volonté générale, change tous les vingt ans. C'est un caprice national. — Dans les mœurs ? Elles changent. — Dans la langue ? Elle se transforme. — Il nous faut ici quelque chose qui ressemble à l'éternité, une hérédité, une race, un nom qui se transmette indéfiniment, une famille qui soit le symbole de la perpétuité de la nation. C'est en cette famille que la nation éternelle prend conscience de son éternité. Plus elle sera ancienne, plus elle représentera la vie indéfinie du pays. Comme toute loi est nulle dont on coudoie les auteurs, toute race gouvernante est caduque dont on connaît l'origine ; il faut que ses commencements se perdent, au moins pour la foule, dans la nuit des légendes. Il n'y a rien de fort sur l'esprit des hommes comme ce mot : « depuis toujours. » C'est que *toujours* est le fond du cœur et de l'esprit de l'homme, et qu'on le trouve au fond de toutes ses idées et de toutes ses croyances, comme au fond de ses désirs et de ses espoirs.

Voilà de Maistre théoricien politique. C'est un patricien hautain, absolu, avec un léger mélange de mysticisme. Mépris du peuple et surtout mépris de l'individu, forte idée de la concentration et de la perpétuité nationale, horreur de ce qui disperse, éparpille, émiette le pays, soit dans l'étendue de l'espace, soit dans la suite du temps, penchant à tout ramener à une unité vivante et qui dure ; enfin sentiment, déjà, qu'au fond de cette unité cherchée et de cette continuité voulue, il y a quelque chose qui ne tombe ni sous les sens ni sous la raison, qui ne se voit pas, ne se compte pas, ne se démontre pas, qui n'est ni sensible ni rationnel, une sorte de mystère qu'on n'aime, qu'on ne couve et qu'on ne défend qu'à condition de ne s'en point rendre compte, et où l'on ne s'attache que par une sorte d'acte de foi.

Cela, c'est tout le xviiie siècle brutalement nié, repoussé, raillé du premier coup. Car le xviiie siècle était de tout ce que de Maistre pose en principes la négation franche et passionnée. Il était individualisme, croyance à l'homme, à son droit et à sa puissance d'exercer son droit ; il était affaiblissement de la force intérieure et centrale, abolition ou exténuation du ressort intime dans la machine nationale, obscurcissement de l'idée d'État, et quand il prétendait la rétablir, avec Rousseau, la mettant dans la collectivité, dans la pluralité pour mieux dire, dans le nombre, comptant les volontés particulières pour en tirer une idée générale, et voyant dans un total accidentel la pensée dirigeante d'un organisme qui est éternel. — Il était enfin et surtout positivisme, système social très simple et très clair, ne voyant dans la société humaine non seulement rien de mystérieux, mais rien de complexe, la réduisant à une collection de forces simples (trente millions d'hommes sans ancêtres, chacun avec six droits, restreints par Rousseau à un seul) et réduisant la science sociale à la connaissance des quatre règles ; ne soupçonnant pas ou repoussant l'idée que le lien puisse être, non une agglutination, mais un sentiment obscur, puissant parce qu'obscur, irréfléchi, spontané, tenant de la foi, tenant de l'instinct, héréditaire et mystique, irrationnel sous toutes ses formes, et qui se ruine à s'analyser. — Il n'y a pas une idée du xviiie siècle qui ne fût pour de Maistre le contraire du vrai.

— Autrement dit, c'était l'aristocratie qui reprenait ses anciennes formules et les opposait à la société nouvelle. — Non point l'aristocratie, mais le patriciat. De Maistre n'est pas plus aristocrate que Rousseau ; il l'est peut-être moins. L'aristocratie consiste à croire que le peuple n'a pas de droits, que l'individu n'a pas de droits, mais que certaines classes du peuple, dans l'intérêt général, en ont. Pour le démocrate, la science sociale est de l'arithmétique ; pour l'aristocrate, c'est de la mécanique. Il y a dans toute société un élément générateur, un peu chaotique, qui n'a en lui ni force organisée, ni science, ni traditions : c'est tout le monde. De cette matière sociale quelquefois il ne sort rien, et cela fait un peuple à gouvernement despotique ; quelquefois, très rarement, chez les peuples supérieurs, il sort certains groupes d'hommes, guerriers, savants, juges, qui s'organisent, non par délibération, mais par affinités répétées et successives, s'accommodent par un long commerce, s'ajustent par l'éducation, se renforcent par l'hérédité. Ils deviennent peu à peu des machines solides et bien faites au milieu de la matière inerte, ayant en elles du mouvement amassé et capables de transmettre ce mouvement dans un certain sens. Ce sont des forces sociales. Sans elles rien ne marcherait. Elles prennent des droits en raison de leurs fonctions et les exercent. Il n'y a qu'elles de précieux dans une nation. Le législateur doit n'en pas perdre une seule. Il doit, non pas leur donner des droits, — elles les ont, et un droit, n'étant qu'une force qui s'exerce régulièrement, ne se donne point ; — mais organiser entre elles ces organisations, profiter de leurs puissances d'action et les limiter les unes par les autres, de sorte que leurs froissements soient non des conflits, mais des combinaisons, leur mouvement total un concours et non un combat, et qu'elles conspirent au bien général ; et toute la science sociale est là, et Montesquieu n'en connaît pas d'autre.

De Maistre n'entre point dans ce système, d'abord, lui si peu habitué, comme nous le verrons, à prendre les questions au point de vue historique, pour une raison historique cependant. Il répète plusieurs fois, d'abord tout seul, puis avec M. de Bonald, « qu'il n'y a plus de *grands* en Europe ». C'est une raison : il ressort de la théorie aristocratique elle-même, telle que nous venons de l'exposer, que, pour qu'on puisse être aristocrate, il faut qu'il y ait des aristocraties toutes faites, une aristocratie ne s'invente point. Or l'histoire des temps modernes est précisément l'histoire des aristocraties se dissolvant peu à peu avant l'arrivée du législateur qui eût pu les organiser en un ensemble régulier.

Cette raison suffirait; de Maistre en a d'autres. Il raille sans ménagements (*Lettre au chevalier de...*, 15-27 août 1811), « les *trois pouvoirs*, si fameux de nos jours, et cette carte géographique des trois pouvoirs que Montesquieu a tracée avec tant de prétentions. » Il ne veut pas de cette mécanique sociale, et les droits des aristocraties ne lui paraissent pas plus fondés que les droits des peuples.

La vérité, c'est qu'il est trop patricien pour être aristocrate. La conception aristocratique n'est pas, sans doute, une conception populaire, mais, par certains côtés, c'est une conception très bourgeoise. Une preuve, c'est qu'il nous arrive, à nous bourgeois du XIX° siècle, de n'en pas avoir horreur. Dès que nous ne nous sentons pas absolument *unus ex omnibus*, dès que nous appartenons à quelque chose, nous souhaitons que ce à quoi nous appartenons ait des privilèges.

L'aristocratie n'est que du peuple qui s'est organisé, et elle a pour les organisations, si humbles soient-elles, qu'elle forme, les mêmes prétentions qu'a la démocratie pour les individus. Elle réclame pour des classes les *droits* que la démocratie réclame pour les personnes ; elle attribue à une collectivité une portion de souveraineté, comme la démocratie attribue une portion de souveraineté à chaque individu. —Ceci est de l'individualisme encore, en ce sens que c'est encore de la division. Chaque classe est une personne morale, un individu social plutôt, qui a son compte de droits inaliénables inscrit au grand-livre, sa petite propriété politique inviolable et sa part de royauté. Que ce système soit moins grossier que la démocratie pure, il est possible, mais il lui ressemble. C'est toujours la souveraineté partagée.

Or la souveraineté partagée, c'est ce que de Maistre ne peut pas comprendre. Unité, continuité, voilà la vérité sociale. Droits des classes ou droits des individus, ce n'est pas tout un, mais c'est même but ; cela va toujours à une dispersion et à une discontinuité : à une dispersion ; car ce qui fait vivre une nation, c'est une pensée unique, et penser en commun n'est pas possible, toute délibération produisant, non une idée, mais une transaction ; à une discontinuité, car cette suite de transactions n'est pas le développement d'un dessein unique, mais une série d'expédients.

Donc, de droits des classes, il n'en faut pas plus que de droits de l'homme. Ce ne sont pas là des vérités, ce sont des créations factices ; ce sont des noms honorables donnés à des égoïsmes individuels ou à des égoïsmes collectifs. Et ce ne sont pas des éléments sociaux, ce sont des forces séparatistes. Ce sont, non des manières de participer à la vie nationale, mais des tendances à s'en détacher. Le « droit de l'homme » n'est que le désir de n'être citoyen que le moins possible ; le droit de classe n'est que la prétention de former une société particulière dans l'État. La nation se disperse déjà dans le système aristocratique ; elle s'émiette dans la démocratie, et après, il n'y a plus rien.

De Maistre ne reconnaîtra donc point de droits à la caste dont il est, ni à nulle autre. Pour lui, les grands, les sages, les savants, les *bons* n'ont point de droits, et c'est en quoi il n'est pas aristocrate ; — mais ils ont des devoirs, et c'est en quoi il est patricien.

Une caste n'est pas une fraction du peuple détachée du peuple et s'organisant en vue d'une fonction dont elle fait un droit : c'est un organe de la monarchie, c'est « un prolongement de la souveraineté ». La monarchie est une pensée dirigeante, les grands sont les interprètes de cette pensée ; la monarchie est une force intérieure qui va du centre aux extrémités par les grands comme par des canaux ; la monarchie est un mystère dont les grands ont l'intelligence et une loi dont ils ont le livre en dépôt.

Cela leur donne des devoirs plus importants que ceux des autres hommes. Ils sont dans le secret de l'État. Leur premier devoir est de le comprendre. Ils ont « le dépôt des vérités conservatrices. » Rousseau a raison de croire que les vérités conservatrices sont aux mains de l'État et doivent être maintenues par lui ; seulement l'État de Rousseau, étant une abstraction, n'a pas de mains. Celui de de Maistre a une âme qui est le roi, des organes qui sont les grands, un instrument qui est l'homme armé, une matière qui est la foule. Les grands sont tenus d'être intelligents, d'être savants et d'être justes. Ils sont tenus de savoir commander du côté du peuple et obéir du côté du roi. Ils sont tenus d'éclairer le roi, comme les fils avertissent le père. Ils sont le conseil de famille du souverain. Ils sont les gardiens de l'unité nationale en ce qu'ils rattachent de degré en degré le peuple au monarque ; ils sont les gardiens de la continuité nationale en ce qu'ils maintiennent les traditions.

Rien n'est plus grand que ce rôle et rien n'est plus difficile : placés entre le souverain et le sujet, les grands ont une double attitude et un double langage, et peuvent être suspects d'un côté ou de l'autre, quoi qu'ils disent, suspects au peuple lui parlant dans l'intérêt du roi, suspects au roi lui parlant dans l'intérêt du peuple. Car ils doivent *prêcher sans cesse aux peuples les bienfaits de l'autorité et aux rois les bienfaits de la liberté;* et il faudrait qu'ils parlassent aux rois de liberté sans que le peuple l'entendît pour s'en prévaloir, et aux peuples d'autorité sans que le roi l'entendît pour s'en trop convaincre.

— Mais de quelle liberté parlez-vous dans un système où tout est despotisme ? — De la vraie, car c'est la langue moderne qui a tort d'appeler liberté, ou la suppression du pouvoir, ou un système de garanties contre le pouvoir. Le vrai despotisme, c'est la prétendue volonté nationale demandée à un peuple qui ne sait pas ce qu'il veut, tirée ainsi de lui abusivement, devenant loi, et revenant au peuple sous forme d'un commandement qu'il ne comprend pas qu'il s'est donné, en telle sorte qu'il finit par être gouverné par un lui-même qu'il ne reconnaît pas, fantasmagorie décevante, où le peuple est esclave, mais de plus dupe. — D'autre part, une manière de liberté, si l'on veut, mais factice et féconde, c'est un système de barrières élevées entre le pouvoir et le citoyen. « Vous me commanderez jusqu'ici, non jusque-là. Ceci est mon domaine où jamais vous n'entrerez. » — Les libertés individuelles ! Je connais cela. Les libertés individuelles sont de petits suicides civiques. Figurez-vous une goutte de sève se partageant en deux et disant : ceci pour l'arbre, ceci pour moi. Ce que tu gardes pour toi, qu'en feras-tu ? Ce que tu cherches, c'est la mort d'une partie de toi-même pour la satisfaction de sentir que tu en disposes. Tu ne prends conscience de ta liberté personnelle que dans l'anéantissement volontaire d'une partie de ta personne. Froid plaisir et triste succès !

Comprenez donc que vous ne vivez que dans le grand organisme social, et par lui, comme il vit par vous, et que ce qu'il ne prend pas de vous est perdu pour lui, ce qui peut vous plaire, mais aussi pour vous, ce qui est moins plaisant. Les libertés individuelles sont des égoïsmes fous. Pour l'homme raisonnable, il n'y a pas de libertés individuelles, il y a une liberté nationale, c'est-à-dire un jeu facile et souple de toutes les énergies particulières en vue d'un bien universel, dont le bénéfice leur revient en nouvelles forces, qu'elles reversent dans la circulation générale, et ainsi indéfiniment. — Pour que ce jeu soit facile et souple, il est très vrai qu'il faut à chacun une certaine autonomie, une disposition de soi, en d'autres termes une faculté de vouloir, n'y ayant point, à proprement parler, d'action, quand il n'y a pas de volonté ; il est bon qu'un homme puisse, dans certaines limites, choisir la manière dont il contribuera au bien public, parce que, à cause de ce libre choix, sa contribution sera plus forte. Mais ce n'est bon uniquement que pour cette raison. Dès lors, il ne faut point parler de libertés individuelles à tenir pour sacrées en soi, mais d'énergies individuelles à respecter dans leur exercice quand elles sont bonnes.

Si elles sont bonnes, qui en jugera? Ceux qui les ont? Ils peuvent savoir qu'elles sont pures, non si elles sont utiles. Ils peuvent répondre de leur bonne intention, non du bien général qui doit sortir de leurs démarches. — La loi? C'est la théorie moderne : la loi fait la part de ce que l'État prend à l'homme pour subsister, et de ce qu'elle lui laisse ; et l'État vit, et l'homme est libre. Mais la loi, égale pour tous, rigide et stricte, est ce qu'il y a de pire pour régler une chose aussi élastique, souple et active que la liberté. Elle fait à chacun une part égale d'autonomie ; elle reconnaît à chacun « ses droits de l'homme ». Mais cette part, pour l'un, qui n'a aucune énergie utile, elle est trop grande ; son droit ne lui servira qu'à moins servir l'État ; ce n'est qu'une perte ; pour l'autre, énergique, savant, ingénieux, elle est trop petite ; perte encore. — Et selon les circonstances aussi, cette part, faite une fois pour toutes, est tantôt trop petite, tantôt trop grande. La même énergie, utile à l'État en temps ordinaire, devient nuisible en temps de crise. En perdant son utilité, elle perd son droit ; car elle n'est légitime qu'en raison de l'utilité de son but ; et voici qu'il faudrait la restreindre. — Les libertés individuelles, considérées non comme des propriétés, ce qui ne signifie rien, mais comme des forces sociales en acte, ne peuvent donc pas être limitées intelligemment par la loi. Il leur faut des limites différentes selon leur sphère d'activité, et des limites mouvantes, s'élargissant ou se rétrécissant selon les temps. Ces choses vivantes, seule une loi vivante, intelligente et toujours veillant peut les régler. La loi les immobilise et les parque, ce qui est une manière de les enchaîner. Un roi les affranchit, ou, du moins, il est le seul qui les puisse affranchir. Le despotisme intelligent est la condition même de la liberté. C'est dans les maximes de la royauté qu'il faut placer le respect de la liberté nationale; ce n'est pas dans la loi, qui n'y peut rien.

Et le rôle des patriciens est de ramener toujours les idées libérales dans les maximes de l'autocratie. Voyez la Russie, où je suis. Alexandre Ier est le plus libéral des hommes, parce qu'il est le plus généreux. De cela, je le félicite et le glorifie; je ne perds pas une occasion de l'en louer. Mais cet élève du colonel de La Harpe est un peu un disciple du XVIII° siècle; il a penchant à croire que c'est la loi qui doit être libérale à sa place. Il a le projet, dit-on, de se dessaisir de son droit de juge souverain au profit du Sénat, et d'une partie de son pouvoir exécutif au profit du Conseil d'État. Voilà trois choses : un essai de séparation des pouvoirs, un essai de gouvernement libéral, un essai de constitution écrite. Eh bien! de ces trois choses, les deux premières, je les trouve excellentes pratiquées par le souverain *proprio motu*; « qu'il prenne des mesures avec lui-même, en cela je ne trouve que des sujets d'admiration »; mais je les trouve détestables si elles sont une dépossession du pouvoir, si elles font du Sénat et du Conseil d'État non plus des agents du tzar, mais des *pouvoirs* réels et distincts du *pouvoir*.

La différence, c'est qu'ainsi comprises, elles transforment un patriciat en aristocratie. Sénat et Conseil d'État étaient des « prolongements de la souveraineté » ils deviennent des souverainetés partielles, des puissances en soi. De quel droit? Je ne le vois pas. Dans

quel but? Le but était atteint aussi bien quand ils faisaient les mêmes fonctions de par le tzar et non de par eux-mêmes. Vous ne gagnez qu'une chance de conflit.
— L'erreur est de croire que les corps de l'État sont des corps; ce sont des membres. Les constituer à l'état de corps, c'est par définition briser l'unité et établir la lutte. Encore une fois, les patriciens ne peuvent avoir que des devoirs et non des droits. — Notez que c'est en quoi ils sont honorables : le sentiment du devoir épure, le sentiment du droit aigrit et rapetisse. Le principe de toute noblesse, et son honneur, c'est qu'elle oblige.

La troisième nouveauté, suite nécessaire des deux premières, l'essai de constitution écrite, je le repousse absolument. Une constitution libérale, je la veux dans les traditions de la monarchie, non affichée à la porte du palais comme un appel permanent à l'insurrection. « L'admirable constitution anglaise » (textuel — *Mémoire à l'empereur de Russie*, 1807), l'admirable constitution anglaise, j'en conseille l'esprit aux souverains pour s'en faire comme une conscience ; je ne les y soumets pas. Je ne veux pas de contrat. — « Pourquoi ? Puisque cet état de choses est si bon, assurez-le donc par une loi. — Oh ! ceci est une autre affaire, et je n'en suis plus. Je me retire. *Expressa nocent, non expressa non nocent.* Il y a une infinité de choses vraies et justes qui ne doivent pas être dites et encore moins écrites ». Pratiquées par le souverain, ces choses sont des bienfaits de la royauté ; mises dans la loi, elles ne sont que des armes des partis ; si la nation (russe) venait à comprendre nos perfides nouveautés et à y prendre goût, concevait l'idée de résister à toute révocation ou altération de ce qu'elle appellerait ses privilèges constitutionnels... je n'ai point d'expression pour vous dire ce qu'on pourrait craindre. *Bella, horrida bella...* » (*Lettre au chevalier de...* 15-27 août 1811.)

II.

SES IDÉES SUR SON TEMPS.

Voilà la conception politique de Joseph de Maistre tout entière. Son principe, c'est l'unité nationale. Personne n'a plus fortement conçu ni plus vivement *senti* l'idée de patrie. Tout ce qui concentre la nation le satisfait ; tout ce qui est suspect de la disperser le révolte. L'aristocratie la disperse, et la démocratie la pulvérise : ce sont des erreurs. Les privilèges sont des États dans l'État, et les libertés individuelles sont des sécessions : autant de crimes sociaux. La loi même (loi politique, constitution) est une usurpation de la mort sociale sur la vie sociale ; elle glace les organes vivants de la nation ; d'un organisme elle fait un mécanisme insensible, dur, sans souplesse, incapable de transformation et de développement ; de fibres elle fait des rouages. — L'égalité comprise comme négation de l'aristocratie est une idée juste ; comprise comme partage de la souveraineté entre dix millions de citoyens, elle est un non-sens. — La liberté comprise comme droit de désintéresser l'État le plus qu'on peut de sa personne est un crime ; comprise comme autonomie de la personne humaine respectée d'autant qu'elle est plus forte pour le bien de l'État, et afin qu'elle soit plus forte pour ce bien, c'est la loi morale des sociétés bien faites.

Donc point d'aristocratie, point de droit de classe, de droits de province, de droits individuels ; point de souverainetés collectives et point de souveraineté nationale ; point de constitution écrite. Une souveraineté personnelle, un roi. Ce roi n'a point de loi constitutionnelle qui l'enchaîne; il respecte les lois civiles, il obéit aux traditions et maximes de la monarchie ; il est éclairé et aidé par les grands, dépositaires, eux aussi, des traditions et des maximes, agents et prolongements de la souveraineté, et qui ne sont grands qu'en ce qu'ils ont plus de devoirs que tout le monde ; de concert avec eux il règle, selon les personnes et selon les temps, et selon les forces de chacun et selon le besoin de tous, ce que celui-ci et celui-là doit sacrifier de sa liberté pour l'intérêt commun, ce qu'il doit en garder, au contraire, comme profitable à ce même intérêt ; et du concert de ces obéissances qui sont des dévouements sans le savoir, et de ces libertés en acte qui sont des contributions involontaires, il constitue le jeu aisé de toutes les énergies agissant chacune selon sa nature au service de tous, c'est-à-dire la liberté nationale.

On doit comprendre maintenant que de Maistre ait pu sembler, je ne dirai pas être tour à tour de tous les partis, mais être tour à tour hostile à tous les partis, ce qui revient à être classé par chaque parti dans le parti contraire. C'est ainsi qu'il est « libéral » aux yeux de quelques-uns de ses amis. Certes, il est difficile d'être plus que de Maistre partisan d'un gouvernement fort ; seulement, si l'on entend par gouvernement fort un gouvernement arbitraire, on inspire à de Maistre une amère pitié. S'il déteste la démocratie parce qu'elle est le caprice, ce n'est pas pour mettre le caprice sur le trône. Un gouvernement c'est la volonté nationale mieux comprise qu'elle ne le serait par la nation elle-même, qui ne sait jamais ce qu'elle veut. C'est la volonté, obscure et diffuse dans le peuple, prenant conscience d'elle-même dans un homme. Rien n'est plus le contraire du caprice ; c'est une tradition qui vit, qui parle et qui sait vouloir. Un gouvernement arbitraire n'est pas un mauvais gouvernement, c'est l'absence de gouvernement.

C'est ainsi encore qu'il paraît singulièrement « opportuniste » aux hommes de son parti. Gouverner après la révolution comme auparavant ! Mais c'est une folie ! « Toute grande révolution agit toujours plus ou moins sur ceux mêmes qui lui résistent, et ne permet plus le rétablissement total des anciennes idées. » Et cela va de soi. C'est la matière de votre œuvre qui a changé. La matière domine l'ouvrier en ce sens qu'elle le limite. Avec les éléments nouveaux, vous ferez moins bien que jadis. Je le crois ; mais il serait pire encore d'ignorer ce qu'est cette matière nouvelle, et d'en user comme de l'ancienne, parce qu'alors vous ne feriez rien.

Et de même, il semble « jacobin » aux émigrés. Et, en vérité, il est jacobin par comparaison, tant il est loin d'être « émigré ». L'émigration est pour lui un crime, et l'émigré, sauf exception, un imbécile. « Il faudrait une tête blanche auprès de cet homme-là », lui disait-on en parlant d'Alexandre Ier. « — Oui, mais pas une tête poudrée », répondait-il. — C'est que les émigrés, il les connaît. L'émigré est un homme qui a été bel esprit, frondeur, philosophe et admirable artisan de la révolution française jusqu'en 1789 ; qui, depuis, effrayé de son œuvre, ne songe plus qu'à l'anéantir, alors qu'on ne peut que la redresser ; partant néfaste dans le passé, inquiétant pour l'avenir, renégat de ses anciennes idées, incapable de s'en faire de nouvelles, ayant tout oublié, n'ayant rien appris, nul par conséquent, mais dangereux. — Et quant à l'émigration, c'est une sécession. La sécession n'est jamais permise. Elle l'est moins au patricien qu'à tout autre, car c'est pour le patricien que l'unité nationale est un dogme. Qu'un libéral se sépare, il peut accorder cela avec ses principes : la nation ne respecte pas ses *droits de l'homme*. il les sauve. Qu'un démocrate se sépare, il est logique : il est associé à la nation par un contrat ; prouvez-lui qu'un contrat, qui du reste a été signé par son aïeul préhistorique, est irrévocable ! Il se sent lésé par les effets du traité conclu ; il le dénonce. Mais l'homme qui sait qu'un peuple est un organisme vivant ne se sépare pas. Il ne donne pas l'exemple en lui de la mort sociale. Il ne devient pas volontairement un citoyen sans cité, c'est-à-dire rien. Il meurt plutôt comme homme que de mourir comme citoyen. — Ici, ce sont les jacobins qui sont dans le vrai. Ce sont des sauvages; mais ils ont le sentiment de l'indivisibilité de la patrie. Ils luttent pour elle. On doit voir en eux des instruments aveugles des desseins de Dieu. En travaillant à l'indivisibilité de leur république, ils maintiennent sans le savoir l'indivisibilité du royaume de France. « Lorsque d'aveugles factieux décrètent l'indivisibilité de la république, ne voyez que la Providence qui décrète celle du royaume ! » (*Considerations*.)

C'est pour les mêmes raisons que de Maistre n'a nullement, à l'endroit de Napoléon 1ᵉʳ, l'horreur enfantine des hommes de l'ancien régime. Il croit son empire caduc parce qu'il est factice : une monarchie durable se forme en même temps que la nation, et de la formation même de la nation, comme le noyau au centre du fruit ; une monarchie accidentelle est un monstre ; mais de ce que Napoléon ne peut être fondateur de dynastie, il ne s'ensuit point qu'il ne soit pas un souverain. Le traiter en aventurier est un enfantillage. C'est un monarque, parce que l'unité de la nation, visiblement, vit en lui ; parce qu'il a ramassé et concentré la patrie éparse ; parce qu'elle s'effondrait et qu'il l'a remise debout en sa personne ; parce qu'il est le comité du salut public en un seul homme ; et parce que M. de Maistre, s'il est plus patricien qu'aristocrate, est aussi plus monarchiste encore que légitimiste.

Et il est aussi, chose curieuse, qui a dû étonner ses contemporains, ses compatriotes, ses coreligionnaires, il est « Français », Français entêté et passionné. Les Français ont ruiné un à un tous les principes où il est attaché, religion, patriciat, monarchie ; ils ont inventé la philosophie matérialiste, la démocratie, les droits de l'homme et la république ; il est Piémontais ; — et il est partisan de la France invinciblement. Quand il rencontre un bon émigré, car il y en a, un émigré qui est heureux de voir les Français battre les armées étrangères, il applaudit de tout son cœur. Il ne faut pas que la coalition triomphe. Il faut que la France se sauve, même par les révolutionnaires : « Que demandaient les royalistes, lorsqu'ils demandaient une contre-révolution faite brusquement par la force ? Ils demandaient la conquête de la France ; ils demandaient donc *sa division, l'anéantissement de son influence* et *l'abaissement de son roi, des massacres de trois siècles peut-être, suite infaillible d'une telle rupture d'équilibre!* Mais nos neveux, qui s'embarrasseront très peu de nos souffrances et qui danseront sur nos tombes, riront de notre ignorance actuelle ; *ils se consoleront aisément des excès* que nous avons vus, qui auront conservé *l'intégrité* du plus beau royaume après celui du ciel. »

Il y tient ; la ruine de la France est pour lui un malheur européen. M. Vignet des Étoles souhaite le triomphe des coalisés : « Il est naturel que vous désiriez le succès de la coalition contre la France, parce que vous y voyez le bien général. Il est naturel que je ne désire ces succès que contre le jacobinisme, parce que je vois dans la destruction de la France *le germe de deux siècles de massacres,* la sanction des maximes du plus odieux machiavélisme, l'*abrutissement irrévocable de l'espèce humaine,* et même, ce qui vous étonnerait beaucoup, une plaie mortelle à la religion. »

S'il parle ainsi, et cent fois, c'est qu'il croit à une mission providentielle de la France : « *Gesta Dei per Francos...* c'est une histoire des croisades. Ce livre peut être augmenté de siècle en siècle toujours sous le même titre. Rien de grand ne se fait dans notre Europe sans les Français... » — Et s'il croit à une mission providentielle des Français, c'est que c'est chez eux, dans leur histoire, qu'il a puisé ses idées politiques et sa conception de l'Etat, à moins qu'il n'ait trouvé après coup dans leur histoire la confirmation de ses idées, et lequel des deux est le vrai, je ne sais ; mais il n'importe. La royauté, âme de la nation, volonté nationale prenant conscience d'elle-même dans un homme et dans une race, et poursuivant par cette race le dessein obscur du peuple ; l'unité nationale réalisée, maintenue, renforcée, défendue par une famille ; et un homme étant l'État parce que l'État s'est peu à peu ramassé dans un homme : tout cela, c'est la royauté française. Son patriciat qui n'est pas une aristocratie, qui n'a pas ou qui n'a plus de droits, qui n'est que l'œil et le bras du souverain, c'est la noblesse française. Son peuple, qui n'a pas plus de droits que les grands et qui a moins de devoirs, à qui l'on ne demande que l'obéissance et l'amour de la patrie dans le roi, c'est le peuple de France. Cette constitution très réelle, mais non écrite, faite de traditions et d'usages, obligeant le roi en conscience, mais ne le liant point, c'est la constitution française; et Bossuet ne l'a pas lue, non plus que personne, mais il la connaît et la rappelle, et Fénelon de même, et Montesquieu sait bien qu'elle existe, et que c'est pour cela que la France n'est pas la Turquie.

Cet idéal de monarchie sans entraves, mais non sans devoirs, de nation organisée pour l'unité et la continuité, c'est en France que de Maistre le voit réalisé autant qu'il est possible. Il aime la France pour d'autres raisons, par exemple parce que, retranchées les nations hérétiques et schismatiques, et l'Autriche, ennemie naturelle du Piémont, il ne reste qu'elle. Mais il l'aime en penseur encore plus qu'en patriote, parce qu'elle est sa pensée elle-même. Vive donc la France! Elle a abandonné ses traditions; mais est-ce qu'un peuple peut sortir pour longtemps de sa nature? Est-ce que tout cela n'est pas un accident, et sans doute une épreuve? — Et de Maistre rentre dans son rêve de monarchie absolue, et tempérée seulement par elle-même.

III.

SA PHILOSOPHIE.

Et il l'agrandit et le généralise ; il le rattache à une conception générale de l'humanité et du monde... On peut se demander pourquoi. A quoi bon envelopper une doctrine politique dans une théorie philosophique au risque de l'y étouffer? Ne suffit-il point qu'un système social soit logique en soi, se prouve lui-même, par la démonstration qu'il donne de lui et la réfutation des systèmes contraires, sans essayer de se soutenir par des considérations métaphysiques? — Bien peu de philosophes parleront ainsi, et même bien peu de théoriciens. Montesquieu lui-même, qui est surtout un critique sociologue, ne s'en croit pas moins obligé à donner, en tête de son *Esprit des lois*, une petite métaphysique sommaire, que, du reste, il ne semble pas entendre très clairement. De Maistre, plus que personne, est entraîné sur cette pente; car c'est la tête la plus systématique qui soit au monde, et il n'est homme qui soit plus porté à prouver ce qui est clair par ce qui l'est moins. Il est par excellence le penseur qui estime que tout est dans tout et dans chaque chose ; cette unité et cette continuité, s'il la veut si fort dans l'État, c'est qu'il l'a dans son esprit ; et il faut pour lui que le système du monde explique son système social.

Cela, parce qu'il est M. de Maistre d'abord, ensuite parce qu'il est, quelque effort qu'il fasse pour n'en être pas, du XVIII° siècle, du siècle des théories à outrance, des destructions radicales en vue de reconstructions intégrales, et des maisons qu'on brûle pour ne pas réussir à cuire un œuf. Et c'est ainsi qu'il va associer étroitement son système politique à une conception du monde aussi générale que possible, en grand danger de l'y compromettre.

En effet, cette doctrine sociale, il sent les objections qui s'élèvent contre elle. Il entend les voix qui protestent. On va lui dire : « Votre système politique est faux, parce qu'il est injuste. Liberté, égalité, droits de l'homme ne sont pas des inventions de l'orgueil ou de l'envie ; ce sont des formes de la justice. Et votre roi absolu, quelque adresse que vous mettiez à l'habiller honorablement, est un tyran pur et simple. Il lui manque deux choses pour être considéré par la raison comme un magistrat légitime : un fondement de son droit, une responsabilité. De qui tient-il son autorité, et devant qui est-il responsable ? » De Maistre s'est dit : Cette objection tirée de l'injustice de ma doctrine, je vais la résoudre ; ce fondement de l'autorité royale et cette responsabilité du roi, je les trouverai. Et voici ce qu'il a répondu.

On se plaint de ce que là où il n'y a pas gouvernement de tous par tous, il n'y a pas de justice. Mais l'injustice est la loi des sociétés, parce qu'elle est la loi du monde. Le monde est fondé sur une immense et universelle iniquité. La nature est une effroyable tyrannie. Si le fort n'y massacrait pas le faible, tout périrait, faibles et forts. La vie universelle a pour condition même le meurtre incessant. Chaque vie, végétale, animale, humaine, est faite de milliers de morts sans lesquelles elle ne serait pas. Le sang, depuis la création, imbibe la terre comme une rosée, et l'atmosphère dont vivent tous les êtres est une vapeur de sang. — Et au milieu de cet énorme carnage, voici un être tellement supérieur aux autres qu'il pourrait, ce semble, se soustraire à la loi du meurtre. Il massacre, à son gré, toutes les autres espèces ; il promène la mort sur le monde, « ses tables sont jonchées de cadavres », et il n'y a pas d'espèce supérieure qui puisse en user de même avec lui. Échapperait-il à la loi du monde ? Un tel désordre est-il possible ? Non ! « N'entendez-vous pas la terre qui crie et demande du sang ? » Comment donc la loi s'accomplira-t-elle ? « Quel être exterminera celui qui extermine tous les autres ? — Lui ! C'est l'homme qui est chargé d'égorger l'homme. » Là où s'arrête le massacre des espèces plus faibles par les espèces plus fortes commence la *guerre*.

« C'est la guerre qui accomplira le *décret*. » La guerre est « l'état habituel du genre humain » ; c'est une règle ; « le sang humain doit couler sans interruption sur le globe, ici ou là. » — Rien de plus monstrueux que la guerre, d'accord ; mais pourquoi rien de plus respecté et glorieux que le soldat, si ce n'est parce que nous sentons qu'il est le ministre de la loi souveraine du monde, et que l'ordre éternel s'accomplit par lui ? — Il n'y a rien de plus horrible que de donner la mort sans risque de la recevoir, froidement, scientifiquement et en pleine sécurité. C'est une chose devant laquelle tous les instincts humains reculent. Et cependant le bourreau existe, et il a toujours existé, et l'on sait qu'il ne manque jamais de candidat à cette épouvantable magistrature. — Qu'on dise qu'il n'existe que pour punir le crime, et, par conséquent, que son office est une manifestation de la justice, on n'a rien dit ; car le crime lui-même, pourquoi existe-t-il ? Pourquoi, sinon parce qu'il faut que la loi de guerre s'exerce, non seulement entre les sociétés, mais au sein de chaque société ? — Que, même dans les frontières étroites de ce qu'on appelle une patrie, l'homme fût en paix avec l'homme, ce serait une dérogation étrange à la loi de guerre. Criminel et bourreau, dans le sein des sociétés les plus policées, sont les représentants détestables et nécessaires de cette loi de l'univers ; par eux, indéfiniment, le sang coule, qui, par *décret*, ne doit cesser de couler ; par eux, indéfiniment, passe de puissance en acte la loi d'injustice, l'injustice corrigée, par la violence, qui, de sa nature, tend à son tour à l'injustice.

Voyez si cette loi est éclatante. Animal sociable, l'homme ne s'est nullement organisé en *société*, ce qui eût infiniment réduit l'injustice sur la terre ; mais en *sociétés*, c'est-à-dire en agglomérations de forces dont chacune est une machine admirable pour porter la violence chez l'agglomération voisine. Une de ces agglomérations attaque injustement un autre groupe humain ; celui-ci repousse l'injustice par la force ; s'il succombe, l'injustice est accomplie ; s'il triomphe, il devient assez puissant pour avoir la force et le désir d'être oppresseur à son tour, et l'injustice s'accomplira. Voilà l'iniquité internationale. Cependant que, dans chaque groupe humain, crime et échafaud travaillent sans relâche à ce qu'il n'y ait pas une parcelle du sol qui ne soit convenablement engraissée de meurtre, le crime créant l'injustice, l'échafaud la réprimant, et, lui-même, soit qu'il n'ait pas assez de force pour tout réprimer, soit qu'il en ait assez pour persécuter, laissant subsister l'injustice ou y contribuant ; et voilà l'iniquité nationale.

Par la guerre qui attaque, par la guerre qui défend, par le meurtre qui attaque, par le meurtre qui venge, par l'iniquité appelant la violence, par la violence se transformant en iniquité, peuple contre peuple, chaque peuple chez lui, l'humanité s'est merveilleusement organisée pour l'injustice.

Est-ce tout? Il s'en faut bien. Animaux mangeurs d'animaux, homme tyran des espèces animales, homme homicide, crime, échafaud et guerre, tout cela c'est bien de l'injustice, mais enfin on s'y accoutume; cela paraît être simplement la question du mal sur la terre; c'est l'injustice immanente, la fatalité, elle devrait inquiéter éternellement; cependant à cause de son éternité même, on n'y songe guère. Mais l'injustice sans nécessité, sans cause, sans raison, sans provocation comme sans profit cherché, l'injustice pour l'injustice même et pour le plaisir d'être injuste, ou plutôt parce qu'il faut que l'injustice soit, on ne remarque pas assez qu'elle est infiniment en honneur dans l'humanité. C'est une de ses pensées maîtresses. Les *sacrifices*, les victimes sanglantes, ont toujours été considérés par les hommes comme des hommages à la loi mystérieuse qui préside aux destinées du monde. Les hommes ont toujours cru qu'il ne suffisait pas de tuer par besoin ou par passion. Tuer un animal pour le manger, tuer un homme pour le punir ou s'en défendre, c'est la loi du meurtre exécutée, ce n'est pas la loi du meurtre honorée; c'est la soumission, ce n'est pas l'adhésion à la loi du meurtre; c'est un meurtre mêlé de mobiles impurs; c'est un meurtre insuffisamment volontaire; ce n'est pas le sang versé pour qu'il le soit. Le *sacrifice*, c'est le meurtre idéal, inspiré par la seule pensée de faire ce qui se doit, de s'associer à la loi suprême qui nous régit tous; c'est un acte de foi au meurtre, c'est le sang versé comme une prière. Tous les hommes ont cru cet acte de foi nécessaire et l'ont religieusement accompli. Tous les peuples ont eu des sacrifices sanglants, et tous, aussi, poussés par une invincible logique dont ils ont accepté les conséquences, ont compris que la conclusion nécessaire de cette conception était le sacrifice humain. Tous ont pensé qu'en certaines circonstances, dans l'incertitude si la loi du meurtre humain était suffisamment satisfaite, il convenait de la proclamer solennellement, en la réalisant sans contrainte.

— C'est une barbarie effroyable! — Il est possible; mais comment voudrait-on que les hommes reconnussent la loi universelle autrement qu'en s'y associant? Et qu'ils s'y soient toujours associés de cette façon, c'est une preuve qu'ils la voyaient telle. L'injustice, c'est la loi sociale, c'est la loi internationale, c'est la loi terrestre : voilà ce que les hommes voient. Or toute pensée religieuse étant la confession de la loi, et tout acte religieux l'exécution volontaire et désintéressée de la loi, sans autre motif que de la satisfaire, que voulez-vous qu'ils pensassent, sinon que l'injustice absolue était un acte religieux? — Et qu'ils l'aient pensé et qu'ils aient agi en conséquence, c'est à la fois le signe éclatant qu'ils voyaient le monde ainsi organisé, et une preuve qu'il est organisé ainsi, puisque la même loi se retrouve dans la nature, dans *les* sociétés, dans *la* société, dans les religions, et comme dans la conscience des peuples.

Autre aspect de la même question, ou raffinement, si l'on veut, de la même idée. Qu'un innocent soit sacrifié pour que la loi du meurtre ne risque point de languir parmi les hommes, cela est dans l'ordre, puisque c'est injuste; mais cet innocent n'est innocent qu'en ceci qu'on ne sait pas s'il est coupable ; c'est n'importe qui ; l'injustice est réalisée, parce que ce n'est pas un homme ayant mérité formellement la mort qui la subit ; mais elle le serait d'une façon bien plus éclatante, si c'était un innocent, choisi comme tel et à titre d'innocent, qui fût frappé, et s'il l'était en lieu et place d'un coupable et pour expier la faute de ce coupable. — Les hommes n'ont pas manqué de voir cette conséquence dernière du principe, et d'y adhérer. C'est une idée moins répandue, à vrai dire, parce qu'elle est plus délicate ; mais on en trouve partout de sensibles traces. La *réversibilité* des fautes et des mérites est une conception qui a paru naturelle à l'humanité. On a vu l'innocent châtié, le criminel impuni, et l'on n'a point considéré ces deux faits comme indépendants l'un de l'autre, mais comme connexes ; on n'a point dit : le criminel triomphe, le bon succombe ; on a dit : le bon succombe *pour* le criminel qui réussit. La loi est expiation, mais non pas nécessairement expiation par le coupable. Nous expions pour nous-mêmes, ou pour d'autres. « C'est une parole bien frappante que celle de David : O Dieu, purifiez-moi de celles de mes prévarications que j'ignore, et *pardonnez-moi celles d'autrui !* »

Pensée absurde, dira-t-on. Pensée qui est simplement le sentiment de la solidarité humaine. Les idées d'unité et de continuité sont tellement sorties des cervelles humaines que les hommes de nos jours ne peuvent comprendre que les fautes personnelles, et ne sauraient admettre que l'humanité soit solidairement responsable, et frappée, ici ou là, pour les crimes commis, ici ou ailleurs, par ce qui s'appelle homme. Cette conception n'a pourtant rien d'étrange ; on la retrouve partout. Elle n'est ni plus ni moins singulière, par exemple, que l'idée de noblesse héréditaire. Il n'est homme, si démocrate qu'il prétende être, qui ne soit fier d'appartenir à une famille d'honnêtes gens; il n'est personne qui ne tienne compte à un homme d'être d'une bonne famille. Qu'est-ce là autre chose que le *préjugé* de la noblesse, et sur quoi est fondé ce préjugé, si ce n'est sur une idée vague de la réversibilité des mérites ?

Et la contre-partie de cette opinion universelle, la réversibilité des fautes, serait considérée comme plus fausse ! « Vous êtes fier de ce que votre aïeul a été tué en Égypte auprès de saint Louis ; confessez que, si votre ancêtre avait livré saint Louis aux Sarrasins, cette infamie, par la même raison, vous serait commune. » — Et c'est parfaitement ainsi que tout le monde raisonne; « il n'y a sur le déshonneur héréditaire d'autre incrédule que celui qui en souffre. » — La réversibilité est donc une de ces injustices acceptées par l'humanité comme naturelles; c'est la plus forte peut-être, mais elle est reconnue comme très légitime, ainsi que toutes les autres ; c'est une des formes de l'injustice universelle.

Toutes ces considérations reviennent à constater la présence du mal sur la terre. — Eh ! certainement, le mal existe. Il n'y a même guère autre chose. Cela est fort naturel ; c'est la loi d'injustice en sa plus vaste extension. Le mal, c'est l'injustice de Dieu. Nous verrons plus tard, nous chrétiens, ce qu'il faut penser, *au fond*, de cette injustice. Mais si nous regardons en philosophes le monde et l'histoire du monde, nous verrons bien que jamais les hommes n'ont compris la divinité autrement que comme injuste. La preuve, c'est qu'ils l'ont priée. Prier, c'est demander une faveur c'est solliciter le juge. Qui s'avise d'adresser une prière à la loi ? C'est qu'on la sait inflexible. On prie le juge : c'est le supposer prévaricateur ; c'est être sûr qu'il l'est, et le lui dire.

Or tous les hommes ont prié ; tous ont fait monter vers le ciel cette confiance en une iniquité favorable, qu'on appelle la prière. Et il en sera toujours ainsi. Il n'y a pas de conviction plus forte dans l'humanité, ni plus fondée sur le spectacle des choses, que la foi en puissances supérieures qui ont voulu le mal; et il faudrait dire plus que le mal, à savoir le mal mêlé à leur gré de bien, c'est-à-dire un plus grand désordre que le mal absolu, un mal capricieux et arbitraire, un mal qu'on peut changer en bien et qu'on redresse en effet, parfois, pour montrer qu'on pourrait le corriger si on voulait ; une injustice ingénieuse et qui s'amuse ; plus que le mal, l'esprit de malice.

— Il n'y a rien de plus répugnant à l'intelligence, au jugement, au cœur, que toutes ces idées, que cette dernière surtout, qui les résume toutes. C'est le scandale de la raison. — Mais, sans aucun doute ; et cela tient à ce qu'il n'y a rien de vrai que ce qui scandalise la raison ; l'irrationnel est le signe même de la vérité. C'est une dernière considération que de Maistre doit à ses lecteurs, et qu'il leur prodigue. La raison a un critérium qui est l'évidence. Si vous voulez être à peu près sûr de vous tromper et de recevoir de l'expérience de cruels démentis, c'est à l'évidence qu'il faut vous en rapporter. Il arrive presque toujours que « la théorie en apparence la plus évidente se trouve en contradiction avec l'expérience. » — C'est l'évidence qui nous enseigne que l'homme est bon, que l'homme est « né libre », que l'égalité est l'état naturel des hommes, que l'histoire de l'humanité est un progrès continu de l'état sauvage à la civilisation. Tout l'optimisme, tout le libéralisme, toute la philosophie et toute la sociologie du xviii° siècle sont l'évidence même. C'est pour cela qu'elles sont si merveilleusement superficielles. Elles satisfont la raison; l'expérience, la réalité, le tangible, les yeux ouverts les démentent à chaque mot. Rousseau, quand il dit : « L'homme est né libre, et partout il est dans les fers », ne s'aperçoit pas, non seulement qu'il dit une sottise, mais qu'il proclame que c'en est une en la disant. Car si c'est une vérité universelle d'expérience que « partout l'homme est dans les fers », il est probable que c'est que telle est sa condition naturelle. Dire : les moutons sont nés carnivores, et partout ils mangent de l'herbe, serait aussi juste. Mais non, l'homme est né libre, voilà l'évidence rationnelle, voilà l'axiome ; rien ne vaut contre. L'homme est partout dans les fers ; cela, ce n'est que la réalité ; — et c'est la réalité qu'il faut changer.

De même en toutes choses. « Il n'y a rien de plus extravagant, en théorie, que la monarchie héréditaire. Si l'on n'avait jamais ouï parler de gouvernement et qu'il fallût en choisir un, on prendrait pour un fou celui qui délibérerait entre la monarchie héréditaire et l'élective. Cependant nous savons par l'expérience que la première est, à tout prendre, ce qu'on peut imaginer de mieux, et la seconde de plus mauvais. »

Il en est ainsi de la souveraineté du peuple, de la constitution *délibérée et écrite*. On vous prend pour un impertinent quand vous prétendez qu'un État régulier ne se fonde point sur une constitution ; en attendant, « le peuple le mieux constitué est celui qui a le moins écrit de lois constitutionnelles. »

Est-il quelque chose de plus monstrueux que la vénalité des offices de magistrature? La raison en frémit. Laissons-la frémir, et remarquons que, dans la pratique, il n'y a de magistrat indépendant que celui qui est propriétaire de sa charge, et que le seul moyen d'en être propriétaire est de l'avoir achetée.

Il semble que la raison soit un jeu noble de l'esprit qui le satisfait et l'amuse tant qu'il n'a rien à faire, et qui le trompe absolument dès qu'il veut agir. A s'y laisser conduire quand il est aux prises avec le réel, il méconnaît la nature même de la matière sur laquelle il travaille ; car la réalité n'est pas rationnelle et se moque de l'ouvrier maladroit. Le monde n'est pas raisonnable ; il est un système de profondes, solides et vigoureuses absurdités. — Si Joseph de Maistre est si paradoxal, c'est qu'il voit l'univers entier comme un paradoxe.

L'objection est donc nulle pour lui qui consiste à lui dire que son système politique est injuste, car il n'y a guère dans le monde que l'injustice ; — qu'il est irrationnel, car la raison n'est pas marque de vérité.

Et maintenant, semble-t-il ajouter, quel fondement je donne à cette autorité royale qui est toute ma politique, et quelle responsabilité je lui impose, je le dirai en expliquant que je suis chrétien et comment je le suis.

IV.

SON SYSTÈME RELIGIEUX.

Le christianisme de Joseph de Maistre semble en effet n'être qu'une explication de sa politique et une justification de sa philosophie, qui elle-même n'est qu'un grand détour par lequel le théoricien politique est revenu à son point de départ. Son christianisme complète sa philosophie en la confirmant d'abord, ensuite en en dévoilant le mystère et en en développant le secret. Il soutient sa politique et il l'achève, en lui donnant un fondement et une sanction. — Et de tout le christianisme il semble que de Maistre n'ait voulu voir que ce qui était une preuve de sa philosophie et un complément de sa politique, et qu'au delà il n'ait rien vu.

Le christianisme, pour de Maistre, confirme et consomme le système de philosophie pessimiste que nous venons d'exposer d'après lui, en ce qu'il est *ce système lui-même*, avec une dernière conclusion qui l'éclaire et en même temps le purifie. Il ne faut pas croire, en effet, que le christianisme soit une vue nouvelle et particulière sur l'homme et sur le monde, inconnue avant l'avènement de la foi chrétienne. Il est la pensée même de l'humanité, de toute l'humanité depuis qu'elle existe. L'humanité était chrétienne avant le Christ; elle l'était mal, et sans le savoir, mais elle l'était. « *Les vérités théologiques sont des vérités générales.* »

Et il le faut bien; car, sans cela, il n'y aurait ni unité, ni continuité dans le monde, et, à un monde ainsi fait, de Maistre ne comprendrait rien. Tout ce que le christianisme enseigne, les hommes le croyaient; sans l'entendre, sans s'en rendre compte, avec étonnement, inquiétude et terreur; tout ce que les hommes croyaient, le christianisme l'enseigne avec une explication suprême qui dissipe les effrois avec les ombres.

Le paganisme était un christianisme enfantin; le

christianisme est un paganisme « nettoyé » et éclairé, « délivré du mal » et pourvu d'un flambeau. Les hommes, avant Jésus-Christ, ont toujours cru que l'injustice était la loi de l'univers : c'était si vrai, que le christianisme est tout fondé sur une injustice abominable, sur la défaite, l'immolation et le martyre du Juste ; les hommes avant Jésus-Christ avaient toujours cru à la loi du sang : ils avaient si bien raison, que le christianisme fait éternellement couler sur tous ses autels le sang de l'éternelle victime ; les hommes avant Jésus-Christ ont cru à la réversibilité, au péché originel, dont la tragédie grecque est pleine (c'est vrai), au juste payant pour le coupable et rachetant les crimes du monde : ce mystère est le christianisme lui-même ; les hommes avant Jésus-Christ croyaient que le mal l'emportait ici-bas, était le maître du monde, et qu'ainsi le voulaient les dieux : le christianisme n'a pas une autre doctrine.

Seulement il explique cette vérité.

— Il dit : Oui, la terre est mauvaise, et ainsi Dieu le veut ; mais ce n'est pas qu'il soit injuste, c'est qu'il est offensé ; il l'a été à l'origne, et l'est encore, puisqu'il l'a été, la loi de réversibilité étant admise ; il est offensé, de là *le mal ;* il fait du mal la loi du monde comme châtiment et comme épreuve ; il punit par le mal, il rachète par le mal, qu'il souffre lui-même sur la croix, il éprouve par le mal, et enfin il délivre du mal ceux qui, pour eux-mêmes ou pour d'autres, ont expié.

Et comme les païens priaient leurs dieux parce qu'ils étaient injustes, de même nous prions notre Dieu parce qu'il est injuste, avec cette différence que nous savons que c'est nous qui l'avons forcé de l'être, ce qui le justifie. Dieu est injuste dans le temps, il est juste dans l'éternité. Il nous plonge dans l'injustice du monde pour nous punir, et dans ce séjour du mal nous le prions ainsi que les païens faisaient leurs dieux, comme un pouvoir arbitraire, parce que dans ce domaine de l'iniquité, voulue par lui, méritée par nous, il est pouvoir arbitraire en effet ; mais, après cette épreuve, il nous attire en son éternité, où tout est justice.

Voilà la vérité éternelle, très nettement pressentie par les païens, débarrassée de ses voiles par la doctrine chrétienne ; et ainsi, tout ce que de Maistre pensait comme philosophe, il le pense encore *dans le christianisme*, mais ici avec sécurité et confiance.

Et comme il ne s'arrête pas facilement une fois qu'il est parti sur une idée, particulièrement quand elle est scabreuse, il voit successivement toutes les vérités chrétiennes dans le paganisme ; il voit tout le paganisme chrétien d'avance, et sans le savoir, mais pleinement, merveilleusement (*Éclaircissement sur les sacrifices*) : « Quelle vérité ne se trouve pas dans le paganisme ? Il est bien vrai qu'il y a plusieurs dieux et plusieurs seigneurs tant dans le ciel que sur la terre, et que nous devons aspirer à l'amitié et à la faveur de ces dieux. Mais il est vrai aussi qu'il n'y a qu'un seul Jupiter, le *quoi que ce soit* qui n'a rien au-dessus de lui... Il est bien vrai que Minerve est sortie du cerveau de Jupiter... Il est bien vrai que chaque homme a son génie conducteur et initiateur qui le guide à travers les mystères de la vie... Il est bien vrai qu'Hercule ne peut monter sur l'Olympe qu'après avoir consumé par le feu, sur le mont Œta, tout ce qu'il avait d'humain... Il est bien vrai que les *héros* qui ont bien mérité... ont droit d'être déclarés *dieux* par la puissance légitime ; la *canonisation* d'un souverain dans l'antiquité païenne et l'*apo-*

théose d'un *héros du christianisme* dans l'Église... partent du même principe... Il est bien vrai que les *dieux* sont venus quelquefois s'asseoir à la table des hommes justes, et que d'autres fois ils sont venus sur la terre pour expier les crimes des hommes... »

Et ainsi de suite pendant des pages ; car si le jeu est imprudent, il est facile. Mais ce n'est pas un jeu pour de Maistre. Unité, continuité : le monde est une pensée unique, parce que c'est la pensée de Dieu, altérée, corrompue chez les gentils, qui ont le châtiment de posséder le christianisme sans le savoir, mais qui le possèdent pourtant, qui ne peuvent pas ne point le posséder, « car l'erreur n'est que la vérité corrompue ; » — et c'est la pensée de Dieu encore, mais achevée et lumineuse chez les chrétiens, qui possèdent le christianisme en sa pureté, et ne retombent dans le paganisme que par leurs erreurs.

Voilà la philosophie complète de de Maistre : un pessimisme qui s'arrête, se repose et se satisfait dans le christianisme ; une croyance au mal qui trouve dans la foi chrétienne sa confirmation, son explication, sa consolation ; une croyance à l'injustice qui se vérifie dans le christianisme et s'y transforme, qui trouve le christianisme d'accord avec elle ici-bas, et qui, avec le christianisme, relègue l'empire de la justice dans le monde de l'éternité ; un instinct, enfin, et un besoin impérieux d'unité dans le système des choses, instinct qui trouve dans le christianisme la résolution du paradoxe du monde, et qui tient ce même christianisme pour la pensée universelle et perpétuelle de l'humanité, en considérant le paganisme à la fois comme un biblisme de décadence et un christianisme anticipé.

Tout cela vient comme se grouper et se construire

autour de l'idée politique, qui est l'idée centrale, pour la soutenir, la fortifier et lui faire honneur, pour montrer qu'elle se rattache à l'ensemble véritable des choses et que toute vérité y aboutit. Les *Soirées de Saint-Pétersbourg* et l'*Éclaircissement sur les sacrifices* sont une généralisation brillante et hardie à l'appui des *Considérations sur la France*.

Et *le Pape* et l'*Église gallicane* sont les livres qui complètent la pensée de de Maistre en définissant l'autorité royale, comme les *Soirées de Saint-Pétersbourg* la justifiaient. On demande à quoi tient l'autorité royale, ce qui la fonde et ce qui la sanctionne, de qui le roi tient son droit, à qui il est responsable. Le fondement du droit royal, c'est Dieu ; celui qui connaît du devoir royal, c'est Dieu. Dieu est « celui de qui relèvent tous les empires, » en ce qu'il les fonde, et en ce qu'il les juge. Il les fonde, les trouvât-on injustes, et le fussent-ils, comme créateur de cette immense injustice qu'on appelle le monde, et qu'il a voulue en tant que châtiment et épreuve ; et libre à vous de les estimer une forme de l'iniquité ; il ne faut pas plus ni s'en étonner ni s'en défendre que de toute l'injustice générale qui vous entoure ; et la révolte est la même contre le roi ou contre l'ordre du monde ; — mais aussi il les juge comme créateur de la justice éternelle où il nous appelle, et où il nous convie à adhérer d'avance par nos actes pour être dignes un jour de vivre en elle. Et c'est là l'essence des obligations royales.

On dit que le pouvoir des rois est absolu ; c'est leur devoir qui est absolu, puisqu'ils sont obligés, non devant l'opinion capricieuse ou une constitution fragile, mais devant l'absolu lui-même. On dit que leur puissance est illimitée ; c'est en raison de cet infini de leur pouvoir, qu'ils ont un infini d'obligations ; car devant la justice éternelle le devoir est en raison de la puissance, et si le peuple a peu de devoirs, si les grands en ont davantage, le roi absolu a comme un devoir inépuisable ; aux mains de Dieu, plus il est libre, plus il est lié. Qu'ai-je besoin maintenant de constitution et de droit du peuple ? Le droit du peuple, c'est le devoir du roi envers Dieu. Ils n'ont pas si tort, les démocrates qui disent : « Voix du peuple, voix de Dieu. » Ils ont raison comme les païens ; ils ont une vérité altérée et confuse, ou ils disent une vérité sans la comprendre ; la voix du peuple n'est pas la voix divine ; mais le droit du peuple, c'est le droit de Dieu.

Mais cette voix de Dieu dans le monde, que le roi doit écouter, et qui l'oblige, où la trouver ? Ce n'est ni le peuple, ni la loi, ni la constitution qui la donnent. Où est l'oracle ? — Comment donc ! Est-ce que Dieu n'a pas parlé ? Est-ce qu'il n'a pas déposé sa parole ? Est-ce que les dépositaires de sa pensée ne sont pas là ? Le roi est responsable envers la vérité, et l'Église a le dépôt de la vérité.

Voilà donc le roi esclave de l'Église ! — Qui vous dit cela ? Les rois de France étaient-ils esclaves du parlement, parce que le parlement avait le dépôt des lois ? Ils étaient soumis moralement à la vérité constitutionnelle, dont le parlement avait la garde. Ils doivent être soumis moralement à la vérité divine, dont l'Église a le secret. L'Église est le grand miroir humain de la lumière divine ; c'est dans ce miroir que les rois doivent incessamment la regarder. L'Église éclaire les rois sur leurs devoirs ; elle définit leurs fonctions ; elle écrit les maximes de la royauté. Elle sert à cela dans l'ordre humain.

Elle sert encore à autre chose. L'humanité s'est partagée en groupes, en sociétés diverses, non pas tant pour obéir à certaines affinités que pour se conformer à cette obscure et inévitable loi d'injustice, qui est une des formes du mal sur la terre, et pour que la guerre fût, et pour que le sang coulât. Cela, c'est l'ordre humain. Mais l'Église, représentant l'ordre divin, réalise, autant qu'elle le peut (étant engagée elle-même dans l'humanité), l'unité terrestre. Comme de Maistre le dit cent fois : « le catholicisme, c'est l'unité. » Il faut que l'Anglais voie dans le Français un animal d'une autre espèce qu'il ne songe qu'à tuer, pour que la loi du meurtre, s'étendant depuis le dernier zoophyte jusqu'à l'animal supérieur, ne s'arrête pas à l'homme; mais il faut aussi qu'à certains moments d'une manière claire, à tous les moments d'une manière confuse, le Français voie en l'Anglais un frère. Comme homme, il ne l'est pas ; il est un animal ennemi : tel est l'ordre humain ; il faut qu'il le soit comme participant à Dieu, comme communiant dans la pensée divine, pour qu'il y ait au moins une image de l'ordre divin réalisée sur la terre. C'est l'Église qui offre cette communion au monde. Ce rêve d'unité, qui est la pensée comme intermittente de tous les hommes, dont ils s'éloignent sans cesse et où ils reviennent toujours, parce que leur double nature fait qu'elle est un souhait éternel, éternellement irréalisable, l'Église le fait vivre, le soutient, l'empêche de languir, en sauve la *continuité* dans l'espèce humaine.

Et c'est pour cela qu'elle est constituée monarchiquement. Nous savons assez que d'une délibération ne peut sortir une pensée, mais un expédient; qu'une assemblée, quand elle n'est pas une simple confusion d'idées, n'est qu'une addition de velléités à peu près semblables, soustraction faite de beaucoup d'autres. Il n'y a pas là même l'image de l'unité. C'est pour cela que, comme l'État c'est le roi, seulement éclairé par les grands, l'Église c'est le pape, seulement éclairé par les évêques ; et que, comme l'autorité royale, puissance matérielle, est l'absolutisme, l'autorité du pape, puissance spirituelle, ne peut pas être autre chose que l'infaillibilité.

Et maintenant tout se tient. Le monde soumis au mal, livré à l'injustice en punition de ses fautes, trouve une première organisation conforme à sa nature dans les sociétés, qui sont des machines d'injustice les unes contre les autres, mais réalisent au moins une image de la justice, c'est-à-dire l'ordre, dans leur propre sein, à la condition qu'elles soient des organismes vivants, non des amas de feuilles mortes, à la condition qu'elles reçoivent la vie de leur centre, et une vie perpétuelle, sans arrêts, indéfiniment épanchée, à la condition qu'elles soient des unités continues, c'est-à-dire des monarchies héréditaires ; — il trouve une seconde organisation, supérieure, dans un pouvoir spirituel, magistrature unique et universelle qui inspire et guide les magistratures locales, qui empêche que la loi supérieure de justice ne s'efface et ne s'abolisse dans le monde, qui maintient et qui représente l'unité continue du genre humain.

V.

REMARQUES SUR LE SYSTÈME ET LA MÉTHODE.

Un tel système est hardi, vigoureux, résistant. Il est même profond, à preuve qu'il n'est pas autre chose, on l'a vu dix fois a<: cours de notre analyse, que du Pascal à outrance. Il captive, il contraint, il maîtrise. Il est emporté, hautain et entraînant. Il séduit insolemment, pour ainsi dire, les facultés logiques de notre esprit. — Il ne persuade pas du tout. Il a quelque chose de provocant, qui fait que quand on est près de donner raison à de Maistre, on souhaite passionnément qu'il ait tort ; il semble une gageure et un défi. — Cela tient, ce me semble, à un trait singulier de la complexion de Joseph de Maistre. J'ai comme un soupçon qu'il avait un esprit en opposition avec son caractère, et que, le sentant obscurément, il s'attachait avec soin à ne rien mettre de son caractère dans son esprit.

Il était très bon, et il a fait un système méchant. Il était très bon, et cela se voit si peu dans ce qu'il a dit pour le public, qu'il faut que j'y insiste. Ses lettres intimes sont adorables ; cet homme qu'on ne voudrait pas avoir pour législateur, on voudrait l'avoir pour père. Fin d'une lettre à sa bru : «... Adieu, mes chers et bons enfants, que je ne sais plus séparer ; je vous serre avec mes vieux bras sur mon jeune cœur. » — Lettre à sa fille : « Le plus grand ridicule pour une femme, ma chère enfant, c'est d'être un homme... Garde-toi bien d'envisager les ouvrages de ton sexe du côté de l'utilité matérielle, qui n'est rien. Ils servent à prouver que tu es femme et que tu te tiens pour telle. Il y a dans ce genre d'occupation une coquetterie très fine et très innocente. En te voyant coudre avec ferveur, on dira : « Croiriez-vous que cette jeune demoiselle lit Klopstock ! » et lorsqu'on te verra lire Klopstock, on dira : « Croiriez-vous que cette demoiselle coud à merveille ! » Partant, ma fille, prie ta mère, qui est si généreuse, de t'acheter une jolie quenouille ; mouille délicatement le bout de ton doigt, et puis, *vrrr!*... et tu me diras comme les choses tournent. » — Lettre à une amie : «... La jeunesse disparaissant dans sa fleur a quelque chose de particulièrement terrible. On dirait que c'est une injustice. Ah! le vilain monde! J'ai toujours dit qu'il ne pourrait aller si nous avions le sens commun. Si nous réfléchissions qu'une vie commune de vingt-cinq ans nous a été donnée pour partager entre nous, et que si vous atteignez vingt-six ans, c'est une preuve qu'un autre est mort à vingt-quatre, en vérité chacun se coucherait et daignerait à peine s'habiller. C'est notre folie qui fait tout marcher. L'un se marie, l'autre bâtit, sans penser le moins du monde qu'il ne verra point ses enfants et qu'il ne logera jamais chez lui. N'importe, tout marche, et c'est assez. » — Voilà le pessimisme intime de de Maistre, celui dont il ne fait pas une théorie ; il est plein d'une immense pitié pour les hommes : « Ah! le vilain monde! » C'est le cri d'un cœur qui souffre.

De sa bonté, de sa bonne grâce, de son amabilité même, qui est charmante, de Maistre n'a rien mis dans ses théories. Son intelligence était faite autrement que son cœur, et il n'a rien fait passer de son cœur dans son intelligence. Est-ce pudeur, délicatesse, fierté de patricien, très distinguée, certes, mais ici poussée un peu loin? Est-ce désir et parti pris, louable du reste en son principe, de ressembler le moins possible à Rousseau? Je ne sais ; mais Mme de Staël versait tous ses sentiments dans ses idées; de Maistre, qui disait d'elle que c'était la tête la plus pervertie et le cœur le meilleur du monde, n'a rien laissé entrer de son cœur dans sa tête, crainte sans doute de la pervertir. — Ce n'est pas une mauvaise précaution, sans doute ; mais poussé à l'excès, devenu un système, cela donne un singulier tour à l'esprit. L'habitude de se défier du sentiment mène à se moquer du sens commun, qui est précisément un humble mélange de sentiment et de raison ; elle accoutume l'esprit à prendre plaisir à heurter l'opinion commune ; elle lui donne une habitude de taquinerie. De Maistre est éminemment taquin. Dans toute question il cherche la vérité, sans doute, mais aussi le moyen de la prouver qui contrariera le plus son lecteur, qui sera le plus capable de heurter son bon sens et même d'irriter son cœur. Ses pages sur le bourreau, sur les sacrifices, ne sont faites (et qu'elles sont bien faites, soigneusement, avec amour !) que pour nous exaspérer. Je dis ses pages, non ses idées ; ses idées sont pour le système, mais la description minutieuse et complaisante de la roue, des coins, du chevalet, des os qui craquent, et celle du *taurobole*, des ruisseaux de sang qui coulent, où il rivalise avec ce sauvage de Prudence, sont destinées à nous jeter hors des gonds.

A quoi bon? A nous intimider. De Maistre n'est pas fâché de nous faire sentir qu'avec tout son fond sérieux, il se moque un peu de nous, méprise un peu notre simplicité. Il y a un grain de mystificateur sinistre dans Joseph de Maistre. Très souvent, en lisant les *Soirées*, on croit relire *Candide*. Cela ne va pas sans nous imposer quelque peu. Les esprits de ce genre, Montaigne par certains côtés, Pascal plus souvent qu'on ne croit, Voltaire quelquefois, ont cela de terrible que, même après leur mort, on n'ose pas discuter avec eux ; on sent qu'ils vont nous rire au nez. Seulement cela leur ôte l'ascendant sur la partie la plus intime de nous-mêmes, et fait qu'ils ne nous entraînent point, justement parce qu'ils nous intimident.

De l'humeur taquine est née chez lui une véritable passion de paradoxe, que tout le monde a remarquée comme un tour de son esprit, mais qui est surtout un penchant de son caractère. Il aime étonner et il aime irriter : le paradoxe est merveilleux pour cela. De Maistre appelle quelque part l'exagération le mensonge des honnêtes gens ; le paradoxe est la méchanceté des hommes bons qui ont trop d'esprit. Il consiste à montrer aux adversaires qu'ils ne voient pas la vérité, et aux amis qu'ils la défendent mal. Il exaspère ceux qu'on attaque, déconcerte ceux qu'on défend, inquiète et étonne tout le monde. La vanité d'auteur y trouve une grande satisfaction ; c'est pour cela qu'il faut s'en défier. De Maistre s'y délecte. On pourrait presque avancer que c'est sa méthode tout entière. En présence d'une question, il arrive vite à trouver, et on peut le soupçonner de chercher, ce qui, au commun sentiment, s'en éloigne le plus, et c'est de cela qu'il fait sa démonstration et sa preuve. — Les *Soirées de Saint-Pétersbourg* sont, le sous-titre le dit, un traité sur *le gouvernement temporel de la Providence*. Un homme tout uni, ou un homme de génie qui sait condescendre à l'humaine faiblesse, un Fénelon par exemple, commencerait bonnement par montrer l'action bienfaisante de Dieu sur le monde, puis arriverait aux objections tirées de l'existence du mal sur la terre, et chercherait à les résoudre. De Maistre commence par donner l'objection dans toute sa force, et par la caresser avec complaisance. Dieu est injuste ; il punit l'innocent pour le coupable. Eh ! l'innocent est-il si innocent? Ne sommes-nous pas tous solidairement criminels? Je vois le moment venir où il estimera le criminel moins coupable que l'innocent... Et puis, par un immense détour, il nous amènera à cette idée que le monde est une épreuve et la justice une réserve de Dieu. Mais jusque-là il nous aura étonnés, harcelés, secoués pour ainsi dire, menés par sauts et par bonds dans mille pays pleins de précipices.

Tel le Socrate de Platon, promenant Gorgias par l'oreille à travers une série d'assertions extraordinaires, lui prouvant que l'éloquence n'est pas un art, et que c'est une routine, et qu'elle est toute pareille à la cuisine ou à la parfumerie, pour en arriver à cette conclusion, que la rhétorique doit être subordonnée à la morale, et aboutissant à une vérité de sens commun par une série éblouissante de paradoxes. C'est peut-être de la dialectique, c'est peut-être de la maïeutique, mais c'est surtout de la sophistique. Le mot est gros, mais il vient aux lèvres à chaque instant, quoi qu'on fasse. De Maistre combat les sophistes de son temps comme Socrate ceux du sien, avec leurs armes. A ce jeu, on risque, comme on sait, d'être confondu avec eux. Sa méthode est un procédé de digressions par paralogismes et de conclusions par surprises : « Vous voyez bien qu'il faut en revenir... à n'être pas plus étonné de la réversibilité que de la noblesse, et que la noblesse est chose naturelle? » Peut-être n'était-il pas nécessaire, pour revenir là, d'aller si loin.

C'est pour cela que ses livres, en apparence si l'on veut, sont si mal composés. Cette méthode exige que le but soit perpétuellement voilé pour qu'on s'en croie très loin quand on y touche, et que brusquement il apparaisse. De là cette forme de *considérations* ou d'*entretiens*. Le dialogue surtout est très bien approprié à ce tour d'esprit. Il s'écarte, il revient, il serre la question, il la perd de vue, il fait dire des sottises à ceux qui en doivent dire, il en profite, il est plein de mouvements tournants immenses et de volte-face rapides. C'est le *genre de Maistre* par excellence. Personne n'a été plus systématique, et personne n'a composé ses livres d'une manière plus discursive. — Notez que sa malice encore y trouve son compte. Mettez sa doctrine en système suivi, il pourra très bien vous dire que vous ne l'avez pas compris. J'ai peur qu'il ne me le dise, si je le rencontre, ce que j'ose espérer qu'il me souhaite.

Ce goût du paradoxe n'est pas seulement fatigant, il est excessivement dangereux. On sait ce qui est arrivé à Pascal pour avoir eu, d'abord le malheur de démontrer sa foi par tout un système d'agnosticisme qui semble parfois risquer d'emporter la foi elle-même, ensuite cet autre accident de n'avoir pas achevé son livre. On a pu le prendre quelquefois pour un sceptique, au moins par provision. De Maistre a achevé son œuvre ; elle est complète, mais il faut bien la lire tout entière. On peut lire deux à trois cents pages de lui, et le prendre pour un athée ; on peut même le posséder en entier, et être un peu trop frappé de ce qui, dans son œuvre, conduirait à une conclusion athéistique, s'il était dit par un autre.

Voilà ce qu'on gagne à prendre pour argument même en faveur d'une cause ce qui, aux yeux des bonnes gens, va contre elle. A renforcer votre argument préféré vous risquez de confirmer l'objection. C'est une manière de coquetterie dialectique ; mais on peut trouver que de Maistre en a trop mis. Vous prouvez Dieu uniquement par la présence du mal sur la terre ; c'est le fin du fin sans doute, et comme un logicien dilettante goûte ce tour ou ce détour-là ! Mais l'humanité commune n'est point si sublime, et certainement vous la troublez. *Parce que*, et non *quoique*, c'est une belle imagination ; mais croyez bien qu'au fond de tout chrétien, ou simplement de tout croyant en Dieu, il y a un petit manichéen, bien humble, bien doux, point grand philosophe et très éloigné de se croire hérétique, qui aime Dieu, non point comme justicier créateur du mal, mais comme être bon victime du mal, qui le croit souffrant, qui le croit opprimé par l'injustice, qui le chérit à ce titre, et qui ne dit pas beaucoup : « Délivrez-nous du mal », mais plutôt : « Que votre règne arrive ! » — Est-il très bon de décourager ce sentiment-là ? — Oui, si c'est une erreur ! — Eh bien ! soit ! Je dis seulement que c'est courir un risque plus grand peut-être que le profit.

Sa manière de démontrer le christianisme blesse les mêmes délicatesses, éveille les mêmes craintes. Elle est dure, et elle est dangereuse. C'est une chose bien remarquable : à prendre certaines vues de détail, auxquelles il n'a nullement attaché le sort de sa démonstration, on ferait un système de doctrine chrétienne tout différent du sien, et très persuasif, très attirant. Quand il vous dit que le christianisme a réparé et comme créé la moralité humaine, parce que les mœurs dépendent de la femme, et que la femme date du christianisme, quel aperçu profond ! Et quelle vérité ! Comme il est bien certain que, l'homme ayant la force et faisant la loi, la femme n'est qu'une chose, si elle n'a pas un droit personnel qui fait sa dignité, qu'elle tient pour supérieur à la force matérielle et à la force sociale, et auquel elle s'attache énergiquement : le droit de la femme, c'est sa religion ; une religion spiritualiste crée la femme comme personne morale. — De même, quand il nous dit : « Le christianisme a détruit l'esclavage ; on ne détruit réellement que ce qu'on remplace ; il l'a détruit parce qu'il l'a remplacé. Il faut purifier les volontés ou les enchaîner ; leur donner un frein moral ou une entrave matérielle ; les gouvernants ont besoin d'une foule muette forcée d'obéir, ou d'une foule croyante à qui l'on persuade d'obéir. » — Quelle explication, insuffisante peut-être, comme toutes les explications, mais pénétrante, du monde antique et du monde moderne, et des grandes différences qui sont entre eux !

Eh bien ! ces réflexions de moraliste sur la grande révolution morale et sociale qui s'appelle le christianisme, de Maistre les jette en courant, il les néglige, je vais presque dire qu'il les méprise ; car non seulement il n'en fait pas un système général, mais il fait un système qui est presque le contraire de celui-là. Ce n'est pas sur les différences entre le christianisme et le paganisme qu'il s'appuie, c'est sur les ressemblances qu'on peut trouver de l'un à l'autre. Remarquer que le christianisme a apporté des choses nouvelles, bon pour un petit esprit ; prouver que « les vérités théologiques sont des vérités générales », qu'il y a dans l'esprit humain unité et continuité, démontrer en conséquence, trop démontrer, que le paganisme ressemble trait pour trait au christianisme, voilà qui est d'un dialecticien supérieur. Il est possible ; mais voici venir quelqu'un qui prendra cette démonstration toute faite, et la fera aboutir à une autre conclusion, et sur la foi de de Maistre, nous montrera le christianisme ressemblant trait pour trait au paganisme. Ce quelqu'un-là est déjà venu, du reste, et, depuis Fontenelle, il s'est trouvé plus d'un philosophe pour signaler ces ressemblances dans des intentions un peu différentes de celles de Joseph de Maistre.

Cela est si vrai, que de Maistre n'inquiète pas seulement les chrétiens, il les scandalise. Scherer, dans un bien excellent article, justement admiré de Sainte-Beuve, est stupéfait devant ce singulier christianisme où il n'y a pas trace d'amour, comme si le christianisme n'était pas tout entier aimez-vous les uns les autres. Mais je vais plus loin, et je reste étonné devant ce christianisme où je ne trouve pas le Christ lui-même. On peut affirmer que de Maistre n'a ni l'amour, ni le culte, n'a pas même l'idée de Jésus. Je cherche ce qu'il en pense, et ne trouve rien. Jésus pour lui est une « victime sanglante », et rien de plus. Et, dès lors, je m'inquiète tout à fait, et je me dis : Est-ce que M. de Maistre ne serait pas au fond un païen ? Il en a l'air au moins. Son idée de la continuité le hante à ce point qu'il lui échappe des mots un peu forts, comme celui-ci, que « les superstitions sont les gardes avancées des religions »; comme celui-ci, que « les évêques français sont les successeurs des druides »; comme celui-ci, que « toute civilisation commence par les prêtres,.. par les miracles, vrais ou faux, n'importe. » — A le bien prendre, ou à le prendre mal, mais son tort est d'offrir mille points à le prendre ainsi, son christianisme n'est ni amour, ni bonté, ni déclaration du droit que l'homme a de penser en dehors de la pensée de l'État, ce qui est, ce me semble, la grande invention du christianisme et l'affranchissement qu'il a apporté ; son christianisme est terreur, obéissance passive et religion d'État. Cela n'est pas si loin des religions antiques, et l'on peut comprendre que le christianisme de de Maistre ne soit qu'un paganisme un peu « nettoyé. »

C'est qu'il y a au moins deux grandes manières de comprendre le christianisme : les uns y voient surtout un principe d'individualisme, l'homme enfin un peu indépendant de la cité politique, à titre de membre de la cité de Dieu, l'homme, une fois quitte de ce qu'il doit à César, ayant à lui, libre et sans servitudes, le domaine de sa pensée religieuse ; et rien n'est plus éloigné de la pensée de de Maistre, qui a tout individualisme en horreur et tout droit de l'homme en suspicion ; — les autres y voient surtout un principe d'unité, une grande association humaine rattachant tous les peuples à un centre, et ramassant l'humanité, une Rome divine ; et de Maistre voit surtout cela, ne voit presque uniquement que cela.

Païen, non, mais Romain jusqu'au fond de l'âme. Son patriciat gardien des « vérités conservatrices et de la religion, — *auspicia sunt patrum,* — » est une idée toute romaine ; cette papauté, magistrature des rois et des peuples, c'est un César spirituel. Figurez-vous un patricien romain du v⁰ siècle qui n'a rien compris à Jésus, mais que les circonstances ont fait chrétien, sans changer le fond de sa nature ni le tour de ses idées, qui apprend que l'empire est détruit, qu'il n'y a plus dans le monde que des souverainetés partielles et locales, qui, dans le trouble où le jette un tel désordre, s'écrie : « Il reste l'évêque de Rome pour représenter et pour refaire l'unité du monde ! » et aux yeux de qui le christianisme n'est pas autre chose ; vous ne serez pas très éloigné d'avoir une idée assez nette de la pensée de Joseph de Maistre ; et c'est son originalité infiniment curieuse d'avoir l'esprit ainsi fait au commencement du xix⁰ siècle. Il est quelque chose comme un prétorien du Vatican.

Voulez-vous une preuve : il n'aime pas les Grecs. Quand on lit ce chapitre égaré dans un livre de théologie (*Pape*, IV, 7), on s'écrie : « Je m'y attendais. » Certes, il ne faut pas opposer les Grecs aux Romains comme l'individualisme à l'omnipotence de l'État ; les Grecs ont eu leurs religions d'État comme les autres ; ils n'ont point eu l'idée de la liberté individuelle et de la liberté de conscience ; l'individualisme est chose toute moderne ; mais enfin ils ont eu des tendances individualistes, ne fût-ce que parce qu'ils avaient des hommes de génie et de génie original. L'esprit est un terrible principe d'individualisme, parce qu'il constitue des personnalités ; la sottise a toujours quelque chose de collectif. Les Grecs aimaient à penser individuellement. C'en est assez pour que de Maistre les déteste. Il leur conteste leur génie militaire, leur génie philosophique, leur génie scientifique. Surtout il répète : Ce n'est pas là un peuple ; point d'unité, point de tradition. « La Grèce est née divisée » (ce qui, du reste, est admirablement juste et bien dit). Ils devaient rompre l'unité de l'Église, comme ils avaient mis tout leur effort à empêcher l'unité de leur pays ; « ils furent hérétiques, c'est-à-dire *divisionnaires* dans la religion, comme ils l'avaient été dans la politique. » Gardez-vous de vous inspirer d'eux ; il est bon, dans l'instruction publique, de n'apprendre aux enfants que le latin. — On n'est pas plus « Romain » que cela ; de Maistre l'est jusqu'au fond de son être intellectuel.

C'est chose amusante, quand on a l'esprit taquin, d'être un anachronisme ; mais c'est chose périlleuse aussi. Le philosophe Saint-Martin disait : « Le monde et moi, nous ne sommes pas du même âge. » C'est tout à fait le cas de de Maistre. Dans la pratique, soyez sûr qu'il sait ce que c'est qu'une date. Quand il discute avec le futur Louis XVIII un projet de manifeste aux Français, il sait très bien dire : « Si l'on oubliait un moment que nous sommes en 1804, l'ouvrage serait manqué ; le livre le plus utile à consulter, avant de mettre la main à l'œuvre, c'est l'almanach. » Mais, en théorie, c'est son faible, et aussi sa faiblesse, de se tenir obstinément dans la sphère des idées abstraites, et de ne pas consulter l'almanach le moins du monde. Le sens historique est la chose qui lui a le plus manqué ; ou plutôt ce n'est pas que cela lui manque, mais il le repousse. Il a des vues historiques très pénétrantes dont il ne fait rien. Ainsi il remarque à plusieurs reprises que c'est la « science », les hypothèses scientifiques du XVIIe et du XVIIIe siècle, qui ont ébranlé l'idée de Dieu, et, avec elle, tout l'ancien régime. Cette remarque-là, c'est à peu près toute l'histoire moderne. Mais dès qu'on l'a faite, c'est l'analyse complète de l'état d'esprit et de l'état de civilisation qu'une telle révolution intellectuelle a produits qu'il faut tenter, si l'on ne veut pas, « en 1804 », être un simple théoricien *in abstracto*, c'est-à-dire rien autre qu'un brillant causeur. De Maistre ne se soucie point de cette étude. Il dit simplement que l'avenir verra la conciliation de la religion et de la science. Eh ! montrez au moins dans quelles conditions cette conciliation peut et doit se faire. Je donnerais tout votre système pour avoir seulement une idée de la façon dont une antinomie dans laquelle je vis se pourra résoudre.

Son système politique lui-même, qui est presque complet, qui répond presque à tout, j'y vois cependant une grande omission, et comme je puis m'y attendre, c'est l'omission d'un fait. De Maistre traite de la démocratie, de l'aristocratie, de la royauté, de la théocratie, du libéralisme ; voilà qui est bien ; mais il ne me dit pas un mot du système parlementaire. Le système parlementaire est l'expédient, ou peut-être l'artifice, de la conception politique qui repose sur la souveraineté du peuple. Comme tel, c'est-à-dire comme n'étant pas une idée, de Maistre le néglige ; mais, comme fait, il est si considérable, il est tellement la forme universellement adoptée ou essayée d'aménagement politique chez les peuples modernes, que ce n'est pas trop d'exigence que demander la pensée de de Maistre sur cette affaire. Il ne l'a pas donnée ; cela l'eût gêné : les faits l'irritent ou l'ennuient.

La chose est bien sensible dans son livre sur l'Église gallicane. Quand il a démontré qu'il faut être infaillibiliste ou hérétique, il croit avoir tout dit. En logique, c'est possible ; mais l'Église gallicane, avant tout, est un état d'esprit ; c'est le sentiment que, tout en étant de l'Église catholique, on est Français. Ce sentiment s'attache à certaines traditions et à certaines franchises ; mais ce n'est point là ce qui importe, c'est le sentiment qu'il faut étudier et discuter ; c'est la personnalité de l'Église de France qu'il faut voir et sentir. Qu'il fût bon ou mauvais que cette personnalité existât, c'est là qu'est la question.

Mais c'est une question historique, et de Maistre ne la traite point ; et quand il y touche, c'est, il me semble, pour se tromper un peu. L'Église gallicane est pour lui le germe de la constitution civile du clergé. S'il en est ainsi, on peut dire que l'Église gallicane s'est épanouie dans la constitution civile du clergé pour y mourir ; car ce qui est certain, c'est que c'est la constitution civile qui l'a tuée. Du moment que l'Église française cessait d'être indépendante, elle devait devenir ultramontaine, et, ne pouvant plus s'appuyer sur elle-même, elle devait s'appuyer sur Rome. Il est bien joli, le passage d'une lettre à de Bonald, où, avec mille précautions oratoires, de Maistre laisse flotter sans y prendre garde une vague allusion à la jument de Roland : « ... Tout ceci, Monsieur, est dit sans préjudice des hautes prérogatives de l'Église gallicane, que personne ne connaît et ne vénère plus que moi : *reste à savoir si elle est morte*, et, dans ce cas (sur lequel je ne décide rien), si elle peut renaître. » Sans doute, elle était morte, mais victime de la révolution, et de Maistre ne semble pas s'en aviser, ce qui peut-être le divertirait de s'en réjouir.

C'est le sens des faits qui, souvent, lui manque ainsi. C'est pourquoi on a pu s'égayer de ses prédictions, qui, en effet, se sont trouvées presque toutes fausses. Il faut être historien pour prévoir quelquefois juste. Comme il raisonne dans l'abstrait, il fait des prophéties si générales qu'on peut très souvent les prendre au contre-pied de ses espérances. Son idée, si vraie, du reste, que toute révolte contre le catholicisme aboutit à le purifier, que, par exemple, la *Réformation* a produit surtout une *réforme* salutaire dans l'Église catholique, l'amène à prédire une magnifique rénovation religieuse au cours du XIXe siècle ; sur quoi un protestant pourrait dire que de Maistre a prédit de nouvelles conquêtes protestantes, en même temps qu'une Église catholique à la fois épurée et diminuée. — De même sa conciliation à venir entre la religion et la science peut se prêter à des interprétations assez diverses : j'y peux voir les ouvrages de Nicolas, j'y peux voir la *Lettre à Berthelot* de M. Renan. — De même son « paganisme nettoyé », devenu le christianisme, peut conduire à l'idée d'un christianisme épuré et subtilisé, dont le christianisme de de Maistre ne serait que le premier trait et l'ébauche, dogmes et mystères laissant tomber leurs enveloppes et leurs gaines, se dégageant et se développant en idées pures, et devenant une simple philosophie idéaliste... Encore une fois, il est dangereux par son abus des généralités et maladroit par sa hardiesse à s'y jeter. La puissance du penseur a fait souvent la faiblesse de l'apologiste. *Cum potens sum tum infirmus.*

Et tout cela revient à dire qu'il est infiniment intéressant. Au sortir du XVIII° siècle, les amateurs d'idées, qui se plaisent à regarder le beau conflit des théories à travers le monde, cherchent un homme qui soit bien la négation complète du XVIII° siècle. Chateaubriand chatouille cette fantaisie plutôt qu'il ne satisfait ce désir. Il harcèle le XVIII° siècle plutôt qu'il ne le combat. De Maistre est au centre même de la doctrine la plus opposée à celle des philosophes. Individualisme, liberté de pensée, liberté de conscience, idée de progrès purement humain, souveraineté partagée, la pensée elle-même, la pensée reine du monde, la déesse raison ; tout cela trouve en lui un ennemi acharné, vigoureux, admirablement armé et redoutable. — Il est la négation du XVIII° siècle, même dans sa personne. Les « philosophes », à l'ordinaire, étaient hommes de mœurs faciles, célibataires ou mauvais maris, aussi peu chefs de famille que possible ; de Maistre est l'époux, le père, l'homme du foyer domestique, en bon patricien qu'il est, le *pater familias*, malgré la séparation, la distance invinciblement. Il est charmant, mais avant tout il est une *respectabilité*, que tous reconnaissent et saluent ; on n'a jamais traité M. de Maistre familièrement. De corps et d'âme, il est le contre-pied des hommes qu'il combat.

Et, cependant, il en est, de ce siècle qu'il déteste tant. Il en est par son manque de sens critique, par son aptitude admirable à ne voir qu'un côté des choses, ou, s'il en voit deux, ce qui lui arrive, à se ramener sans peine à n'en regarder qu'un. Il en est par son manque de sens historique, par sa légèreté à porter une vaste érudition sans que son idéologie en soit gênée, sans que les faits l'arrêtent, le retardent ou l'inquiètent dans la construction hardie et allègre de son système. Il en est par l'esprit de système lui-même, par le dogmatisme intempérant et précipité, par la promptitude indiscrète à avoir raison. A chaque instant, le joli mot de Scherer, « Voltaire retourné », revient à l'esprit en le lisant. Il a dit lui-même : « L'insulte est le grand signe de l'erreur. » Comme je vais lui appliquer le mot, je me hâte de le corriger. L'insulte est le grand signe de la conviction. On ne peut pas imaginer à quel point le comte de Maistre est convaincu.

Il est du xviii° siècle encore par le manque de sens artistique. Il appartient bien au temps qui n'a pas aimé les Grecs. Cet artiste de Chateaubriand s'est avisé d'une invention un peu scandaleuse, qui était de faire adorer le christianisme pour sa beauté, comme si c'était un paganisme. Je ne le défends point ; je remarque seulement combien il était en cela du temps qui devait le suivre, à ce point qu'on a pu croire qu'il l'avait fait naître. Le xix° siècle prend le chemin d'être plus chrétien que déiste ; il désapprend d'adorer Dieu, et il est en train d'adorer les religions, sur ce qu'elles sont ce que le monde a connu de plus beau.

De Maistre est du xviii° siècle, enfin, par son manque

de véritable esprit religieux, et si j'ai insisté sur ce point, et si je m'y appesantis, c'est qu'on a voulu voir en lui je ne sais quel précurseur du mouvement saint-simonien, ce qui me paraît, sauf plus grand examen, une étrange erreur. Rien ne montre mieux que ses livres la différence qu'il y a d'une religion à une théologie. Avec son ferme propos de ne rien mettre de ses sentiments dans ses idées, il a écrit des livres qui ne parlent qu'à la raison et à la logique ; et au lieu d'une introduction à la vie religieuse, il a composé un manuel de théocratie. C'est l'esprit du xviii° siècle contre les idées du xviii° siècle : les dialecticiens révolutionnaires ont rédigé les droits de l'homme, et de Maistre la déclaration des droits de Dieu ; sans compter que, lui aussi, il aboutit bien un peu à la terreur.

Et, malgré tout, il a cela pour lui qu'il fait infiniment penser. On le quitte avec une profonde estime pour son caractère, une vive sympathie pour les qualités de son cœur, et le souvenir d'une des plus belles joutes de dialectique dont on ait jamais eu le spectacle.

DE BONALD

« Je n'ai rien pensé que vous ne l'ayez écrit ; je n'ai rien écrit que vous ne l'ayez pensé, » mandait Joseph de Maistre au vicomte de Bonald, et celui-ci écrivait en marge : « L'assertion, si flatteuse pour moi, souffre cependant, de part et d'autre, quelques exceptions. »

Elle en souffre tant qu'elle les souffre toutes, et si ces deux hommes se croient d'accord, c'est qu'ils se rencontrent, et encore à peine, aux mêmes conclusions, sans du reste y arriver jamais par les mêmes chemins. Il n'y a peut-être pas deux esprits concluant dans le même sens en pensant si différemment. Leurs natures intellectuelles sont opposées.

L'un est un pessimiste, et c'est du pessimisme même, de l'existence du mal, exagéré du reste à plaisir par lui, qu'il tire une conclusion déiste et chrétienne. L'autre est un optimiste ; voit l'ordre et le bien immanents au monde, à peine altérés parfois, interrompus jamais ; et la providence non point qui se réserve, mais toujours agissante, et Dieu tout près. — L'un est extrêmement compliqué, et captieux, et à mille détours. L'autre, encore que subtil dans le détail, a le système le plus simple, le plus court et le plus direct. — L'un est paradoxal à outrance, et croit trop simple pour être vraie une idée qui n'étonne point. L'autre voudrait ne rien dire qui ne fût absolument traditionnel et de toute éternité, et, s'il n'est point compris, n'en accuse que ces esprits modernes pour lesquels la vérité éternelle, et qu'il ne croit que répéter, s'est obscurcie. — L'un est mystificateur et taquin, et risque scandale au service de la vérité. L'autre, grave, sincère et d'une probité intellectuelle absolue, serait au désespoir d'inquiéter les simples, évite la fantaisie, s'interdit le brillant, voudrait éviter l'esprit, et n'en a que malgré lui, serait heureux que toute sa pensée se déroulât dans la pure clarté, et la solidité rassurante, et la sécheresse même d'une série de théorèmes. Et, en dépouillant les mots de leur sens injurieux, l'un est un merveilleux sophiste, et l'autre un scolastique obstiné, intrépide et imposant.

I.

PHILOSOPHIE DE BONALD — LE SYSTÈME TERNAIRE.

Le dernier des scolastiques, c'est bien de Bonald. Partir d'un axiome, et déduire, déduire encore, déduire toujours, sans jamais rien admettre qui ne soit contenu dans le principe primitif; de temps en temps, quand, par exemple, on commence un nouveau livre, reprendre l'axiome, le poser à nouveau, dans les mêmes termes, et fournir une nouvelle série de déductions : voilà, non pas la méthode de Bonald, mais sa façon-même d'être au monde. Il est un raisonnement qui se poursuit. Il est constitué d'un sorite. Je ne dirai rien de son caractère. Il donne l'idée qu'il n'en a pas. Il semble être un esprit pur. Dans de Maistre, dans Rousseau, dans Montesquieu, je sens l'aristocrate railleur, le plébéien amer, le Gascon qui s'amuse ; dans de Bonald je vois le logicien, et derrière le logicien, je ne sens que le logicien.

Ses colères mêmes semblent à peine des saillies d'humeur ; elles semblent des emportements de discussion. Ce sont les « doctrines » qu'il appelle « abjectes » (et trop souvent) ; ce ne sont pas les hommes, jamais. Ses injures sont injures de soutenance. Ce n'est que de la dialectique qui s'envenime. Il est peut-être l'homme qui, plus qu'aucun, a été pur raisonnement.

Il a une théorie qui lui est chère entre toutes, et qu'il a contribué à répandre, c'est que ce sont les livres qui font l'histoire. « Depuis l'*Évangile* jusqu'au *Contrat social*, ce sont les livres qui ont fait les révolutions. » La littérature est « l'expression de la société » d'aujourd'hui et le fabricateur de la société de demain. Les idées sont les reines du monde. — Du moins, elles sont les siennes, et s'il a cru que les idées gouvernent les hommes, c'est qu'il se sentait gouverné par elles. Il est l'idéologue absolu. Il raille l'idéologie quelque part : « *Idéologie*, étude stérile, travail de la pensée sur elle-même, qui ne saurait produire. Tissot aurait pu traiter, dans un second volume, de cette dangereuse habitude d'esprit. » — Le plus beau cas eût été M. de Bonald.

Nul exemple plus étonnant de la pensée travaillant sur elle-même, indéfiniment, et ne voulant tenir rien que de soi. Elle semble redouter, et non sans raison, l'excursion en dehors d'elle-même comme une occasion de scepticisme. Sortir de soi, et douter de soi, c'est douter, et le chemin est si long pour revenir, qu'on risque de rester en voyage. Or le doute est la terreur de Bonald. Il en a peur et horreur à ce point qu'il affecte de le mépriser : « Les esprits supérieurs sont naturellement portés vers l'absolu et tendent toujours à simplifier leurs idées... Le doute où les esprits médiocres se reposent est pour les esprits forts ce que l'indécision est, pour les forts caractères, un état d'inquiétude et de malaise, dans lequel ils ne sauraient se fixer. » Tout son secret est dans ces trois lignes. Terreur du doute, aveu que le besoin de croire est en son fond le besoin d'agir, et que si l'on veut n'être pas incertain sur les idées c'est pour n'être pas indécis dans les actes, naïf mépris des esprits médiocres qui ont des idées complexes, et conviction que les esprits supérieurs n'ont qu'un petit nombre d'idées simples; c'est lui tout entier; c'est ce qu'il a été et ce qu'il a voulu être, et ce qu'il a voulu être parce qu'il l'était.

Avoir une seule idée, s'il est possible, dont on soit bien sûr, absolument sûr, puis ne s'en détacher et ne s'en écarter jamais, et tirer tout d'elle, système politique, système historique, système moral, système domestique, système religieux et système du monde ; en faire sa « substance » intellectuelle, unique, dont toutes nos idées ne seront que des « modes », qui ne recevra plus rien, ne s'augmentera ni ne diminuera, ne créera même point, à proprement parler, mais s'exprimera elle-même indéfiniment en figures nouvelles et en images variées d'elle-même, voilà ce à quoi il a tenu essentiellement, et dont il a presque tenu la gageure.

Au fond, ce qu'il y a en lui, comme au fond de tout dogmatique, mais en lui plus impérieux, plus tyrannique, plus obsédant et plus ombrageux, c'est le besoin de penser toujours la même chose. — Ce besoin est celui des médiocres ; mais il faut faire une distinction. Pour les médiocres, il n'est que le désir de rester en repos. L'homme supérieur a ce désir ; mais il en a un autre. Comme dit Pascal, il tend au repos par l'agitation. Bonald tend à dire toujours la même chose, en trouvant toujours de nouvelles manières de le dire, et de nouveaux arguments à prouver qu'il a raison de l'avoir dit. Il eût été heureux de s'écrier en mourant : « Je n'ai eu qu'une idée dans ma vie. — Et puis j'ai eu toutes les idées possibles. — Et j'ai prouvé que toutes les idées possibles n'étaient rien autre que la première. »

L'obsession du système est si forte chez lui qu'elle lui fait lâcher la proie pour l'ombre très facilement, très complaisamment. Il a, par exemple, cette idée, ce sentiment plutôt, qu'en 1800 c'est l'étude de l'homme moral qu'il faut reprendre, pour y appuyer toute théorie tant sociale que religieuse, comme sur une base nouvelle, ou renouvelée. Il est attiré de ce côté-là. Il y entend comme un appel. La tentation était excellente. Toutes les fois qu'on le voit écrire que le secret de la destinée de l'homme est dans son cœur, que qui saurait définir l'homme aurait la clef de toutes les choses, que la notion du devoir humain est l'étude unique et que tout le reste n'est que *ce monde d'images qui passent*, on se surprend à crier : « Bravo ! » — Eh ! sans doute, après le XVIII° siècle, qui a passé son temps à regarder par la fenêtre, qui a fait tant d'histoire naturelle, de relations de voyages, d'histoire anecdotique, de mémoires mondains, de romans et de systèmes politiques, cette dernière catégorie d'études rentrant dans la précédente, et qui s'est désaccoutumé avec tant de soin, et non sans plaisir, de réfléchir sur l'homme et d'essayer de le voir tel qu'il est ; sans doute, reprendre la tâche de Pascal est la vraie tâche, et utile peut-être, et à coup sûr originale, et digne d'un penseur, et qui doit tenter un chrétien. — Et sans doute encore, lorsque les restaurateurs de la pensée chrétienne et du système monarchique sont un Chateaubriand qui fait du christianisme un chapitre d'esthétique, et un de Maistre, si éblouissant, mais trop spirituel pour convaincre, trop insolent pour persuader, le moment est à merveille, à un penseur grave, pour tirer d'une forte et profonde morale une politique tout entière et une démonstration de la religion qu'il croit la vraie.

Puisque vous êtes monarchiste, montrez-nous, comme Bossuet, mais plus explicitement, et avec des arguments nouveaux qu'une histoire récente ne contribuera pas peu à vous fournir, que le droit du roi est dans l'intérêt que les hommes ont d'en avoir un pour mettre un frein aux passions violentes ; et que, « étant devenus intraitables par la violence de leurs passions, ils ne peuvent être unis à moins que de se soumettre tous ensemble à un même gouvernement qui les règle tous. » — Puisque vous êtes chrétien, montrez-nous, comme Pascal, et avec combien de vues nouvelles et d'aperçus, que vous pourrez trouver jusque dans Rousseau, que le christianisme est le vrai parce qu'il résout les contradictions et concilie les discordances de notre nature, ou, tout au moins, parce qu'il n'est philosophie sur la terre qui les ait connues et scrutées jusqu'en leur fond mieux que lui. — Et, en tout cas, soyez cet homme nouveau en France, et inattendu, et tel qu'un siècle a passé sans en montrer un, qui étudie les sentiments humains, qui les interroge, qui se demande ce qu'ils signifient, ce qu'ils supposent, ce qu'ils comportent, et qui se hasarde à répondre. — Quel divertissement et quel soulagement, rien qu'à cette direction et tournure nouvelle d'esprit, on trouverait tout de suite des systèmes abstraits, des théories ambitieuses, des constructions sans fondements, et des psychomachies retentissantes!

Mais un moraliste est un homme bien patient, et les allures sont lentes, prudentes, circonspectes et peu hardies de cet « esprit de finesse » dont mille observations ténues, délicates, et chacune dix fois discutée et contrôlée, sont les « principes. » L'histoire morale est de l'histoire, et le moraliste est un historien. Mille faits prouvés sont sa base, au-dessus de quoi il s'élève peu, lui servent de point de départ au delà de quoi il s'avance d'un pas; et qu'un grand système logique est plus vite fait! Et, aussi, comme il satisfait plus pleinement la raison pure, à condition, du moins, que la critique sommeille! Et comme l'homme de combat s'en accommode aisément, la suite des déductions paraissant si bien pousser et refouler au loin l'adversaire! A la vérité, ce n'est le tuer que par raison démonstrative; mais l'illusion en est toujours douce.

Et voilà pourquoi, sur le chemin, sinon de la vérité, du moins de la vraie méthode, Bonald rebrousse, et nous ramène en pleine idéologie, s'empare d'un principe, d'un axiome, y adhère de toutes les forces de son esprit, lui attribue la certitude, lui donne, de sa grâce, et s'habitue, par le respect même dont il l'entoure, à lui conserver je ne sais quelle autorité mystérieuse ; puis y applique tout, y rattache tout, en tire tout ; et si, par aventure, le principe est moins évident à nos yeux qu'aux siens, et perd son caractère sacré en passant de son esprit dans le nôtre, tout s'écroule.

Et quelle est-elle donc, enfin, cette idée universelle? Voilà bien où se montre et éclate le pur scolastique. Cette idée, — je n'ai aucune velléité de parodie, et ne crois ni trahir ni travestir un penseur sérieux et vénérable, — cette idée, c'est un chiffre, cette idée c'est le nombre *trois*.

Tout va par trois, Dieu, le monde, l'État, la famille, l'homme ; tout le visible et tout l'invisible. Sans l'idée ternaire rien ne s'explique ; avec elle tout se comprend, parce que c'est par elle que tout est constitué et se soutient. Quelque chose que l'on considère au monde, on y trouvera ces trois termes : *cause, moyen, effet*, et rien autre que ces trois termes. Le monde est un système de trinités.

Dieu et le monde, qu'est-ce bien ? C'est une cause : Dieu ; — un effet : le monde ; — un moyen (et ici il faut prononcer *médiateur*) : Jésus-Christ.

L'homme, qu'est-ce bien ? « Une intelligence servie par des organes, » c'est-à-dire une cause : l'âme ; — des moyens : les organes ; — un effet : conservation et reproduction.

La famille, qu'est-ce bien? Une cause : l'homme ; — un moyen : la femme ; — un effet : les enfants.

La société, qu'est-ce encore ? Une cause : le roi ; — un moyen d'action : le patriciat ou les patriciats ; — un effet : conservation et reproduction du peuple. — Etc.

Et maintenant voulez-vous mettre des termes concrets à la place des abstractions ? Ne dites plus : *cause*, moyen, *effet* ; mais *pouvoir, ministre, sujets* ; vous répéterez la théorie en la vérifiant et la confirmant. Dieu est *pouvoir*, Jésus est *ministre*, le monde est *sujet*. — L'âme est pouvoir, les organes ministres, la matière sujet. — L'époux est pouvoir, la femme ministre, l'enfant sujet. — Le roi est pouvoir ; les nobles, prêtres et magistrats sont ministres; le peuple, sujet. — Voilà l'idée unique, ou plutôt voilà l'entendement même de M. de Bonald. — Il comprend ainsi et ne peut comprendre qu'ainsi ; les choses prennent la forme ternaire en entrant dans son esprit. Tel un homme qui verrait violet, ou qui goûterait acide. Il a un triangle dans le cerveau, et y applique tout ce qui tombe en sa pensée. Il décompose l'unité en trois, ou ramène à trois le multiple, pour ajuster l'un ou l'autre à sa pensée, pour le pouvoir entendre. Par des miracles de subtilité, qui, peut-être, ne sont chez lui que les démarches très naturelles de son entendement, il accommode tout objet à la figure géométrique qui s'est dessinée une fois pour toutes au point central de son esprit. — Jésus-Christ, par exemple, s'il est moyen, ou médiateur, dans le système général du monde, considéré en lui-même, doit être et sera cause, moyen et effet. Il sera pouvoir, ministre et sujet dans la société religieuse : pouvoir par sa pensée, ministre par sa parole, sujet comme victime de sa prédication même ; — et encore pouvoir, ministre et sujet même dans la société politique : pouvoir comme roi des Juifs, ministre comme prêtre, sujet comme patient résigné et martyr obéissant.

S'il y a une lacune apparente dans le système, ou quelque chose qui semble s'y dérober, Bonald n'est pas embarrassé de l'obstacle, et l'a bien vite levé. Ame, pouvoir; organes, ministre ; matière, sujet ; voilà qui est bien, lui dira-t-on ; mais une bonne moitié du corps n'obéit point à l'âme. L'estomac digère et le sang circule sans que la volonté y soit pour rien, et sans qu'elle puisse arrêter leur fonctionnement, sinon par le suicide.

D'abord, en effet, elle a le suicide, répond Bonald, le suicide, cette *ultima ratio* du gouvernement de l'âme, « l'acte suprême de la puissance de l'âme sur le corps » ; le suicide, que les animaux ne connaissent point, vraie preuve qu'ils ne sont que des mécanismes ; le suicide preuve de l'âme, et, remarquez, de l'immortalité de l'âme ; car si l'âme *peut* tuer le corps, c'est qu'elle sent qu'elle ne se tue pas en le tuant, qu'elle s'en débarrasse et lui survit. *Se tuer* est un non-sens et une impossibilité ; tout être ne peut que vouloir être ; aussi rien ne *se* tue dans la nature ; seulement il y a dans l'homme un être qui tue ses organes, une cause qui détruit ses moyens éphémères.

De plus, si vous voyez dans l'homme des parties qui n'obéissent point à l'âme, et si vous en concluez que l'âme n'est pas la dominatrice du corps, c'est que vous considérez l'homme en lui-même, et indépendant de la société pour laquelle il est fait. Mais l'homme n'est un monde complet (cause, moyens, effets) que relativement, et une société complète (pouvoir, ministre, sujets), que relativement. Il fait partie de la famille, autre monde complet et relatif, autre société complète et relative, et il se doit à elle, qui elle-même (et c'est pour cela qu'elle aussi n'est complète que relativement) se doit à l'État. — Il a donc *fallu* que l'homme fût pouvoir sur lui-même, mais non absolu, qu'il disposât de ses organes, mais dans certaines limites. Sans ces bornes, il en aurait disposé trop facilement. S'il lui suffisait de ne pas vouloir, un instant, que son sang circule, pour que la circulation s'arrête, comme il lui suffit de vouloir fermer les yeux pour les fermer, une colère enfantine ou un dépit de jeunesse serait assez pour qu'un suicide, acte irrévocable, se produisît. De là ces bornes et ces entraves à notre volonté souveraine. Elle est souveraine. Si elle ne l'était pas, il n'y aurait pas en moi pouvoir, ministre, sujet, et je ne me comprendrais pas; je ne serais pas « constitué, » je ne serais rien, je serais ce minéral. Elle est souveraine ; elle peut toujours supprimer ses ministres et ses sujets; mais il lui faut pour cela un immense effort ; il faut qu'elle arme un de ses organes au moins contre tout son organisme ; elle est avertie par cet effort même qu'elle ne suit pas sa vraie destinée en s'affranchissant.

Et, de même, dans la famille, le père est le pouvoir, mais non pouvoir absolu. Son « ministre » et ses « sujets » ne lui doivent qu'obéissance ; mais, pouvoir ici, il est sujet ailleurs, et son pouvoir sur ses sujets est limité par l'obéissance qu'il doit au pouvoir supérieur, qui est le roi. — Et, de même, dans la société, le roi est pouvoir absolu au sens humain du mot ; ses ministres et ses sujets ne lui doivent qu'obéissance ; mais, pouvoir du côté de la terre, il est sujet du côté du ciel.

Les analogies, il faut dire les identités, entre la société personnelle qu'on appelle un homme, la société domestique qu'on appelle la famille, la société politique qu'on appelle l'État, iraient à l'infini si on les cherchait toutes; car ce ne sont que trois formes de la même chose et trois textes de la même loi. Ainsi, comme il y a dans le corps des fonctions indépendantes de la volonté dirigeante, autonomes, et que la volonté dirigeante ne peut que supprimer, et par la mort totale de l'organisme ; de même il y a, il est bon qu'il y ait, il doit y avoir dans l'État des sociétés particulières indépendantes qui ont en elles la raison et les moyens de leur existence, et qui servent et conservent l'État sans recevoir l'impulsion du chef de l'État, et que le pouvoir central ne peut que briser, et par une « action désordonnée et oppressive qui serait une sorte de suicide social ».

Ainsi de suite. — Voulez-vous connaître la vérité sur l'homme : regardez l'État; sur l'État, regardez la famille; sur la famille, regardez l'homme; sur le monde, regardez l'État, ou l'homme ou la famille; et intervertissez les termes à votre gré, capricieusement, indéfiniment, vous trouverez toujours les mêmes solutions, parce qu'il n'y a qu'une loi de constitution dans le monde, et que, pour mieux dire, le monde est un fait unique.

A quoi sert ce que je me permettrai d'appeler cette fureur subtile de réduction à l'unité? — A montrer aux hommes, à forcer les hommes d'avouer, sous la pression contraignante que l'analogie exerce d'ordinaire sur les esprits, que la monarchie est le vrai. C'est le but évident de tous les tours de force dialectiques de Bonald. L'univers est monarchique, voilà la grande vérité à établir. Quand elle éclatera, un gouvernement non monarchique paraîtra une infraction aux lois naturelles, comme serait un corps qui ne graviterait pas. Prouver que tout gouvernement non monarchique est un monstre, voilà le but. — La place que le gouvernement occupe dans le système, et comme dans la hiérarchie des choses organisées, est à souhait, du reste, pour le raisonnement. Entre les puissances invisibles qui sont là-haut et les organisations particulières que nous sommes, ou que nous formons, le gouvernement est là, suspendu. Que doit-il être ? S'il est prouvé que le gouvernement de la Divinité sur le monde est monarchique, que la famille est monarchique, que l'homme lui-même est une monarchie, ne faudra-t-il pas conclure que l'État doit être monarchique, sous peine d'être quelque chose d'étrange, d'artificiel, de contre nature qui prétend remplir une place non dessinée pour lui et où il ne s'ajuste pas ?

Faire trembler les hommes sur l'immense et scandaleuse audace qu'il y a, en touchant à la monarchie, à vouloir renverser l'ordre du monde ; faire réfléchir les hommes sur l'impossibilité, aussi, qu'il y a à changer un rouage qui tient au système du monde entier ; leur persuader que c'est à la « nature des choses » qu'ils s'attaquent en s'attaquant à la monarchie, tel est le but constant et l'effort obstiné de Bonald.

La « nature des choses » est, en effet, son mot favori, et comme son refrain. « Les lois sont les rapports nécessaires qui résultent de la nature des choses, » cette phrase de Montesquieu a été son *delenda est ;* et ce qu'il a prétendu toute sa vie, c'est retrouver cette nature des choses et les rapports *nécessaires* (il répète cent fois le mot et le souligne avec une sorte d'entêtement) qui en résultent.

Montesquieu, il le remarque, et sa remarque est parfaitement juste, après avoir posé cet axiome, ne s'y est pas tenu le moins du monde. Après avoir promis par cette première phrase et le chapitre qui la suit une sociologie systématique, il a été surtout un critique sociologue ; il s'est placé tour à tour en face de chaque complexion et tempérament social, et il a dit, de celui-ci et de celui-là, quelle était la force intime, le vice caché aussi, et les ressources possibles contre ce vice, et les limites probables de cette force, et les maladies à craindre, et le régime à suivre, et les palliatifs à employer, et les demi-guérisons, et les rechutes ; — et, à la différence de tous les sociologues peut-être, si confiants dans la vertu éternelle de l'hygiène qu'ils recommandent, c'est le voisinage perpétuel et les approches constantes de la mort qu'il semble voir sans cesse; très convaincu que la destinée de tous les peuples est de périr très vite ; très persuadé qu'une constitution sociale un peu durable est un prodige d'équilibre de forces contraires toujours sur le point de se rompre ; disant à chaque instant : si telle chose manque, ou telle autre, « tout est perdu » ; ayant à peine un système, parmi tous les systèmes, qu'il croie un peu moins imparfait que les autres ; théoricien, en un mot, du contingent et du probable, et écrivant surtout un admirable cours de pathologie sociale.

C'est l'éternité politique, au contraire, que Bonald prétend inventer, c'est l'élixir de vie sociale perpétuelle. Les lois sont les rapports nécessaires qui dérivent de la nature des choses ; donc, qui trouverait la nature des choses, et non point la nature des choses de tel peuple ou tel pays, mais celle de tout l'univers, sans aller plus loin, trouverait du même coup les lois nécessaires, et non point les lois nécessaires à tel peuple pour qu'il dure un peu plus qu'il ne durerait sans elles, mais les lois nécessaires à tous les hommes de toutes les latitudes et de tous les climats.

Et cette nature des choses, nous l'avons vu, Bonald l'a trouvée, c'est la cause, le moyen, l'effet ; le pouvoir, le ministre, le sujet ; et voilà la vérité éternelle. —

Ce n'est pas la constitution parfaite, c'est *la constitution*. Il n'y a jamais eu qu'une constitution. Les admirateurs d'Aristote nous parlent des cent cinquante constitutions qu'il a étudiées ; « comme s'il y en avait plus de deux, une bonne et une mauvaise : celle de l'unité du pouvoir et celle de la pluralité des pouvoirs ! » — Il n'y en a même pas deux. Il y a *la constitution*, et l'absence de constitution. Il y a des *peuples constitués*, et ce sont les peuples monarchiques, et il y a des « peuples *non constitués* », et ce sont les autres. — Et maintenant, en possession de notre loi suprême, nous n'avons qu'à en tirer des déductions rigoureuses pour arriver sûrement à toutes les vérités de détail et d'application.

Cette intrépidité de dogmatisme, et cette confiance intraitable dans une idée générale d'abord, dans la logique déductive ensuite, a quelque chose qui confond. Comment! Jamais de Bonald n'a douté de son axiome initial, de son principe triangulaire ? — Jamais ! — Jamais il ne s'est demandé si cette loi générale, trouvée un matin, et qu'appuient peut-être en son esprit, mais que ne viennent jamais appuyer dans ses œuvres ni l'histoire, ni l'histoire naturelle, ni la physiologie, ni aucune science, est autre chose qu'une hypothèse ? — Jamais ! — Jamais il n'a fait la réflexion que cette loi universelle destinée à montrer la légitimité et la nécessité de la monarchie, c'est du spectacle même de la monarchie qu'il l'a tirée, et non d'ailleurs ; qu'il voit l'univers avec des yeux de monarchiste, et que c'est l'univers ainsi vu qu'il tourne en argument pour la monarchie ; et que, par conséquent, il n'y a peut-être rien de plus dans son argument qu'une affirmation ? — Jamais !

Je n'ai pas d'exemple plus frappant de pure « raison raisonnante » que de Bonald. Le minimum de *matière à pensée* qu'il faut jeter dans la mécanique intellectuelle pour qu'elle ne tourne pas absolument à vide, c'est lui qui l'a mis dans la sienne. Il y a mis une analogie; celle-ci: l'État ressemble à une famille. Et, dès lors, voilà qui est fait : que la machine marche, qu'elle établisse des rapports, qu'elle fasse une série d'équations, qu'elle déduise et généralise, et d'une généralisation qui embrasse le monde, redescende aux idées les plus particulières, travaillant sans relâche, sans jamais recevoir en elle une matière nouvelle, et laissant tomber autour d'elle, constamment, comme une pluie dense et indéfinie de formules!

Cet éloignement, cette répulsion de Bonald à l'égard de la matière à pensée, à l'égard du fait, de l'observation, de l'information, vraiment, je ne l'exagère point. Il sait l'histoire, et fort bien, nous le verrons, et il la méprise : « Ceux qui, *dans le gouvernement des affaires humaines*, se dirigent uniquement par des faits historiques, et ce qu'ils appellent l'expérience, *plutôt que par des principes* qui apprennent à lier les faits et à en tirer l'expérience, ressemblent tout à fait à des navigateurs qui ne prendraient ni compas ni boussole, mais seulement des relations de voyages et des journaux de marins. » Bonald est convaincu qu'il a sous les yeux la boussole et entre les mains le compas. Il est l'homme de Pascal qui « en juge par sa montre » et qui se moque de ceux qui jugent par leur goût. Il repousse ce qui gêne ses principes avec une hauteur et une horreur incroyables. Il sent que l'histoire naturelle lui fait obstacle, qu'elle trouve tout moins simple qu'il ne lui plaît de le voir. Il n'hésite pas à la qualifier durement, à l'accuser de mener les hommes d'une part à la « zoolâtrie, » d'autre part à la « bestialité. »

Voilà de ses aménités. De Maistre en a de ce genre, mais amusantes, jetées (le plus souvent du moins) à travers la grêle cinglante et étourdissante des boutades, des paradoxes et des traits d'*humour*. Bonald les assène gravement et lourdement, comme des interdits. Cela irrite. On se redresse ; on lui demande de quel droit il le prend sur un pareil ton. Du droit du « principe » ? Du droit de l'idée ternaire ? Du droit d'une généralité passablement arbitraire, appuyée de deux ou trois analogies un peu forcées ? Est-ce suffisant ?

C'est suffisant pour lui, parce qu'il est orgueilleux comme un croyant, et, en même temps, tranchant comme un raisonneur du XVIII° siècle. Ces « sophistes » du XVIII° siècle, comme il les appelle, ont été des hommes de foi, à leur manière, autant qu'il est possible de l'être. Ils ont cru à la logique, à la réalité objective d'une construction dialectique, autant qu'un scolastique du moyen âge a pu croire à la « parole » et au *dixit* du Maître. Pour eux, une idée qui fait système est une idée vraie. Elle n'est pas probable, elle n'est pas utile, elle n'est pas une hypothèse favorable à la classification des idées et mettant un peu de clarté dans le cerveau, comme une bonne table des matières ; elle n'est pas, pour se placer à un autre point de vue, spécieuse, agréable, élégante, attrayante, d'un joli dessin, d'une belle hardiesse ou d'une heureuse harmonie de lignes ; — elle est vraie ; elle est la vérité, et la pratique des hommes s'y doit soumettre.

Ainsi Rousseau (sauf de nombreuses contradictions qui lui font honneur) a pensé ; ainsi Condorcet, ainsi Volney, ainsi beaucoup d'autres, dont est Bonald, dans un autre camp, avec la même méthode. Cette scolastique philosophique, il en est plein. Ce jeu des abstractions, ce déroulement des syllogismes et cette éclosion précise des formules est une volupté de son esprit où il a le tort d'engager sa conviction et de vouloir soumettre la nôtre. Nous ne lui refusons pas notre admiration, et même il faudrait peu de chose pour que nous prissions au jeu, en ne le tenant que pour un jeu, autant de plaisir qu'il en prend lui-même. Il n'y faudrait qu'un peu plus d'aisance, et plus d'air libre circulant dans ces pages un peu compactes. Mais toute adhésion se dérobe à des raisonnements qui ont une base commune si étroite qu'elle semble ne pas exister, et qui, faute d'un fondement solide, ou tout au moins large, paraissent ne se soutenir que les uns par les autres, et réciproquement se demander et se rendre la force apparente que le second ne tient que du premier et le premier que du second.

II.

PHILOSOPHIE DE BONALD. — LA CRÉATION.

C'est avec cette intempérance de dialectique et cette intrépide confiance aux principes qu'on a une fois cru découvrir, qu'on arrive très vite aux égarements du « sens propre » et au respect superstitieux de son « opinion particulière. » Qu'il y ait dans Bonald l'étoffe d'un hérétique, puisqu'il y a en lui l'esprit d'un raisonneur du xviii° siècle, cela éclate aux yeux, et souvent inquiète. Sa haine pour ceux-là mêmes dont il a, sans le savoir, la tradition intellectuelle, l'a sauvé. Il a l'esprit systématique; mais il ne l'aime que chez lui, et le déteste chez les autres; et à le détester chez les autres, et à le combattre en eux, il en est venu à l'abandonner, sans s'en rendre compte, et à le condamner même chez lui, sans s'en apercevoir.

C'est ici la seconde pensée de Bonald, dont il n'a jamais su combien elle était en contradiction avec la première. Trouvant en face de lui la philosophie du XVIII° siècle, il l'a combattue, d'abord par son système; ensuite par la condamnation et le mépris de tout système et de toute invention intellectuelle purement humaine; enfin par ces deux idées à la fois, mêlées ensemble, ou plutôt juxtaposées, et sans se demander jamais si la seconde, que j'avoue qu'il préfère, ne le condamnait pas à tout simplement abandonner l'autre. Laissé seul à lui-même, il dévide implacablement le fil fragile et brillant de ses raisonnements ternaires, et c'est ce qu'il a fait, sans distraction, ce me semble, assez longtemps, jusqu'aux *Recherches philosophiques*; — sentant la pression et la poussée de l'adversaire, il nie que l'adversaire puisse avoir raison, *puisqu'il raisonne*, puisqu'il invente des idées, puisqu'il jette dans le monde une pensée qui n'y a pas été de toute éternité, et, sans faire de trop près son examen de conscience sur ce point même, il se jette éperdument dans la « tradition, » et s'y enferme et s'y retranche avec l'intransigeance obstinée qu'il met à tout.

Son idée maîtresse, maintenant, c'est que l'homme est radicalement incapable de quoi que ce soit. L'homme n'a en lui aucune puissance d'invention. Il n'a inventé ni les arts, ni la société, ni la famille, ni sa parole, ni sa pensée. Toutes ces choses, on les lui a apprises. Il était table rase. On a déposé en lui, non pas seulement les germes de toutes les facultés dont il est si fier, non pas même, vraiment, ces facultés, mais ce qu'il considère comme les effets et les fruits lentement élaborés de ces facultés, tout ce qu'il est, en un mot, comme être pensant, parlant, aimant, familial, social, politique.

L'homme est né nul. C'est bien de l'extérieur que tout lui est venu ; seulement ce n'est pas la sensation, comme le croyait Condillac, qui l'a lentement instruit et pourvu ; c'est Dieu qui l'a pourvu tout d'un coup. Dieu est l'instituteur du genre humain. On demande quelle est l'origine des idées : c'est Dieu ; quel est l'inventeur des premiers arts : c'est Dieu ; quel est l'inventeur du langage : c'est Dieu ; de l'écriture : c'est Dieu, ou un apôtre directement inspiré de lui ; de la famille : c'est Dieu ; de la société : c'est Dieu ; de *la* constitution politique (car il n'y en a qu'une) : c'est Dieu. — Dieu au commencement, et sa tradition ensuite ; il n'y a absolument que cela dans le monde, et les facultés humaines sont des illusions.

Parce que les hommes combinent des idées, ils croient penser. C'est une erreur. Ils disposent, engrènent, agrègent, désagrègent et réordonnent les idées qui leur ont été données une fois pour toutes par Dieu avec une certaine liberté de les agiter. Rien de plus. Au fond, ils pensent éternellement la pensée de Dieu, ils pensent éternellement une pensée unique. Comme tout le monde, Bonald se figure toute l'humanité sur son propre modèle, et comme il a fait le ferme propos de penser toujours la même chose, il est sûr que le genre humain a eu et aura perpétuellement la même pensée. L'homme n'a pas plus inventé un art qu'il n'a inventé une idée. Les arts principaux, ceux dont les autres ne sont que des applications, remarquez-vous que personne n'en connaît les inventeurs? Ils sont de *société primitive*, et la « société primitive, » c'est une façon de parler qu'ont trouvée les hommes pour ne pas désigner Dieu ; mais ce n'est pas autre chose, ne leur déplaise, que Dieu même. La société primitive, c'est Dieu parlant à l'homme et l'instruisant.

Vous reconnaîtrez bien, par exemple, que sans langage il n'y aurait ni arts, ni société, en un mot pas d'humanité. Or croyez-vous que l'homme ait été capable de découvrir, de constituer lui-même le langage ? C'est l'impossibilité même ; car pour inventer le langage, il faut avoir l'idée du langage, et sans langage il n'y a pas d'idée. L'idée sans le mot qui l'exprime, il ne faut pas dire : reste confuse, il faut dire : n'existe pas. Consultez-vous ; reconnaissez que vous ne savez ce que vous voulez dire que quand vous le dites, que, mentalement même, une idée ne se présente à vous que par un mot, auparavant n'existe point, n'est, si vous voulez, qu'une disposition dont vous ne vous apercevez qu'après qu'elle a abouti, qu'après que vous avez pensé, c'est à savoir dit un mot, au moins à vous-même ; disposition, par conséquent, qui n'est qu'une supposition de votre part, que vous n'avez jamais saisie en elle-même, et que, tant que vous ne l'aurez pas saisie en elle-même, c'est-à-dire toujours, je tiendrai pour une simple illusion.

Donc, pensée et parole, ce que nous en savons quand nous ne nous payons pas de *peut-être* et de *il me semble*, c'est que ce sont choses qui vont toujours inévitablement ensemble, qui ne se séparent point ; forme et fond, si vous voulez, mais forme et fond indiscernables l'un de l'autre, en vérité chose unique. Pour penser, il a donc fallu parler, je ne dis pas auparavant, mais en même temps, du même coup. La parole n'a donc pas été inventée. La supposer inventée, c'est supposer une idée cherchant son mot qui n'existe pas, c'est-à-dire une idée n'existant pas et voulant naître, c'est-à-dire un néant plein d'énergie. Dispensez-moi de suppositions pareilles. J'aimerais autant le monde se créant lui-même de rien, rien voulant devenir tout, rien ayant une idée, un dessein, une volonté et une énergie, et réussissant très bien, lui qui n'est pas et ne pense pas, dans son dessein d'être.

Et, en effet, c'est exactement la même question. C'est la question de la création. Supposer rien pour commencer, et ce rien, grâce à une immense bonne volonté et beaucoup de temps, insensiblement devenant tout, c'est la théorie du langage sans Dieu, comme c'est la théorie du monde sans créateur. Voilà pourquoi je tiens, dans l'un et l'autre cas, pour l'idée contraire.

Et Bonald y tient dans tous les cas possibles, et multiplie les cas. Pas de langage-pensée, ou de pensée-langage sans Dieu qui le donne. Pas d'art primitif et *nécessaire* (les autres sont des amusements de l'orgueil humain) sans Dieu qui l'enseigne. Pas de société sans Dieu qui la forme.

Même argumentation. L'*invention sociale* est une absurdité dans les termes. Tout à l'heure, Bonald *retournait* Condillac. Il disait : « L'homme table rase, oui. C'est précisément pour cela qu'il faut que quelque chose ait mis sur lui une empreinte, mais non pas le monde extérieur, principe inerte, mais Dieu, principe actif. » Maintenant il *retourne* Rousseau. Il dit : l'homme primitif sans société, évidemment. Mais, dès lors, il ne sera jamais en société. Il ne s'y mettra jamais de lui-même. Pour s'y mettre, il faudrait délibérer, et délibération suppose déjà l'homme en société. Pour s'y mettre, il faudrait s'entendre ; et s'entendre, c'est être en état social depuis des siècles. Votre *invention sociale* n'est qu'un perfectionnement politique : l'homme, déjà en société, a délibéré pour y être mieux ; il est possible. Mais le fait initial ne peut être d'invention humaine. Ce serait encore un rien devenant quelque chose. Je ne comprends pas. Reste que le fait initial soit divin, comme toute invention dite humaine.

Placer, je veux dire replacer Dieu à l'origine de toute institution humaine et de toute faculté de l'homme, voilà ce que Bonald poursuit de toutes les forces de sa logique. — Il ne s'en tient pas là. Il replace Dieu à toute origine ; mais il se garde bien de l'y laisser. Voilà qui serait encore singulièrement « philosophique ». Dieu n'est pas seulement celui par qui tout commence, il est celui par qui tout se maintient. La *création* est continue. Dieu continue de nous créer comme êtres pensants, parlants, aimants, sociaux, par l'instrument de la société qu'il a faite. Nous ne créons rien, nous n'inventons rien. Mais nous sommes engagés et engrenés dans la société, qui est la pensée de Dieu. Elle conserve *sa* parole, *ses* idées, *ses* arts, *ses* inventions, notamment elle-même, grâce à la tradition ininterrompue. Et c'est en elle, c'est-à dire en lui, que nous vivons et agissons, avec une certaine liberté de jeu qu'il a voulu nous laisser ; mais, du reste, tellement soutenus de lui que nous languissons sitôt qu'il relâche les liens, et péririons s'il les dénouait. L'homme est un animal traditionnel. Il est enchaîné par la tradition. Les autres le sont par la nécessité, et c'est toute la différence, qui du reste est infinie. L'homme vit dans les inventions de Dieu et n'a que la faculté de les maintenir parfaitement ou imparfaitement. Si, par hasard, il en oubliait une, elle serait perdue à jamais, n'y ayant être au monde capable d'inventer à nouveau société, famille, langage, agriculture même ou vêtement.

L'homme vivant est engagé dans les fibres de la société pleine de l'esprit de Dieu; l'homme pensant est emprisonné dans le langage, œuvre de Dieu. Les langues sont la pensée traditionnelle. Incapables d'avoir une pensée sans avoir le mot qui l'exprime, nous recevons nos idées des mots que nos pères nous transmettent. Nous ne pouvons commencer à penser que dans la pensée de nos ancêtres, laquelle remonte à la pensée divine. Notre pensée est ainsi comme pétrie et sculptée de toute éternité par le démiurge divin, puisqu'elle ne prend forme et conscience d'elle-même, ou, pour mieux parler, puisqu'elle n'est, que du moment qu'elle s'est versée dans le moule du mot, dessiné par lui.

Et quand nous faisons un mot nouveau, vous savez assez que seulement nous croyons le faire. Nous le tirons d'un autre, nous obéissons en le formant aux lois éternelles du langage ; il le faut pour que nous soyons compris ; c'est encore ceux dont nous voulons être compris qui nous l'imposent ; c'est encore l'humanité parlant en nous, et par nous, sa langue, l'humanité, laquelle parle elle-même la langue de Dieu.

Par la société, par la parole, l'homme est donc comme soumis à une double fatalité divine ; il est contraint de vivre la vie traditionnelle, de penser la pensée héritée. Qu'il tende à la liberté, il lui est loisible, et peut-être il faut qu'il ait ce penchant ; mais c'est à la mort qu'il tend sans le savoir; car l'extrême aboutissement du désir de s'affranchir de la société, c'est la mort du corps, et l'extrême aboutissement du désir de s'affranchir de la pensée en commun, c'est le silence de la bouche, le silence de la pensée et la mort de l'âme. L'homme ne peut s'enfuir hors de Dieu que pour mourir.

Adhérons donc à la loi, pleinement et sans réticence. Si, plus nous nous éloignons de la tradition, plus nous nous rapprochons de la mort ; plus, aussi, nous embrassons fermement la tradition, plus nous vivons d'une vie forte et complète. Cherchons la tradition la plus pure, la plus assurée, la plus nettement continue. Ne nous contentons point de cette tradition générale qui est nécessité de vivre en société et nécessité de penser en commun ; mais attachons-nous, de plus, à cette tradition plus étroite qui est conseil de Dieu donné aux hommes et conservé par ses fidèles. Ne cherchons pas à inventer, puisque nous sommes incapables d'invention ; ne cherchons pas à penser, puisque nous sommes incapables d'une pensée personnelle, sinon illusoire ; mais ne pensons que pour retrouver la pensée divine ; sachons la recueillir et nous en pénétrer, n'ouvrons notre esprit que pour la recevoir, et, comme dit Pascal : « Écoutons Dieu. »

Comment l'intrépide inventeur de système, et d'un système qui n'est, ce me semble, inscrit dans aucun livre saint, en est-il arrivé à cette pure soumission à la vérité traditionnelle, et à cette abdication de la pensée personnelle devant la tradition ? Comment surtout, s'étant attaché à cette seconde conception, n'a-t-il pas simplement abandonné la première, comme suspecte, au moins, d'une certaine tendance à la liberté de penser ? Je ne sais. Ce qui est certain, c'est qu'il les a obstinément maintenues toutes deux. Il y a en Bonald un homme de 1760, un dialecticien fougueux qui a vite construit un système tout personnel et qui y fait rentrer l'univers de gré ou force, et c'est comme son côté affirmatif ; il y a, de plus, un chrétien qui méprise tout système opposé au christianisme et qui prétend humilier les faiseurs de systèmes par la démonstration de l'imbécillité de la raison humaine, et c'est son côté négateur.

Il s'est maintenu dans cette double ligne, persuadé que son affirmation n'était point antichrétienne, ce qui est vrai, mais convaincu qu'elle confirmait son christianisme et n'en était que l'expression suprême, ce qui n'est pas démontré. Un chrétien ne doit pas avoir de système personnel. Il ne doit que prouver que tous les libres penseurs ont tort, et quand il s'agit d'affirmer à son tour, n'affirmer que l'Écriture. C'est ce que de Bonald n'a pas fait. Cette grande différence entre un Bossuet et lui, et qui marque bien la date de l'un et de l'autre, était essentielle à noter.

Quant à l'esprit qui anime la partie impersonnelle et vraiment chrétienne du système de M. de Bonald, il commande l'attention autant que le respect et sollicite la réflexion. Bonald a l'instinct de la polémique directe et de la position au point central, comme de Maistre a celui des mouvements tournants et des *fantasias* brillantes. Il s'est placé au centre des opérations et a poussé droit devant lui. — Il a pensé ceci : le christianisme, c'est la création. Tout ce qui n'est pas le christianisme, c'est la négation, ou l'escamotage, ou l'atténuation, ou l'obscurcissement, ou la relégation dans un lointain nébuleux de l'idée de création. Pour prouver le christianisme, il n'y a qu'une vraie méthode, c'est de remettre l'idée de création en honneur et en créance.

Le prouver autrement, c'est le trahir. — Le prouver par la considération de ses « beautés », c'est montrer quelle place honorable il peut prendre parmi les différents paganismes qui ont amusé les hommes. — Le prouver par le pessimisme, c'est beaucoup plus le faire désirer que le faire croire ; c'est faire souhaiter qu'il soit vrai comme compensation juste et comme résolution satisfaisante des griefs que nous avons contre la nature ; ce n'est pas le démontrer, et c'est risquer de laisser le lecteur à mi-chemin, à savoir dans la conception d'un Dieu méchant, ou indifférent. — Défions-nous de ces chemins qui sont promenades divertissantes, ou peut-être gageures, de beaux esprits. Mais s'il y a une idée que, seul, le christianisme ait eue, prouvons qu'elle est vraie et nécessaire, et le christianisme, le vrai christianisme, et non plus un christianisme approximatif et superficiel est rétabli.

Cette idée existe, c'est l'idée de création. Les païens ne l'ont pas, les matérialistes ne l'ont pas, les déistes ne l'ont pas ; les chrétiens modernes, artistes, hommes du monde, beaux prédicateurs même, sont très loin de l'avoir.

Les païens voient une matière éternelle, un artiste puissant qui l'a organisée et des êtres supérieurs capricieux qui l'agitent un peu çà et là. — Les matérialistes voient une matière éternelle douée de forces inhérentes et intimes qui l'agitent et la transforment, d'une manière assez régulière. — Le déiste, cet homme « qui n'a pas vécu assez longtemps pour devenir athée, » croit à une sorte de Dieu constitutionnel, qui a créé, il est vrai, mais il y a bien longtemps, et qui regarde son œuvre marcher toute seule, à moins que, même, il ne la regarde pas. La création n'est pour le déiste qu'un moment très éloigné, et un premier acte réduit à son minimum. Dieu a créé la matière et l'a douée des forces qui la meuvent ; et ensuite ces forces ont indéfiniment suffi à l'évolution de l'univers. De là à supprimer Dieu et à dire que cette matière douée de ces forces n'a pas eu de commencement, il n'y a qu'un pas ; il suffit de reculer indéfiniment le point de départ. Quand le déiste réfléchit, il s'aperçoit qu'il n'a pas besoin de Dieu, et il laisse tomber ce dernier reste qu'il avait en lui, par hérédité, éducation, ou bonne éducation, de conception théologique.

Le chrétien moderne lui-même croit à la création, mais n'y songe pas. Le chrétien moderne n'est pas philosophe chrétien. Il ne réfléchit pas à ce qu'il y a dans l'idée de création. Il ne songe pas que cela veut dire : au commencement il y a Dieu, et rien. L'idée de ce « rien » s'est obscurcie. De ce que le monde est vieux, je ne sais quelle demi-idée, je ne sais quel demi-sentiment qu'il est *à peu près éternel* se glisse et se mêle dans la pensée du chrétien inattentif. Du moins ce chrétien ne laisse pas d'avoir quelque peine à se figurer le pur rien. C'est l'idée du rien qu'il faut rétablir et restaurer pour y ramener le chrétien et en faire un chrétien solide, pour y ramener le déiste et en faire un chrétien.

Voilà pourquoi de Bonald prodigue, en quelque sorte, cette idée du rien. Il ne voit que création dans l'univers, que rien devenant quelque chose parce que Dieu le veut. D'une part, il dissipe cette illusion, née de l'histoire et de l'histoire naturelle, ses deux ennemies personnelles, que le monde est très ancien. Il ne faut pas croire le monde très ancien ; cela mène, par un manque d'esprit philosophique, il est vrai, mais enfin cela mène à le croire éternel. La création est d'hier. Hier vous n'étiez rien. Vous sortez à peine du néant sous le souffle de Dieu. — D'autre part, il applique l'idée de création à toute chose. Dieu n'est pas seulement le créateur du ciel et de la terre, il est le créateur de la pensée, de la parole, et de la civilisation, et de la famille, et de toute chose par quoi nous vivons. — Enfin Bonald prolonge la création dans le temps, et la voit et la montre aussi active à chaque moment que nous traversons qu'au premier moment. La tradition nous fait vivre, penser, parler ; mais elle peut se rompre ; nous tendons même à faire qu'elle se rompe. Dieu la soutient. Il nous crée par elle à chaque minute de notre vie. — Voilà la vérité que seul le christianisme enseigne : soyez chrétiens. — Et prenez garde ! Entre cette doctrine et le pur matérialisme, il n'y a pas d'autre doctrine. Toute autre doctrine, ou n'enseigne point la création, ou la dissimule et semble faite pour empêcher d'y penser. Il n'y a que deux doctrines au monde : la création, et l'éternité de la matière, c'est-à-dire le christianisme et l'athéisme. Soyez chrétiens.

Il a raison, en ce qu'il croit que l'idée de création n'a été nette que chez les chrétiens, et c'est sa grande originalité d'avoir établi son christianisme dans ce fort. Il y avait longtemps que cette doctrine était comme rouillée. De Bonald remonte ainsi, ou aux philosophes chrétiens du IV° siècle, ou aux docteurs du moyen âge. Je crois qu'il avait beaucoup étudié les uns et les autres. Sa preuve de l'existence de Dieu est exactement l'argument de saint Anselme un peu développé, et à *l'idée de Dieu* ajoutant le *sentiment de Dieu*. Il était original, et aussi digne d'un penseur austère, et aussi fort à propos, de restaurer cette doctrine, qui, en effet, est bien la doctrine centrale, non du christianisme primitif, mais du premier christianisme philosophique, retrempé dans la Bible et vigoureusement rattaché à la tradition.

Je dis que cela était original, car personne, il me semble, du moins parmi les hommes en lumière, n'avait repris la grande polémique chrétienne de ce côté-là ; et c'était fort à propos ; car ce que de Bonald a très bien vu (en 1800), c'est qu'on pouvait négliger Voltaire et tout le voltairianisme, comme petite guerre brillante, mais dont la portée était courte et dont l'influence sur les esprits n'irait pas loin, tandis que, quoique bien plus obscur et comme bégayant encore, le transformisme, l'évolutionnisme était l'ennemi redoutable, l'ennemi fait pour grandir, cet ennemi de demain qu'on oublie toujours d'étouffer aujourd'hui. Cela, c'était prévoir, c'était prédire. Cet homme du passé avait beaucoup d'avenir dans son esprit.

Seulement, il me semble qu'il a été insuffisamment instruit, et un peu maladroit et excessif.

Pour maintenir l'idée de création contre l'idée évolutionniste, certes c'était quelque chose d'être un bon logicien, de ramener la question à ses premiers termes, de dire : l'éternité des choses bornées et contingentes est contradictoire; le monde a commencé ; donc avant il n'y avait rien ; que rien soit devenu quelque chose, peu importent les siècles et le *peu à peu*, c'est contradictoire ; donc il y a eu création extérieure ; c'est quelqu'un qui a créé ; ce quelqu'un est le fond et l'âme de tout ; — et d'amener ainsi l'esprit du lecteur à cet extrême point où il faut se décider, prendre parti, ne plus voir que deux idées sans accommodement possible, et incliner vers l'une.

Oui, cela est quelque chose ; c'est une lumière,

une grande clarté jetée sur une question. Mais il n'eût pas été mauvais pourtant qu'il connût davantage, en son détail, la doctrine qu'il combattait. Il la connaît mal, il tranche bien vite par des « doctrines abjectes ! » ou par des épigrammes qui, chose amusante, rappellent tout à fait Voltaire, ennemi, lui aussi, superficiel et dédaigneux, des théories évolutionnistes naissantes. Quand de Bonald, comme Voltaire, a ri consciencieusement de l'idée que le premier ancêtre de l'homme pourrait bien être un poisson, il croit avoir broyé l'adversaire. C'est triompher vite. On s'attend toujours, en le lisant, à une exposition solide, complète et pleinement loyale des hypothèses transformistes ; on s'attend même, tant il a l'esprit de système et s'entend à exposer une doctrine, à ce qu'il présente ces hypothèses en y ajoutant, en les coordonnant, quitte après à partir en guerre. Cet espoir est constamment déçu.

Et, dès lors, l'effet est tout différent. Il paraissait très moderne, saisissant si bien le nœud même de la question, telle que les modernes la posent ; il ne paraît plus (souvent) qu'un scolastique répétant des arguments très anciens, sans les rajeunir par le plein contact des objections mêmes. Le chrétien ou le vrai déiste qui tiendra vraiment compte de la doctrine évolutionniste, qui lui laissera toute sa force et qui saura montrer que, fût-elle vraie, la création reste, n'est pas encore venu.

Je dis de plus qu'il me paraît maladroit et excessif. En vérité, il veut trop prouver. Comme dans son autre système, ou, s'il y tient, dans l'autre partie de son système, il prodiguait trop l'idée ternaire, ici, il prodiguait trop la création. L'esprit systématique l'entraîne encore, et il compromet encore son idée en en abusant.

Est-il bien nécessaire, pour que l'idée de création ne soit pas entamée, que le Créateur soit l'inventeur du langage? Dieu sait si de Bonald y tient! On se demande pourquoi il croit qu'il y va de Dieu. Voici une hypothèse. L'homme est un animal social; il est né avec l'instinct de conservation, comme tous les animaux; en tant qu'il est animal social, son instinct de conservation est social comme tous ses grands instincts, et, dans chaque individu, compte sur les autres; de là le *cri* d'appel dans le danger, le cri de l'enfant vers la mère, de la femme vers l'homme, de l'homme vers son semblable. Ce cri ne peut-il pas se modifier peu à peu pour devenir un langage rudimentaire, d'abord, plus complexe ensuite, extrêmement complexe enfin? — Jamais une idée sans le mot qui l'exprime, dites-vous. Certainement; mais qui dit que mot et idée ne sont pas nés ensemble, idée et mot confus d'abord, idée s'exprimant par une onomatopée, par exemple, onomatopée instinctive faisant surgir l'idée et désormais la conservant, la fixant dans la mémoire? En quoi cette hypothèse atteint-elle l'idée de création et qui empêche des êtres ainsi constitués d'avoir été créés? — Ils sont ainsi *moins créés*, pour ainsi parler, et c'est ce qui déplaît à de Bonald. La création recule et s'éloigne. Il la veut tout proche et comme présente.

De même pour la société. En quoi la création est-elle compromise parce que la société est considérée comme chose humaine et non nécessairement divine? Dieu crée le monde, soit; toutes les énergies qui lui sont nécessaires, il les lui donne. Elles remontent toutes à lui, dérivent toutes de lui, et ensuite elles agissent. Une de ces énergies est l'instinct social chez l'homme, il y obéit. Il le doit à Dieu, mais il en sent l'impulsion sans qu'il soit nécessaire qu'une parole et un ordre formel le contraignent à s'y conformer. En quoi cette hypothèse touche-t-elle à l'idée de création ? — Elle fait la création moins directe, en quelque sorte, et moins immédiate, et c'est ce qui contrarie de Bonald Ainsi de suite.

Il est poursuivi par une idée, importune et insupportable à son esprit, qui a été très en faveur au xviii° siècle, l'idée que toutes choses humaines sont d'*invention* humaine. Des hommes ont *inventé* la religion, par un affreux calcul et dans un odieux dessein d'oppression. Des hommes ont *inventé* la société. Elle pouvait ne pas être. Un jour ils se sont dit qu'il était bien plus convenable qu'elle fût. Il y a eu discussion, mais les gens de bon sens l'ont emporté. Je ne trouve point qu'aucun philosophe ait jamais dit qu'un bienfaiteur de l'humanité ait inventé la parole; mais il n'est pas impossible qu'il y en ait un qui eût cette idée. Bonald, avec raison, trouve cela une puérilité. Avec raison, avec profondeur, il dit : les plus grandes choses humaines n'ont pas été *inventées*; l'homme n'a pas eu le choix de les adopter ou de s'en passer ; elles sont nécessaires. — Nécessaires, oui; non inventées, oui ; mais primitives en leur entier, primitives avec tout le développement qu'elles ont maintenant, primitives en leur perfection : voilà ce qui n'est pas démontré, et voilà ce que de Bonald affirme sans cesse. Il ne voit aucun laps de temps entre le langage primitif et le langage complet. C'est le langage complet que Dieu a donné à l'homme. Il ne voit aucun laps de temps entre la société primitive et la société « constituée. » C'est la société constituée, avec tous ses organes, qui a été établie de Dieu, et ici revient la théorie ternaire : Adam pouvoir, Ève ministre, enfants sujets. Certes il n'est pas évolutionniste pour une obole, et le *peu à peu* est absolument exterminé de sa doctrine.

Cela lui nuit. On sent bien qu'il y a plus de jeu et plus de tâtonnement dans la marche de l'humanité et du monde. Ceux mêmes qui restent fidèles à l'idée de création ne peuvent guère s'en faire une idée si absolue, et la voir si directe et si contraignante. Sans croire la matière éternelle, ils la croient bien ancienne et ayant accompli bien des révolutions. Ils trouvent le système de Bonald étroit. Ils estiment que de Bonald a fait trop bon marché des objections.

Les objections, on le sait, ce sont les animaux dans l'histoire du monde, et les sauvages dans l'histoire de l'humanité. Les animaux n'ont-ils pas aussi des sociétés et des langages? Ces sociétés et ces langages sont-ils, aussi, enseignement direct de Dieu? Et si vous dites non, la négative ne pourra-t-elle pas s'appliquer aussi à l'homme? Bonald a repoussé ces observations avec plus d'emportement que de raisons. Il revient purement à la doctrine de la bête pur mécanisme, et il passe vite. — Les sauvages n'ont point de « société constituée. » Sont-ils en chemin vers cette société, auquel cas ils seraient l'image de ces sociétés primitives que nous supposons qui étaient en train d'évoluer vers un état social complet, et par conséquent ne l'avaient pas reçu tout fait. Bonald répond vite que les sauvages ne sont pas des primitifs, mais des « dégénérés » punis et chassés de l'humanité par une faute de leurs pères, et il passe. — En vérité, c'est passer trop vite. Les sociétés animales, les demi-sociétés sauvages, voilà ce que l'homme de science doit étudier avec attention, avec scrupule, et en s'affranchissant de cette crainte, que je ne puis m'empêcher de toujours soupçonner chez Bonald, que l'enquête ne mène à une conclusion qu'on ne désire pas.

A tout prendre, il n'y a chez de Bonald qu'une grande idée, l'idée de création, vigoureusement reprise et énergiquement remise en lumière; — et un grand effort, plus puissant qu'adroit, pour ramasser, pour concentrer l'univers. L'univers se dispersait. Par l'histoire trop longue déjà, quoique si courte; par la géographie, par ces mondes nouveaux découverts et ces peuples étranges ajoutés à la notion générale qu'on avait des choses; par l'histoire naturelle et de nouveaux mystères révélés ou annoncés par elle, l'idée du monde petit dans la main de Dieu, était peu à peu effacée des esprits. Dieu s'éloignait. Il flottait aux limites reculées de jour en jour d'un monde de jour en jour agrandi. Le mot des déistes du XVIII° siècle : « Élargissez Dieu ! » a fait frémir de Bonald. Il connaissait la faiblesse de l'esprit humain. Il savait qu'à élargir Dieu on le dissémine à perte de vue. Ce qu'il a voulu rétablir, c'est Dieu immédiat.

Il a exprimé cela dans une très bonne page qui donne bien l'idée de ses regrets, de ses terreurs, de sa tentative, et aussi de ses mérites d'écrivain : « Aux premiers temps de l'humanité, lorsque les lois de la nature étaient peu connues, la pensée les franchissait, en quelque sorte, et remontait à Dieu même, auteur de toutes les lois. Cette présence générale de la divinité, qui est un dogme pour une raison éclairée, était pour leur raison naissante une *présence locale*; cette volonté générale qui, par des lois générales comme elle, détermine tous les événements de ce vaste univers, était une suite de volontés particulières qui agissaient sur tous les êtres... (1). » — Ce qu'a voulu de Bonald, c'est retrouver et rétablir « la présence locale » de Dieu.

Il l'a retrouvée pour lui-même dans l'idée de création, ressaisie et embrassée avec une sorte d'ardeur emportée. Il a fait rentrer, comme violemment, l'univers dans Dieu éternelle force, unique force. Il a rapproché Dieu de nous, en supprimant tout ce qui, encore qu'émanant de lui, était entre lui et nous, et, à son gré, était moins un lien qu'une distance. On l'appelait le *réacteur*, c'était juste ; le *contracteur* eût été plus juste encore. L'effort a été énorme et subtil ; l'adresse faible. Il a fallu pour cela nier toute évolution et comme tout mouvement dans le monde. L'univers de Bonald est dans une sorte d'immutabilité et d'immobilité hiératiques. Il n'est guère intelligible, ainsi, qu'à une intelligence immobile aussi et arrêtée jusqu'au terme dans une idée unique.

D'autres viendront qui, infiniment séduits, au contraire, à l'idée évolutionniste, et comme pénétrés d'elle, verront Dieu, non plus comme « cause première, » mais comme cause finale, et le monde comme plein de lui, non en ce qu'il en vient, mais en ce qu'il y tend ; qui se figureront l'univers comme se soulevant vers l'Être et le réalisant lentement par cet effort ; qui estimeront, par conséquent, que l'éternel changement, et non plus l'éternelle immobilité, est ce qui fait Dieu possible ; et qui témoigneront Dieu ainsi à leur manière, qui témoigneront plutôt de l'éternel besoin des hautes intelligences de rattacher à l'idée de Dieu, par l'une ou l'autre extrémité, la chaîne de leurs idées générales.

Ce retour de l'idée de Dieu, cette réinstallation de

(1) *Recherches philosophiques.* — *De la Cause première.*

l'idée de Dieu dans la doctrine même qui paraissait le plus l'exclure, n'eût pas consolé de Bonald ; elle l'eût épouvanté, comme une restauration entachée de charte. Il eût tremblé que les hommes ne se sentissent grands en apprenant qu'ils coopéraient à la réalisation de Dieu, et en en concluant sans doute que Dieu dépendait de leurs efforts. — Tout à fait au fond, la pensée de Bonald, c'est l'idée de la nullité de l'homme. Il a eu l'orgueil de son humilité, mais il a bien eu l'humilité. Que les hommes se croient capables de quelque chose, il est persuadé que cela les mène à être capables de tout. C'est sa philosophie de l'histoire, et particulièrement sa philosophie de l'histoire de la révolution française. Elle n'est pas fausse de tout point. Il a dit un jour, je ne sais plus à propos de quoi, avec le grand talent qu'il a quelquefois pour transformer une idée en image : « Dans une file d'aveugles qui tous se tiennent par la main, il ne faut de bâton qu'au premier. » C'est ainsi qu'il a vu l'humanité. Tous aveugles; Dieu donne au premier le bâton de la tradition. Il suffit. Nous pouvons marcher. Mais ne perdons point le bâton, et tenons-nous bien par la main.

III.

LA POLITIQUE DE BONALD.

Je ne sais trop ; mais il eût peut-être été à souhaiter que de Bonald s'inspirât de la tradition dans ses considérations politiques autant qu'il faisait dans ses « recherches philosophiques. » Car de Bonald se croit

« traditionniste » en politique, et c'est chose étrange combien il l'est peu malgré les apparences, malgré, je le reconnais, beaucoup d'apparences. Il a passé une partie de son existence intellectuelle à affirmer et à démontrer que l'ancien régime était un gouvernement libéral, et une autre partie à repousser de toutes ses forces le gouvernement libéral, de sorte que, si on lui faisait le piège de mettre bout à bout ses vues historiques et ses dogmes de gouvernement, on aurait des prémisses libérales se développant en conclusions despotiques. N'ayons point cette malice, et examinons séparément ces deux régions, trop séparées en effet, de son esprit.

Bonald a eu d'une manière très remarquable le sens de l'ancien régime, et du vrai, de celui qui nous importe, à nous modernes. Point de rêveries féodales, si fréquentes en son temps, point d'idéal de la vieille France placé dans les temps de la première ou de la seconde race. (Remarquez-vous que Montesquieu donne un peu dans ce travers-là?) L'ancien régime français, celui dont nos pères de 1800 ou de 1816 pouvaient tirer quelque chose, dont, au moins, l'étude pour eux (et certes pour nous) était utile, c'est le régime qui date d'Henri IV et de Richelieu. C'est celui-là que de Bonald a bien connu, et dont il a admirablement, ce me semble, sauf quelques réserves, saisi l'esprit, mieux peut-être que Montesquieu lui-même. Il a démontré fort bien à quel point ce régime était souple et fort et capable de progrès, et, relativement, mais réellement, libéral et égalitaire et suffisamment démocratique. Il a mieux vu qu'un autre ce que l'erreur capitale du XVIIIe siècle et de la révolution a été de ne pas voir, à savoir qu'il y avait une constitution avant 1789, — nous avons pu voir, depuis lui, que c'est à partir de 1789 qu'il n'y en a plus eu, — et que cette constitution assurait l'égalité devant la loi, l'inviolabilité de la propriété, le recours contre le pouvoir central, et permettait, sollicitait même l'accession de tous à toutes les fonctions, sauf à la royauté.

Dans cette constitution, il y a d'abord la magistrature, la plus solide, la plus libre, la plus puissante qui fût en Europe : « En Europe il y avait des juges ; en France seulement il y avait des magistrats. » En effet, cette magistrature avait « le dépôt des lois, » arrêtait, gênait le pouvoir par le refus d'enregistrement et les remontrances, était une barrière au caprice, ou, au moins, une invitation continuelle à la réflexion, contenait les écarts de la souveraineté, et non point comme une Chambre, que le souverain, roi ou peuple, sait qu'il peut dissoudre ou sait qu'il peut changer par un coup d'élection, mais comme un corps autonome, permanent et éternel.

Car cette magistrature n'est nommée ni par le roi, ni par le peuple. Elle est par elle-même. Son droit est une propriété ; elle en a quittance, ce qui peut faire sourire ou crier, mais ce qui est la plus solide garantie d'un droit. Et cette magistrature, presque démesurément puissante, tous relèvent d'elle : le prince du sang est cité à sa barre comme le manant. Son autorité constitue et garantit l'égalité de tous devant la loi. Faites tomber les restes de juridictions seigneuriale et ecclésiastique, et vous avez l'indépendance judiciaire, c'est-à-dire la liberté de n'obéir qu'à la loi, c'est-à-dire la liberté.

Et ce corps si puissant est-il une caste ? Est-il fermé ? — Il est ouvert à tous. Le fils du marchand qui a travaillé achète une charge; il est magistrat. Le travail et l'économie d'une seule génération, voilà toute la garantie qu'on demande, et certes c'est du trop peu qu'on peut se plaindre, et il faudrait des titres intellectuels mieux établis. Tout au moins n'est-ce point une caste inaccessible opprimant un peuple qu'on peut trouver ici.

De Bonald voit encore dans cette ancienne constitution française un système de libertés corporatives et de libertés individuelles fondées sur la propriété. Tout était propriété sous l'ancien régime (il va un peu loin); ce qu'on appelé avec horreur privilèges, c'étaient des propriétés. Les provinces avaient des privilèges, c'est-à-dire des libertés; les villes avaient des privilèges, c'est-à-dire des libertés; les corporations avaient des privilèges, c'est-à-dire des droits. Les offices étaient les privilèges, des propriétés, quelque chose d'inviolable où l'homme était retranché. « Cette inamovibilité des charges, les mœurs l'avaient étendue à presque tous les emplois ;... *tout était possédé à titre d'office* (encore une fois, il y a du vrai, mais c'est trop dire), tout était propriété. La propriété, comme une barrière impénétrable placée entre la faiblesse et la force, formait autour du monarque une enceinte qu'il ne pouvait franchir. »

L'idée moderne est celle-ci : vous êtes libre par vous-même, en tant qu'homme. Dans la pratique, cela se réduit à être électeur, et Dieu sait quelle liberté cela constitue ! L'idée ancienne était celle-ci : vous serez libre par l'emploi, la charge, la fonction que votre travail vous aura acquise, par la corporation, la classe, l'ordre où vous serez parvenu (tous sont ouverts) grâce à votre travail. La liberté s'acquiert et se conquiert par l'effort, en sociologie comme en psychologie, dans l'état comme dans l'âme. Libre, vous ne l'êtes point de naissance. Ne savez-vous point qu'en effet la nature ne vous donne d'elle-même aucune sorte de liberté ? Vous le devenez en vous appliquant. Soyez énergique, vous serez libre par votre corporation, qui a des droits ; par votre office, qui vous confère une propriété ; par les privilèges de la magistrature où vous êtes entré, de l'église où vous avez pénétré, de la noblesse que vous avez conquise.

Car la noblesse aussi est ouverte, comme la magistrature, comme l'église. C'est une singulière idée que de tenir la noblesse française pour une caste égyptienne. La noblesse française est une institution démocratique. On sait bien que tout bisaïeul de noble, à peu d'exceptions près, est un roturier ; que tout aïeul de grand seigneur est un anobli. La noblesse draine le peuple et en aspire les parties pures et saines pour les élever. Elle s'acquiert par des services de tout genre, même par l'argent, ce qui est très démocratique, l'argent étant du travail accumulé, et elle se conserve par la fidélité et l'honneur. « La constitution disait à toutes les familles privées : quand vous aurez rempli votre destination dans la société domestique, qui est d'acquérir l'indépendance de la propriété par le travail, l'ordre et l'économie ; quand vous aurez acquis assez pour n'avoir plus besoin des autres et pour pouvoir servir l'État à vos frais, le plus grand honneur auquel vous puissiez prétendre sera de passer dans le service de l'État, et dès lors vous devenez capable de toutes les fonctions publiques. »

Et remarquez la sagesse profonde de cette constitution que les mœurs ont faite. Il faut gagner de l'argent pour devenir noble, soit par la magistrature, soit par l'anoblissement direct ; mais le noble *n'en doit plus gagner*. A lui s'arrête l'ascension du plébéien énergique vers la richesse, parce que sans cette barrière si sage, la ploutocratie s'établirait ; l'accumulation des richesses formerait une classe dont l'office ne serait pas de servir le peuple en le dirigeant, mais dont le métier serait de l'opprimer. De la conquête de l'argent la noblesse est la récompense, et il faut aussi qu'elle en soit le terme. Dès que vous êtes noble, n'acquérez plus, pour qu'il soit bien établi que vous n'avez acquis que pour être noble. Le but atteint, que le moyen soit méprisé, pour que l'acquisition de la richesse ne paraisse pas être, et ne soit pas, le but suprême du travail d'une nation, ce qui en ferait un peuple de misérables et de millionnaires, c'est-à-dire déséquilibré, et un peuple d'avides et d'avares, c'est-à-dire abject.

Et maintenant détruisez la noblesse, soit ; mais l'ascension du plébéien énergique vers la richesse continuera et n'aura ni but noble, ni terme ; elle n'aura de but que la richesse elle-même et constituera une aristocratie qui ne sera pas une noblesse ; elle n'aura de terme d'aucune sorte et constituera un patriciat d'argent, dur et oppresseur, contre lequel les haines seront bien plus âpres qu'elles étaient contre l'autre, et contre lequel se fera un jour une révolution qui ne sera pas la révolte de la vanité, mais la révolte de l'avidité et de la faim.

Et, pour finir, dans cette ancienne constitution française Bonald voit la consultation nationale, les Etats généraux, qu'il n'aime guère, mais dans lesquels il aperçoit la ressource suprême dans les grands périls, l'État rassemblant toutes ses forces, forces en plein développement, forces en formation, pour se rendre compte de ses puissances déclarées ou latentes, et démêler de quel avenir il peut être gros.

Tout cela est bien vu ; et juste encore cette considération, sur laquelle Bonald est revenu souvent dans ses comparaisons de l'ancienne France à la nouvelle, qu'il faut toujours une « certaine quantité de monarchie » dans un État, et que cette quantité, jusqu'à ce que la décadence définitive commence, ne change point, et seulement se déplace. Ainsi dans l'ancienne France, c'était la constitution qui était monarchique, et c'était l'administration locale qui était populaire. Les assemblées municipales et les assemblées provinciales (dont les attributions, du reste, étaient trop différentes d'une région à l'autre) étaient de véritables assemblées d'administration, et leur existence et leur fonctionnement étaient une puissante garantie d'indépendance et d'autonomie locales. L'organisation démocratique générale a rendu nécessaire un redoublement de monarchie dans l'administration. Que toute la France fasse la loi, il est possible, (encore qu'il y ait là quelque illusion) ; mais toute la France est serrée, d'autre part, dans le réseau rigide d'une administration uniforme dont le chef est au centre. La France change les ministres ; mais elle subit les fonctionnaires, sorte d'armée qui semble une armée étrangère, tant les soldats sont toujours étrangers au pays où ils campent, et armée qui, pour obéir à un chef responsable devant le pays, n'en a pas moins toujours le même esprit, la même discipline, et la même puissance autocratique sur laquelle aucune influence locale ne peut agir pour les tempérer.

Cela est pénible, mais légitime, et il ne faudrait point que cela changeât. Une diminution de monarchie au centre rend nécessaire une aggravation de monarchie dans l'instrument politique; « le *régime* doit être plus sévère à mesure que le *tempérament* est plus faible. » Et c'est pour cela que, quand la puissance centrale en France redevient monarchique pour un temps, il n'y a plus que monarchie partout, et le pays se sent sous le joug d'un despotisme extraordinaire, inconnu dans son histoire, énorme et inouï, dont il est comme étonné. — Car jugez ce qu'est alors un pays où il n'y a ni magistrature indépendante, ni noblesse, ni corporations privilégiées, ni privilèges de ville ou de province, rien que des fonctionnaires, et un pouvoir central qui s'est rendu indépendant de tout contrôle!

Voilà l'idée que se fait de Bonald de l'ancienne constitution française. Elle est un peu complaisante; elle n'est pas fausse. Elle est un peu complaisante : il ne faut jamais, quand on parle de l'ancienne constitution française, oublier de dire qu'elle était constamment faussée; qu'elle existait, mais que, comme a dit spirituellement Mᵐᵉ de Staël, « elle n'avait jamais été qu'enfreinte; » qu'elle existait, mais que tous les rouages en étaient ou rouillés, ou rendus inutiles, ou détournés de leur but.

Oui, les États généraux existaient; mais on ne les convoquait jamais. — Oui, la magistrature était établie sur les meilleurs fondements qui pussent la faire indépendante et puissante pour le bien; mais il y avait des lettres de cachet et des lits de justice, et des parlements brisés net de temps en temps. — Oui, la noblesse était un admirable instrument de transformation du peuple laborieux en aristocratie; mais faite, à ce titre, pour être constamment « ouverte, » on la fermait de plus en plus, et les règnes de Louis XV et de Louis XVI sont beaucoup moins « bourgeois » que celui de Louis XIV; et c'est aux dernières heures de la monarchie que la faculté pour le plébéien de s'élever à l'aristocratie par l'armée .lui est le plus rigoureusement refusée. — Et oui, encore, c'est une admirable tradition, devenue loi de caste, que le plébéien devenu noble ne dût plus s'enrichir ; seulement, s'il ne s'enrichissait point par le travail, il s'enrichissait par la faveur, et puisait, à Versailles, la richesse toute faite et toute liquide, comme plongeant, la coupe en main, à même la fortune publique ; ainsi le travail du noble était interdit, mais non évitée la ploutocratie. — Et oui, les libertés locales, qu'elles s'appellent privilèges ou d'un autre nom, sont choses excellentes ; mais un intendant de Louis XIV ou de Louis XV n'est déjà guère autre chose qu'un préfet, ou un préteur ; — et ainsi de suite.

Et l'idée de Bonald n'est pas fausse. Oui, il y avait une constitution en France avant 1789 ; il y avait les germes, un peu mortifiés, et le dessin, un peu altéré et obscurci, d'une excellente constitution, mélange très heureux de monarchie, d'aristocratie ouverte, de démocratie, avec un corps admirablement fait pour recevoir et pour garder le « dépôt des lois » ; et tout cela, peut-être, pouvait être conservé, à la condition d'être redressé et revivifié ; et j'admets qu'il ne fallût pas une révolution ; mais je tiens qu'il fallait une réforme. Il fallait retrouver, en la comprenant bien, la constitution, et la ranimer. La *Constituante* aurait dû se nommer *reconstituante*.

Il semble bien, en vérité, que c'est l'idée de Bonald, puisque cette constitution il l'admire, et puisque cette reconstitution, il la fait. C'est bien lui qui, en admirant dans les parties diverses de l'ancienne constitution française ce qu'elles auraient pu faire, indique ce qu'elles auraient dû être. C'est bien lui qui montre, de l'ancienne constitution française ramenée à son véritable esprit, quel gouvernement pondéré, souple, fort, aisé et libéral pouvait sortir. Dès lors, on s'attend à ce qu'il dise :

« Je suis d'avant 1789, parce que je suis libéral. Des conquêtes de 1789, je tiens que le despotisme est, tout au moins, la plus palpable et la plus incontestable. Nous en sortons. Je tiens qu'en France c'est le despotisme qui est nouveau et la liberté qui est ancienne. Je veux donc ranimer l'ancienne constitution, qui était mille fois plus libérale que nos inventions nouvelles. — Je me place en 1788. Je vois une noblesse ouverte, aristocratie qui se forme incessamment de ce qu'il y a de plus pur dans tout le peuple, et à qui sa loi interdit de devenir un patriciat d'argent : je la rétablis avec ces caractères, et je l'empêche de devenir riche par la mendicité. — Je vois une magistrature indépendante ayant le dépôt des lois : soit par la vénalité des charges, soit par un autre moyen moins décrié, je la maintiens indépendante, je m'oppose à ce qu'on en fasse un corps de fonctionnaires, et je lui conserve le dépôt des lois. — Je vois des libertés locales : je les régularise, et j'établis, je veux dire je rétablis, une large décentralisation administrative. — Je vois des Etats généraux : je les régularise, ne fût-ce que pour qu'on ne passe point deux siècles sans les convoquer, et j'en fais, par exemple, un parlement de deux Chambres, Clergé et Noblesse dans l'une, Tiers dans l'autre, qui se réunit de droit, non pas constamment, ce qui serait un gaspillage de temps et de forces, mais d'une manière périodique, et qui vote l'impôt et surveille le gouvernement, sans l'exercer. — Et je prétends que c'est la France ancienne, simplement régularisée et rendue plus libre en son jeu, que je fais renaître. »

On s'attend à ce qu'il dise cela, ou bien à peu près ; car il le dit quand il se tourne vers le passé. Mais quand il considère le présent ou l'avenir, il ne le dit pas le moins du monde. Alors il devient pur despotiste, ou du moins, entre le despotiste et lui, je ne vois guère de différence. Il ne veut pas de parlement périodique ; il ne veut pas de magistrature autonome ; il ne veut pas de la charte ; et qu'est-ce que la charte, en son fond et en son principe que l'ancienne constitution française *écrite* enfin, et devenue loi connue, non plus obscure et mystérieuse, de l'État ? — Il ne veut pas de liberté de conscience, et je reconnais que la liberté de conscience n'était pas loi fondamentale de l'ancienne France. Encore est-il que pendant près d'un siècle elle avait existé en fait et en droit, consacrée par un édit solennel, et n'avait été détruite, contre possession et droit, que par un véritable coup d'État. — Il ne parle nullement, pour ce qui est du présent et de l'avenir, de libertés locales et de décentralisation administrative ; et ces libertés individuelles conférées à l'homme par sa fonction qu'il possède « à titre d'office, » ce n'est aussi que dans le passé qu'il les révère. On ne voit pas qu'il désire les voir revivre.

Non ! son idéal pour le présent, c'est bien « Louis XVIII couché dans le lit de Napoléon » ; c'est bien un pur souverain absolu. En vérité, il n'est pas assez réactionnaire. Il ne l'est pas assez pour vouloir la France aussi libre, ou capable de le facilement devenir, qu'elle l'était avant 1789. La France telle que l'a faite la Convention et perfectionnée l'Empire, pourvu qu'elle soit aux mains d'un Bourbon, lui convient très bien. Veut-on une preuve assez piquante ? Il ne déteste pas assez Napoléon ; et c'est la pierre de touche à connaître un despotiste d'avec un libéral, même très timoré. Son petit article sur Bonaparte (1) est très aimable. L'abolition du Tribunat, les Députés silencieux, le Sénat sans pouvoir, sont des institutions impériales pour lesquelles il n'a que des éloges ; et à qui il réserve ses colères, c'est à ceux qui en établissant, ou voulant établir, une monarchie parlementaire, ont tenté « d'affermir la Révolution sur la base de la Légitimité. » — Mais, d'après les idées mêmes de Bonald sur l'ancien régime et la Révolution, la « monarchie selon la charte » n'est point, ce semble, la monarchie selon la Révolution, mais bien la monarchie selon l'ancien régime compris en son vrai esprit. Un monarchiste de 1815 peut, et, sur la lecture de Bonald, devrait, être libéral, parlementaire, décentralisateur, et même demi-démocrate, en faisant abstraction de la Révolution, en n'en tenant pas compte, et même parce qu'il ne l'aime point.

Contradiction curieuse, moins formelle et criante que je ne la donne ici pour la faire entendre, car je force un peu les choses, mais réelle, et qui fut celle de tout un parti. Bonald, et beaucoup d'autres à côté de lui, et après lui, ont répété sans cesse trois propositions, dont la première était qu'ils voulaient l'ancien régime, la seconde qu'il y avait avant 1789 mille fois plus de libertés qu'après, la troisième qu'il n'en fallait pas. — Tout est plus acceptable que ce système-là, tout est plus sûr et plus rassurant que cet état d'esprit. De Maistre, qui n'a pas vu un atome de liberté, de gouvernement mixte et tempéré, de constitution complexe, dans l'ancienne France, est du moins plus logique, et il nous

---

(1) Observations sur les « Considérations » de Mme de Staël et sur la Révolution française, VII.

montre aussi un terrain plus solide en nous assurant que l'absolutisme est à la fois de raison et de tradition. On ne peut pas en vouloir à de Bonald d'avoir démêlé ce qu'il y avait de constitution libérale dans l'ancien royaume de France, quand on estime qu'il a eu raison de l'y apercevoir ; mais on se demande à quoi il lui sert de l'avoir vu.

Il n'est pas si coupable, et la faute est aux temps. Elle est d'abord, si l'on veut, au tempérament national ; car il est à peu près impossible à un Français d'être libéral, et le libéralisme n'est pas français. Mais elle tient surtout à la date où de Bonald écrivait. Au sortir de la Révolution, un long temps devait s'écouler (sauf pour un Constant ou une de Staël, qui sont des demi-étrangers), où personne n'aurait le calme d'esprit et le sang-froid d'un Montesquieu, non pas même ceux qui, comme de Bonald, l'avaient bien lu ; et où, pour tout le monde, le libéralisme ne serait jamais qu'un argument à opposer à l'adversaire.

La Révolution française a fait bien du tort au libéralisme français. La liberté politique, — qui n'est qu'une complexité plus grande, de plus en plus grande, dans le gouvernement d'un peuple, à mesure que le peuple lui-même contient un plus grand nombre de forces diverses ayant droit et de vivre et de participer à la chose publique, — est un fait de civilisation qui s'impose lentement à une société organisée, mais qui n'apparaît point comme un principe à une société qui s'organise. Quand Rousseau se figure les hommes se réunissant et délibérant pour créer l'état social, dans l'état social qu'il suppose qui se crée ainsi, il ne met aucune liberté ; et il est en cela très logique et plein de raison, car, dans de pareilles conditions, les hommes

« n'inventeraient » nullement la liberté, ils organiseraient le pouvoir, rien de plus ; et à la liberté, peu à peu, de se faire sa place ensuite. Or ce que les hommes n'ont point fait au commencement de l'histoire, il est vrai que dans une révolution radicale ils prétendent le faire, et, en une certaine mesure, ils le font. A un certain égard, ils sont au commencement des choses, ou, tout au moins, ils y croient être, et ils font ce qu'ils feraient au début du monde : ils organisent la souveraineté ; et rien de plus. Les hommes de 1789 ont déplacé la souveraineté. Dès lors nous avons affaire à une sorte de société primitive, très simple, répugnant à la complexité, et où la liberté s'introduira, n'en doutez point, mais après avoir recommencé son évolution, pour le moment retardée, réprimée et contenue.

Et à cela si vous ajoutez que les révolutionnaires constituants d'hier n'ont que *déplacé* la souveraineté, ce qui veut dire qu'il y en avait une et qu'il y en a eu une autre, longtemps il ne pourra y avoir que gens tenant pour l'ancienne et gens tenant pour la nouvelle ; et ceux qui tiendront pour l'ancienne, constituants à leur manière, ne pourront songer qu'à la souveraineté aussi, à celle de leur goût, qu'ils voudront réparer, non à autre chose, et, pas plus que leurs adversaires, n'auront le goût, ni même la pensée, d'une limitation de ce qu'ils créent, ou d'un affaiblissement de ce qu'ils fondent.

Cela revient à dire que la liberté a besoin pour s'introduire d'une société depuis longtemps stable, et que faire une révolution est le vrai moyen de ne pas créer la liberté, qu'on ne crée point. — Les de Bonald, aussi bien que leurs adversaires, subissent donc l'influence de la Révolution, en cela qu'ils vivent dans l'état d'esprit qu'elle a fait, et, si libéraux qu'ils puissent être, comme on voit que parfois ils le sont, en tant qu'historiens et spectateurs du passé, on ne saurait trop leur demander de l'être comme théoriciens, fondateurs et « constituants. »

IV

Tel me paraît avoir été de Bonald, esprit vigoureux, loyal et étroit, esprit surtout négatif, vraiment faible et, on peut le dire, un peu puéril, quand il a posé et affirmé une thèse personnelle, solide et d'une assez rude étreinte quand il a nié les idées modernes, étroit pourtant là même encore, et oubliant que, pour étouffer sûrement, il faut avoir embrassé.

On comprend très bien l'influence qu'il a exercée. Il a donné l'illusion qu'il était le philosophe à opposer à Rousseau, et l'on voit bien, à le pratiquer, que lui-même se flatte d'être l'antagoniste direct du philosophe génevois. Il le considère, il l'admire, il le cite, il le combat; il songe toujours à lui, le plus souvent il est « Rousseau retourné. » Rousseau a cru à un « état de nature ; » de Bonald croit que la société a toujours existé. Rousseau croit que l'homme naît bon, et que la société le déprave ; de Bonald croit, non pas que l'homme naît mauvais, mais qu'il naît nul, et que la société le *fait*. Rousseau veut que le souverain décrète une religion civile ; de Bonald veut que la religion forme et règle la société politique.

Et si l'un peut donner ainsi, très souvent du moins, l'exacte contre-partie de l'autre, c'est qu'ils ont tous deux des esprits de même nature. Ils sont tous deux des idéologues passionnés, fougueux, et (de Bonald surtout) intransigeants ; ils sont tous deux des psychologues bornés, et des historiens médiocres, tout au moins des historiens à qui l'histoire ne donne pas leurs idées. Ils sont faits pour s'entendre, ou pour discuter, ce qui est à peu près la même chose, car c'est ne pas parler la même langue qui fait la vraie différence entre les hommes. Ils parlent la même.

On a vu dans le second celui qui détruirait le premier, et, à une époque où l'on considérait Rousseau, plus qu'un autre, comme l'auteur de la Révolution, on a vu dans Bonald le vainqueur de l'idée révolutionnaire. Ni l'un n'avait fait la Révolution, ni l'autre ne l'a détruite. L'un lui a donné des phrases, l'autre lui a dit des injures. Elle était un fait : elle s'est à peine aperçu et de son professeur et de son critique. Mais l'un et l'autre restent des témoins intéressants de ce grand fait.

L'un a très bien vu qu'une grande chose disparaissait, la tradition ; et que l'homme sans lien avec l'homme, le parfait individualisme risquait de devenir la façon d'être de l'humanité nouvelle. Il a vu cela, et s'en est réjoui, et en a fait un beau système allant de la religion à la politique et de la politique à l'éducation. — L'autre a très bien vu qu'une grande chose venait de disparaître, la tradition, et que l'homme isolé, sans souci des ancêtres, sans obligation envers ses contemporains, retranché dans son droit et sa liberté jalouse, était l'homme moderne. Il a vu cela, et en a été désolé ; et de la conception contraire, poussée à l'extrême, à tous les extrêmes, il a fait un beau système embrassant la religion, la politique, l'éducation et la morale.

Ils s'éclairent bien l'un l'autre. On voudrait qu'ils eussent même génie pour que la question fût également pénétrée de clartés en toutes ses profondeurs des deux côtés. Tels qu'ils sont, ils sont intéressants à écouter ensemble; et à l'avènement du monde moderne, on n'entend pas sans émotion, on ne cherche pas sans intérêt à bien saisir et recueillir ces deux cris, l'un de joie et l'autre de désespoir, qui disent la même chose.

MADAME DE STAEL

Ceci ce n'est point une biographie de Germaine de Staël, ni précisément une étude de son caractère, mais un essai de définition de sa pensée littéraire, politique et philosophique. Les « esprits penseurs », comme elle aime à dire, l'ont continuellement préoccupée. C'est l'esprit penseur, infatigablement curieux de pensée, et des pensées les plus diverses, que je voudrais étudier en elle, persuadé d'ailleurs que c'est d'elle ce qui a été le moins usé ou entamé par le temps, et ce qui reste.

La postérité abrège ; et c'est son droit, puisqu'on écrit pour elle ; c'est son devoir aussi, et, quoi qu'il puisse paraître, un devoir pieux, car elle n'abrège que pour ne pas tout perdre. Elle oublie la politique de Chateaubriand. J'ose avoir la crainte ou l'espoir qu'elle oubliera celle d'Hugo. Il me semble que pour Mme de Staël ce sera l'inverse. *Delphine* et *Corinne* pâlissent. Les considérations sur l'histoire, la politique et la morale, que Mme de Staël a semées prodigalement dans tous ses ouvrages, attireront toujours l'attention. Il n'y a pas si longtemps qu'Edgar Quinet, au cours d'un long ouvrage sur la Révolution française, avait sans cesse le regard sur elle, la nommant dès la première page, toujours préoccupé de la réfuter, et comme gêné de son souvenir. De quel œil elle a vu son temps, compris l'âme et l'esprit de ses contemporains, regardé en arrière la série des causes prochaines ou reculées, essayé de pénétrer l'avenir, si couvert alors et si caché, voilà ce que je désirerais reconnaître et définir.

I

TENDANCES GÉNÉRALES.

Elle est célèbre et très peu lue. La foule des demi-lettrés sait très bien que c'est un personnage considérable dans l'histoire de la pensée française, et ne sait point du tout ce qu'elle a pensé. Elle est comme une date. On ne dit guère, sauf dans les discussions purement littéraires : « C'est du temps de Chateaubriand » ; on dit très bien : « Voilà qui est du temps de Mme de Staël. » Une certaine tournure d'esprit, qui n'est ni moderne ni purement XVIIIe siècle, qui est de transition et de nuance, pour la plupart indistincte, est comme définie par ce nom plus que par tout autre.

A le prendre en gros, ce n'est point si mal jugé. Mme de Staël est bien la pensée d'une époque. Elle n'est point un de ces grands génies qui donnent comme un coup de barre à l'esprit public et coudent la ligne du sillage. Elle vit son temps, d'une vie plus forte, et supérieure. Une génération pense en elle, en elle souffre, s'étonne, s'inquiète et espère. L'histoire des idées de

1780 à 1817 est dans ses œuvres. Elle n'a pas, comme d'autres plus grands, rêvé d'avance, et mieux, le rêve des générations qui les devaient suivre. Mais elle a été la pleine et lumineuse conscience intellectuelle des hommes de son temps, embrassant et échauffant en elle l'âme de son époque, et ne laissant en dehors que ce qui ne pensait point. Le secret est là, très simple, des succès sans pareils et sans analogues qu'elle a remportés durant sa vie, du déclin aussi et du demi-effacement, et de l'assourdissement plutôt de sa gloire, depuis l'heure de sa mort. Ce n'est qu'une raison de plus de ressaisir, s'il se peut, en elle la complexion d'esprit des quelques milliers d'êtres intelligents qui ont passé sur la terre vers 1800, laissant ses œuvres comme monument de leur existence.

Elle avait quinze ans en 1780, et était à peu près aussi célèbre qu'aujourd'hui. Jamais enfance ne fut moins solitaire, moins instinctive et intérieure, moins propre à former un artiste, et, en effet, elle ne le fut point. Elle vivait déjà de lecture et de parole, c'est-à-dire de pensée. Elle lisait Rousseau, faisait des extraits et des commentaires de Montesquieu, et discutait avec Thomas, Marmontel, Grimm, Raynal. Il n'était point d'heure du jour où elle ne fût en contact avec une idée. Le tempérament était fort, l'esprit robuste, l'humeur gaie : elle résista. Ce ne serait point à essayer sur une autre. Mais déjà elle se pénétrait profondément de tout l'esprit de son époque, sensibilité romanesque, excès de sociabilité, foi naïve et absolue dans les idées. Cette éducation l'a faite *idéologue*, femme de conversation mondaine, et femme de sentiment exalté ; cette éducation atténuait ou empêchait de naître l'imagination artistique ; elle inclinait cette âme, déjà puissante, à mettre son imagination dans le maniement des idées.

Mais sur quel fond travaillaient ces forces extérieures et accidentelles ? Sur un cœur naturellement passionné et invinciblement romanesque. Le fond de Mme de Staël, c'est l'amour de la vie, l'horreur de la solitude sous toutes ses formes, qu'elle s'appelle la mort ou l'ennui, la soif indéfinie du bonheur. « Toujours vive et triste », dit-elle d'elle-même. Non pas précisément. Vive et gaie en sa jeunesse, où elle voit le bonheur devant elle et croit l'atteindre ; vive et triste dans son âge mûr, avec l'éternel élan vers le bonheur et l'éternel désenchantement de ne le point saisir. — « J'étais vulnérable par mon goût pour la société », dit-elle encore. Par son goût pour la société et par l'impossibilité où elle était de supporter tout ce qui n'est point vie active, intense, absorbante. Ses solitudes sont des déserts et ses mélancolies des désespoirs. Elle ne sait point transformer l'ennui en « sombres plaisirs », comme d'autres ; elle s'en fait une agonie. Le bonheur est pour elle un but, non un accident dans la vie. Ses mots les plus éloquents lui viennent de son ardeur à le poursuivre ou à le rêver : « Ils réduisent à chercher la gloire ceux qui se seraient contentés de l'affection. » — « En cherchant la gloire (dit Corinne), j'ai toujours espéré qu'elle me ferait aimer. » — « La gloire elle-même ne saurait être pour une femme qu'un deuil éclatant du bonheur. » Et, tout à la fin de son *Allemagne*, quand elle arrive au chapitre de l'*Enthousiasme*, de quel ton elle s'écrie : « Il est temps de parler du bonheur !... »

De là son horreur pour les doctrines désolantes ou seulement sombres, et pour le pessimisme aussi bien que pour le stoïcisme : « Tout cela tend à la mort. » De là ses colères contre le suicide, qui lui inspirent tout un livre dans sa jeunesse, et, plus tard, lui font changer le dénoûment de *Delphine*. — Un rêve romanesque de bonheur assuré et calme, de tendresse intime et profonde, la poursuit toujours. Le ménage des Belmont, dans *Delphine*, est une idylle à la Jean-Jacques, caressée par elle avec amour, avec une émotion troublante, qui se communique au lecteur. — Jeune, elle lit Richardson avec passion : « L'enlèvement de Clarisse fut un des événements de ma jeunesse. » Mourante, Walter Scott la console. Elle doit au roman, c'est-à-dire au bonheur en rêve, ses premières et ses dernières joies.

Et voilà que dans sa vie de jeunesse, toute en conversations savantes et spirituelles, en lectures immenses, en discussions, en écritures déjà, en pensées mille fois creusées et maniées de toute sorte, ses sentiments sont devenus des idées. Elle avait, dit Mme de Necker de Saussure, et toutes ses œuvres le montrent assez, de fortes facultés d'analyse mêlées à tout son enthousiasme. C'est par là qu'ont passé les passions de son cœur pour devenir des systèmes, et ses émotions pour devenir une philosophie.

Sans aller plus loin, sa forte personnalité, l'énergie toujours en acte de sa complexion vigoureuse et de son cerveau infatigable est devenue doctrine individualiste. L'individualisme, cette idée qu'une personne humaine est chose sacrée, inviolable, non organe et fonction subordonnée d'un grand corps, mais vivant pour elle et but à elle-même, à tel point que l'organisation générale doit tendre précisément à ce qu'elle soit respectée et aisément active ; cette idée, commune aujourd'hui sous un nom ou sous un autre, n'est point si ancienne dans le monde. Les uns croient qu'elle n'a que dix-huit cents années, les autres que trois cents, les autres que cent deux. Ce qui est plus sûr, c'est qu'elle a été trouvée par un homme qui avait le besoin d'agir. Ni les rêveurs n'y tiennent fort, ni les contemplateurs et artistes, ni les paresseux, ni les sots, sauf ceux qui, tout en étant des sots, sont des agités. C'est un homme énergique qui a inventé les droits de l'homme. Toutes les énergies morales et intellectuelles de Mme de Staël, son besoin de penser, de parler, d'agir, de se répandre, et joignez-y encore, agissant plus confusément, son origine et son éducation de protestante, et aussi sa situation, belle et enviée, mais mal définie et non classée, d'étrangère en pays monarchique ; tout faisait d'elle un partisan passionné des théories qui assurent à l'homme la disposition et l'expansion de lui-même, où qu'il soit, parce qu'il est homme.

Elle est libérale de naissance et de complexion. Et si j'ai tardé à me servir du mot, c'est qu'elle est individualiste avant d'être libérale. On peut être libéral et ne lui point ressembler. — On peut l'être par libéralité, par douceur d'âme pour les hommes qu'on ne veut point voir foulés et meurtris. — On peut l'être par raison, par considération historique, par cette idée pure, et assez sèche, que la liberté est un fait de civilisation, et dans la division infinie des idées, sentiments et aptitudes, aux temps modernes, un expédient nécessaire. — Mme de Staël n'est point libérale de cette façon. Elle l'est de cœur, et du fond de l'âme. Elle ne parle de liberté que sur un ton lyrique et d'un accent passionné. Son libéralisme est un enthousiasme. — Et que ceux qui l'ont peu lue ne s'y trompent point, ce n'est pas là cet enthousiasme révolutionnaire, cette religion de la Révolution que nous avons connue depuis. Elle est très loin de ce sentiment singulier. Ce n'est point la révolution qu'elle adore ; c'est bien la liberté, l'affranchissement de la personne humaine. Personne peut-être n'a compris et senti la liberté autant qu'elle comme l'isolement salutaire et fécond de l'homme dans le monde élargi et aplani. C'est à ce point que, nous le verrons, l'idée de patrie est chez elle relativement faible. L'individualisme n'a pas eu de représentant et de tenant plus profondément convaincu. « Elle ne savait point, dit-elle, séparer ses sentiments de ses idées », et l'individualisme était sa nature même.

C'est tout pareillement que son élan, son transport naturel vers le bonheur, est devenu sa théorie de la perfectibilité. Le goût du bonheur, chez un homme vulgaire, ne fait qu'un égoïste ; dans une âme élevée et naturellement expansive, il s'échauffe et s'agrandit jusqu'à être le rêve du bonheur de l'humanité. L'homme a droit au bonheur. L'humanité a droit à la grandeur humaine. Elle ne l'a point, cela est trop clair. Donc elle doit y parvenir. Supposer toutes les puissances humaines, vertus, idées, talents, en un progrès éternel ; voir l'humanité comme un homme qui marche et qui sait son chemin, toujours plus sûr de sa route et plus ferme dans sa marche : il est très vrai que c'est une conception du bonheur général.

Qu'on n'objecte point qu'il n'y a rien de plus égoïste et de plus impitoyable que de dire : « Des milliers d'hommes ont souffert pour que le dernier soit heureux. » Qu'on ne dise point que l'idée du progrès se ramène, en son fond, à une monstrueuse hécatombe engraissant le sol pendant des siècles pour faire, peut-être, à la fin, pousser une fleur éclatante. — Il est très vrai que le rêve du bonheur universel n'a point d'autre forme précise que l'idée de progrès. Il est très vrai que la certitude du progrès, c'est le bonheur déjà réalisé. Si tous les hommes avaient cette idée, inébranlable et vive en leur âme comme une foi, dès aujourd'hui tous les hommes seraient heureux. Car et leurs douleurs seraient des joies, et leurs sacrifices des jouissances, et leurs morts des triomphes, rapportés à cette fin. Ils auraient le bonheur moral absolu, et il n'y a pas d'autre bonheur que le bonheur moral.

Les sentiments de Mme de Staël prirent très vite cette direction, et aboutirent très vite à cette idée. Et comme il est bien certain que, sur cette affaire, l'idée ne s'est point séparée du sentiment! Dans tout son livre de la *Littérature*, il y a un *a priori* naïf et charmant sur cette question du progrès. Les Grecs *ont dû* avoir une littérature moins élevée que les Romains ; les Espagnols *ont dû* avoir une littérature plus remarquable que celle des Italiens. — C'était pour eux une obligation morale ? — Eh! oui ! Car, dès que le progrès n'existe plus en quelque chose, l'humanité doute qu'il existe en rien, et n'a plus la seule forme du bonheur qu'elle puisse avoir. Que les fils vaillent mieux que les pères, ce n'est pas seulement un fait, ce leur est un devoir. « Aristote, qui vivait dans le troisième siècle (littéraire), *par conséquent* dans un siècle supérieur pour la pensée aux précédents... » — Mais si pourtant tout cela n'était pas vrai ? — Cela est vrai, parce qu'il serait immoral et désolant que cela fût faux : « Dans quel découragement l'esprit ne tomberait-il point s'il cessait d'espérer que chaque jour ajoute à la masse des lumières ?... » Et elle ajoute ce mot, qui est bien la clé de tout son système : « Non ! rien ne peut détacher la raison des idées fécondes en résultats heureux. » — Mais pourquoi votre raison fait-elle des résultats heureux la marque de la vérité? Elle répondrait sans doute : c'est que j'ai besoin de bonheur.

Tel était l'état d'esprit général de Mᵐᵉ de Staël quand elle commençait à écrire. Mais, remarquons-le, ces idées n'étaient pas autre chose que celles du xviiiᵉ siècle, épurées, agrandies et senties plus fortement. A le prendre par où il n'est pas simplement négatif et destructeur, le fond du xviiiᵉ siècle est individualisme poussé à outrance, et théorie de la perfectibilité humaine. Il faut toujours croire à quelque chose. Les anciens croyaient à l'État, les chrétiens à Dieu, le xviiiᵉ siècle a cru à l'homme. D'une part, il a cru l'homme profondément respectable, ayant des droits devant lesquels l'État s'arrête ou qu'il doit protéger. Il a peu à peu effacé l'idée de la communauté pour agrandir l'idée de l'individu. Il a jugé qu'une pensée, un sentiment, même un goût individuel, est chose qui importe en elle-même, sans considération de son rapport à l'intérêt commun. Bossuet ne peut pas souffrir les « opinions particulières »; elles le blessent comme accidents gênant l'ordre général. On peut dire que le xviiiᵉ siècle a eu le culte et la religion des opinions particulières. Sa sensibilité même, qui est très réelle, et qui n'est sensiblerie que chez les grimauds de lettres, se ramène encore à l'individualisme comme à son fond. Ce qui touche l'individualiste, c'est la souffrance de son semblable, le poids lourd sous lequel il plie. L'homme qui a les yeux fixés sur un grand ordre général, religion ou État, est moins sensible à ces choses ; et, en effet, au xviiiᵉ siècle, c'est bien Religion et État qui déclinent. Rousseau, sur ce point, le Rousseau du *Contrat*, a été en réaction contre tout son siècle ; mais à travers l'influence de Rousseau, qui, du reste, n'a pas été compris tout de suite, les idées antérieures ont continué de s'infiltrer et se répandre.

D'autre part, et plus encore, le XVIII° siècle, c'est l'idée de perfectibilité, inséparable, du reste, de la croyance à l'homme. L'homme n'est si respectable que parce qu'il est capable d'un progrès continu, et il n'est capable d'un progrès continu que si l'on respecte en son exercice et en toutes ses démarches la faculté indéfinie qu'il a de grandir. Laissez-le faire ; laissez-le passer. Ayez grande confiance en lui ; croyez sa nature très bonne en son origine, excellente en ses desseins, venant du bien et y tendant. Et ici Rousseau n'était point en opposition contre son siècle. Il avait trouvé dans sa logique très particulière le moyen d'être un misanthrope optimiste ; il croyait l'homme bon en soi et devenu mauvais par la manière dont il s'était aménagé sur la terre ; il aimait l'homme et détestait les organisations humaines ; il jugeait les hommes bons, — pervertis, — et corrigibles, et, tout en détestant les sociétés, il en rêvait une où les hommes non pas arriveraient à la perfection, mais y reviendraient, ce qui est, par un détour, croire à la perfectibilité plus que personne.

C'est toute cette pensée du XVIII° siècle, chez les sots ou les vicieux simple impatience de tous les jougs jointe à l'incapacité de distinguer les bons des mauvais ; chez les habiles désir de remplacer les anciennes autorités par celle des « lumières », c'est-à-dire par la leur ; chez les plus grands et les plus purs rêve plus ou moins confus d'un renouvellement de l'humanité par une plus grande confiance en ses bons instincts, qui vivait dans l'esprit de M™° de Staël sous forme la plus élevée, la plus délicate et distinguée qu'elle pût prendre, unie aux sentiments le plus nobles qu'elle pût suggérer ou soutenir.

Ses ouvrages de jeunesse sont très instructifs à cet égard, et, quoique assez faibles, méritent bien d'être médités par qui veut la bien comprendre. L'avisé Sainte-Beuve n'y a pas manqué. Son *Influence des passions sur le bonheur* n'est point d'un moraliste très profond ; mais c'est un livre à la fois très original, d'un admirable accent personnel, et un livre où respire ce qu'il y a dans l'âme du XVIII° siècle de plus pur et de plus tendre. C'est du Vauvenargues, et quelque chose de plus. On y sent ce besoin de relever la nature humaine, cette confiance en ce qu'elle a de bon et de précieux, ce « goût des passions nobles », qui fait à Vauvenargues une place à part parmi les moralistes ; et on y surprend aussi une passion plus attendrie, une ardeur de pitié qui va plus loin qu'à consoler et caresser l'auteur lui-même, mais, bien sincèrement, s'étend et se répand sur l'humanité entière. — Point de système très arrêté, mais un *sursum corda*, un cri de compassion, d'encouragement, d'espérance jeté aux peuples après l'épreuve révolutionnaire. — Le XVIII° siècle en ce qu'il a de meilleur, le XVIII° siècle de « l'humanité », de la « sensibilité, du « progrès » et des « lumières » semble dire aux hommes avec sa naïveté, qui ne laisse pas d'être touchante, et par une voix plus pure et plus douce que celles qu'il avait jamais fait entendre : « Je suis toujours là ! »

En remontant plus haut, les *Lettres sur Jean-Jacques Rousseau*, qu'il faut lire de très près, définissent déjà fort exactement la pensée de Mme de Staël. Le ton général en est d'un panégyrique enthousiaste ; mais et les éloges motivés et les réserves marquent nettement ce que, dès 1788, Mme de Staël retenait de Rousseau et ce qu'elle en abandonnait. Elle adore l'homme de sentiment, et, si l'on prend garde, c'est tout le théoricien qu'elle repousse. Car c'est seulement à la théorie du *Discours sur les lettres et les arts,* à celle du *Contrat social* et à celle d'*Émile* qu'elle refuse son approbation.

Pour ce qui est du *Discours,* elle dit : « Il voulait ramener les hommes à une sorte d'état dont l'âge d'or de la fable donne seul l'idée. Ce projet, sans doute, est une chimère ; mais les alchimistes, en cherchant la pierre philosophale, ont découvert des secrets utiles. »

A propos du *Contrat,* elle condamne nettement la sociologie fondée sur des abstractions : « Qu'on place donc au-dessus de l'ouvrage de Rousseau celui de l'homme d'État dont les observations auraient précédé les théories, qui serait arrivé aux idées générales par la connaissance des faits particuliers, et *se livrerait moins en artiste à tracer le plan d'un édifice régulier qu'en homme habile à réparer celui qu'il trouverait construit...* »

Enfin, elle se laisse aller à dire malicieusement que peut-être elle n'élèverait point son fils comme *Émile,* tout en souhaitant que les autres hommes fussent élevés comme lui.

C'est là être ami de Rousseau, mais, comme on disait jadis, ami jusqu'aux autels, et même un peu en deçà. Et telle est bien, en effet, la limite de Mme de Staël ; elle n'a point oublié le conseil de sa mère, lui recommandant de très bonne heure « de faire sa cour à cette bonne *raison* qui sert à tout et ne nuit à rien. » Mme de Staël, en 1800, c'est bien le XVIIIe siècle, mais c'est le XVIIIe siècle des grandes espérances, des grandes

fiertés, des grandes bontés, non des bassesses, des
audaces et des chimères ; le xvIII° siècle de Montesquieu, de Vauvenargues, de Voltaire un peu, par le
côté humain et pitoyable, de Diderot nullement, de
Rousseau pour ce qui est tendresse, effusion romanesque, rêve d'une humanité meilleure, des salons aussi
(et nonobstant), de la sociabilité extrême et des entretiens spirituels ou sublimes ; le tout traversé par la révolution comme par un orage, attendri et mouillé de
pitié, et plié peu à peu, de plus en plus, à « aller quelquefois au fond de tout, c'est-à-dire jusqu'à la peine. »

II

MADAME DE STAEL AVANT « L'ALLEMAGNE. »

C'est ici qu'il faut s'arrêter un instant et considérer
Mme de Staël héritière et dépositaire seulement du
xvIII° siècle, Mme de Staël avant l'empire et avant
l'*Allemagne*. C'est ici qu'est le fond permanent de sa
pensée, plus tard modifiée et enrichie. Mme de Staël, à
cette époque, qui va de la *Littérature* (1800) à *Delphine*
(1802) et un peu jusqu'à *Corinne* (1807), semble comme
partagée entre une idée et un sentiment, dont l'une
est consolante et fait sa joie, l'autre douloureux et
lourd à son âme. Elle mettra l'une dans ses théories,
l'autre dans ses romans.

L'idée est celle du progrès et du progrès par les
lettres. Le sentiment est celui de la misère humaine, et
surtout de la misère qui suit les grandes âmes dans
leur recherche ou du bonheur ou de la gloire.

Illisibilité partielle

Tous les maîtres de Mme de Staël retrouveraient là leurs leçons. Car si le XVIIIe siècle presque tout entier a cru au progrès social par l'influence de la littérature, Rousseau, qui n'y croit point, se reconnaîtrait dans ce sentiment amer de l'isolement d'un grand cœur au milieu du désert humain.

De sorte, pourra-t-on dire, que la pensée de Mme de Staël repose sur une idée et un sentiment dont le concours est une contradiction ? — Non pas, peut-être ; car rien ne s'allie mieux qu'un fond de pessimisme à une foi, religieuse ou autre. L'amertume des sentiments, étant une protestation contre un certain ordre de choses, n'est souvent qu'un appel à un ordre meilleur, et il est difficile qu'il y ait appel sans qu'il y ait confiance. Mme de Staël sent que les âmes nobles sont malheureuses : il suffit qu'elle espère qu'il en sera de moins en moins ainsi, pour que non seulement elle persiste en ses idées de progrès, mais s'y attache encore et les aime, d'autant plus qu'elle les croira réparatrices, plus opiniâtre à croire à ce qui promet un grand avenir à mesure qu'elle trouvera plus triste le présent. Mais, pour cela, il faut que la théorie du progrès soit une croyance en effet et une foi ; car, si elle n'était qu'une considération, elle courrait risque d'être ruinée vite par le sentiment différent, sinon contraire, qui vit auprès d'elle. C'est bien une religion, chez Mme de Staël, comme chez Condorcet, que le progrès continu de l'humanité éternellement éclairée par les écrivains, les poëtes, les philosophes, les « esprits penseurs. »

Cela se voit au ton et à la méthode de son livre de la *Littérature*. Ce livre n'est pas autre chose qu'une apologétique. On y sent, comme dans quelques-uns des ouvrages de ce genre, une conclusion qui a précédé la recherche, et le double soin d'entasser tout ce qui est favorable à cette conclusion et de négliger le reste. Trois idées dominent tout l'ouvrage : les littératures sont l'expression et aussi les ferments d'activité morale des sociétés ; — le progrès existe, venant des littératures, et revenant à elles aussi, du fond de la conscience nationale, en telle sorte qu'il n'y a pas un siècle qui ne soit supérieur au précédent ; — les lettres fondent la liberté et elles en vivent.

Tout cela est, certes, bien contestable, peu prouvé jusqu'à présent par les faits. On n'a pas vu très nettement jusqu'ici que les grandes époques littéraires fussent les grands siècles de liberté politique, et tout au plus peut-on dire que ce n'est pas le contraire qui est le vrai. Le progrès de la littérature à travers les siècles est infiniment difficile à observer avec certitude. Il y a là des progrès partiels, des arrêts et des reculs qui ne laissent point de dérouter les esprits un peu timides.

Enfin, il paraît plus assuré que les littératures expriment le tour d'esprit des nations, et si elles l'expriment, il n'est pas douteux qu'elles ne le créent, comme par un contre-coup. Ainsi que dans l'esprit de chacun de nous, l'expression naît de l'idée, mais à son tour donne à l'idée conscience d'elle-même, fait qu'elle vit et peut produire au lieu de rester incertaine et inféconde, de même si une littérature exprimait réellement l'âme d'un peuple, ce ne serait pas trop de dire qu'elle ne serait point autre chose que cette âme même, et le principe de vie qui animerait tout.

— En est-il ainsi ? En vérité, on sait. Voit-on si nettement la réforme sortir de la renaissance et la révolution française du XVIII° siècle ? Pour ce dernier cas, on croit être bien sûr du rapport de cause à effet, et c'est bien pour cela que Mme de Staël est si ferme en sa théorie. Mais comme on hésite quand on songe au divorce continuel qui existe entre la haute littérature d'un pays et celle dont le peuple s'inspire ! N'est-il point vrai que, dans tous les ordres de la pensée, dès qu'on parle au peuple, ce n'est pas un secours d'être grand philosophe, grand poète, romancier supérieur, politique instruit, mais une gêne ? On dit, et l'argument est sérieux : la pensée pure s'élabore en effet dans quelques cerveaux d'élite, mais elle descend, un peu plus compacte, sous une forme plus vulgaire, à travers les intelligences intermédiaires, jusqu'au peuple proprement dit, qui en fait sa substance morale. — Mais cette pensée, ainsi altérée de proche en proche, n'arrive-t-elle point à son dernier terme tellement différente de soi qu'elle n'en est plus que le contraire ? Je veux que la révolution soit la pensée de Voltaire, et, en vérité, il n'est pas impossible ; mais ce sera l'idée de la tolérance tellement changée en voyage qu'elle sera devenue à son arrivée la passion intolérante la plus absolue. Je veux que la révolution soit la pensée de Rousseau, et notez que je ne suis pas si éloigné de le croire ; mais, encore qu'il procède du *Vicaire savoyard*, Robespierre est tellement différent de ce que peut-être il a été en son origine, que Rousseau n'en est plus responsable. — Et enfin s'il y a dans l'effet tant de parties qui n'étaient point dans la cause, la cause est-elle cause encore ? On ne sait.

On ne sait, et c'est bien l'inconvénient de ces théories si générales. On sent qu'elles « ont du vrai », et la pire manière d'être faux, c'est d'avoir du vrai. Le faux absolu serait moins grave ; car, « marque certaine d'erreur, il le serait de vérité. » Dieu nous donne le faux absolu !

Ce qui trompe Mme de Staël, et en a trompé bien d'autres, c'est que, comme ces autres, elle ne regarde qu'une fraction assez restreinte de l'humanité, ou simplement de la nation. Le mot « société » est pris par elle dans son sens étroit, et puis, sans qu'elle y prenne garde, au cours de son exposition, étendu indéfiniment. Qu'un Voltaire soit l'expression du monde des gens de lettres qu'il inspire et dont il s'inspire, cela est si vrai que c'est un peu trop incontestable ; et pour un homme qui verra dans ce monde-là un peuple tout entier, qui dira de lui, comme Saint-Simon disait de Versailles : « Toute la France », que Voltaire soit la France même, cela s'explique. Mais de là à une loi historique, comme il y a loin, et comme je vois peu Sénèque résumant en lui le monde romain du Ier siècle !

Les idées générales de la *Littérature* étaient donc, sinon maîtresses d'erreur, du moins lumières douteuses. Elles ont mis Mme de Staël sur la voie de quelques vérités, et aussi de quelques jugements qui étonnent. Surtout elles mèneraient, si on les maintenait toutes de front, et si l'on n'avait pas soin d'oublier à propos celle qui est gênante, à des conclusions opposées sur une même affaire. Par exemple, le siècle de Périclès doit être inférieur au siècle d'Auguste en tant qu'antérieur, et il doit l'emporter singulièrement sur le siècle d'Auguste en tant qu'époque de liberté. Cela fait une difficulté, ou une trop grande facilité, laissant le choix libre. Je décide ici en faveur du siècle libre ; mais ce n'est peut-être pas par libéralisme.

Ces principes impérieux ont un autre inconvénient : ils mettent en défiance. On craint toujours que tel jugement ne soit porté que pour satisfaire le système. On serait plus sûr que Mme de Staël met réellement

Montesquieu au-dessus d'Aristote, si l'on savait qu'elle n'a aucune raison de préférer l'un à l'autre, sinon qu'elle le préfère.

Ai-je besoin de dire que Mme de Staël est une intelligence trop vive et un esprit trop libre pour ne point sentir elle-même que son système ne rend point compte de tout, et qu'il ne faut pas le prendre en toute rigueur ? Elle ne l'abandonne point, mais elle le réduit peu à peu et en change les termes. Elle finit par laisser entendre que cette loi du progrès ne s'applique bien exactement qu'à la littérature philosophique. Cela la force bien encore à faire des Romains, qui, décidément, sont gênants, de plus grands philosophes que les Grecs ; mais enfin, ainsi amendée, la théorie prend un plus grand air de vraisemblance, et s'il est difficile de soutenir longtemps que les écrivains artistes des temps modernes sont supérieurs aux anciens, il l'est moins d'assurer que les « esprits penseurs » sont plus nombreux et plus grands peut-être à mesure qu'on avance dans l'histoire de l'humanité.

— Mais, cependant, le moyen âge ? — Voilà précisément comment l'esprit systématique, s'il égare quelquefois, met parfois aussi sur la trace d'une découverte. On devrait se faire un système, avec le ferme propos de profiter de tout ce qu'il nous ferait trouver de raisonnable, et la résolution arrêtée de l'abandonner dès que ses conclusions paraîtraient suspectes à notre sens intime. Il *fallait*, d'après les principes, que la pensée humaine n'eût pas sommeillé pendant le moyen âge. Mme de Staël l'affirme d'après les principes, sans essayer de le prouver par les faits. Il n'en est pas moins vrai qu'elle a raison, et que tout ce que nous apprend l'érudition moderne va à confirmer ce qu'elle affirme. Préoisément, en ces siècles obscurs, c'est l'art qui a décliné, mais c'est la pensée qui a marché, et plus on ira, plus on reconnaîtra sans doute que c'est la philosophie du moyen âge qui est la vraie gloire littéraire de cette époque. Le système de Mᵐᵉ de Staël ne laissait pas quelquefois de rencontrer juste.

Mais que pense-t-elle du grand fait moral qui sépare l'antiquité des temps modernes et fait de l'une et l'autre époque comme des mondes différents? Il me semble qu'elle ne voit pas encore aussi profondément qu'elle fera plus tard la révolution morale que le christianisme a consommée. Je ne vois point qu'elle dise nulle part, elle si bien faite, avec ses idées individualistes, pour le comprendre, que c'est le christianisme qui a presque créé la dignité personnelle, l'autonomie individuelle, le « droit de l'homme », faisant une doctrine de ce qui n'était avant lui qu'un sentiment, et un sentiment aristocratique. La première institution qui ait séparé l'Église de l'État, c'est le christianisme, et dès que quelque chose a été séparé de l'État, l'individu a existé. Mᵐᵉ de Staël n'en est pas encore à voir nettement ce point.

Mais comme elle sent bien le caractère sérieux du christianisme, sa grande tristesse, qui est le signe, sinon de sa vérité, du moins de sa profondeur, n'y ayant pour l'homme ni sentiment ni idée profonds qui ne soient tristes ! et comme elle voit bien à quoi tient cette tristesse infinie, à savoir à ce que, pour la première fois, le christianisme a mis l'homme tout seul, sans appui et sans prestige consolateur, en face de l'idée de la mort : « La religion chrétienne, la plus philosophique de toutes, est celle qui livre le plus l'homme à lui-même... Assez rapprochée du pur déisme, quand elle est débarrassée des inventions sacerdotales, elle a fait disparaître ce cortège d'imaginations qui environnaient l'homme aux portes du tombeau. La nature, que les anciens avaient peuplée d'êtres protecteurs qui habitaient les forêts et les fleuves et présidaient à la nuit comme au jour, *la nature est rentrée dans la solitude, et l'effroi de l'homme s'en est accru.* »

Si l'on s'écarte des théories pour ne regarder, en ce livre, qu'à l'impression d'ensemble et aux jugements auxquels l'esprit de système paraît étranger, ce qui frappe, c'est le goût de Mme de Staël pour toute la littérature *à idées*, et son intelligence moindre, il faut le dire, de tout ce qui, dans les lettres, est art pur. Bien fille du XVIIIe siècle en cela encore (et *jusqu'à présent*), on voit qu'elle fait quelque effort à comprendre la poésie, surtout la poésie antique, c'est-à-dire la poésie artistique par excellence. Sa préférence pour les Romains comparés aux Grecs tient à cela, et non pas seulement à son système. Ses éloges de Sophocle et d'Euripide sont peu émus ; ils ont quelque chose d'officiel, et, du reste, ne l'empêchent point de préférer hautement la tragédie française à la tragédie grecque, ce qui est bien aventureux. Elle ne s'aperçoit pas qu'Aristophane est un grand artiste. La Grèce, évidemment, lui échappe. Les inventeurs du beau ne lui paraissent guère autre chose que des enfants aimables.

Elle est un dernier exemple de l'incapacité du XVIIIe siècle à sentir le grand art. Elle confirme dans l'esprit du lecteur cette idée que l'esprit de la Renaissance, après avoir animé deux siècles, a perdu, pour ainsi dire, sa force, s'éteint et s'épuise de 1715 à 1820, n'inspire plus que des admirations froides ou de plus froides imitations. André Chénier n'est point un précurseur, c'est un retardataire, ou plutôt un isolé. Il est bien temps qu'un esprit nouveau vienne, qui n'a point encore soufflé.

En veut-on une preuve ? Le chapitre le plus beau de la *Littérature* est le chapitre sur Shakespeare. Mme de Staël comprend très bien ce génie du Nord. Cette immense pitié que Shakespeare remue jusqu'au fond de nos âmes, « cette pitié sans aucun mélange d'admiration pour celui qui souffre » et qui va tout droit à l'homme misérable, parce qu'il est misérable, et parce qu'il est homme ; et aussi cette présence perpétuelle de la mort, la sensation de ce voisinage et de cette imminence redoutable, qui est, en effet, dans tout le théâtre tragique de Shakespeare comme une impression physique, comme un froid ; tout cela est très fortement senti par elle, et c'est comme avec terreur qu'elle salue en quelques pages très fortes le roi des épouvantements.

A réfléchir sur ce livre, cette idée se fait peu à peu qu'en 1800 Mme de Staël n'a plus qu'un goût d'habitude pour l'art classique, où elle n'entre point, songe vaguement à un art nouveau, qu'elle ne voit point encore, et en attendant préfère les philosophes aux artistes. C'est ainsi qu'elle met le XVIII° siècle au-dessus du XVII° siècle ; c'est ainsi qu'elle estime que « la littérature d'imagination ne fera plus de progrès en France », idées fausses et dont nous reparlerons plus tard, même avec elle, mais qui prouvent que, si elle ne voit pas encore le renouvellement, elle voit bien la fin de ce qui se meurt. C'est ainsi qu'elle observe, très finement, que le *bon goût*, le goût des salons au XVIII° siècle, « finissait par user la force », et que ce bon goût disparaît, n'est déjà plus, et que, dans certaine mesure, cela peut être un bien. — Livre très curieux, qui, comme tous ceux de Mme de Staël, marque lumineusement un *moment*, celui où le XVIIIᵉ siècle, sur son déclin, ne comprend plus l'art antique, ne tient plus au sien, garde et chérit ses idées philosophiques, qu'il sent autrement fécondes, et, pour ce qui est d'un art nouveau, interroge, cherche, doute, attend.

Pour son compte, Mᵐᵉ de Staël eût moins cherché, si elle avait été, de nature, un grand artiste. Elle ne l'était point. De nature elle l'était peu, sans doute, et nous avons vu que son éducation était peu faite pour développer en elle les puissances artistiques. Son invention s'était toujours appliquée aux idées, aux théories, aux systèmes. C'était sa pensée qui avait de l'imagination. Mais, avec cela, son cœur était romanesque ; elle était sensible, c'est-à-dire qu'elle avait le besoin d'aimer et le besoin de souffrir. Elle fit des romans.

Elle en avait toujours fait, presque depuis son enfance. C'étaient alors des histoires très insignifiantes, moitié effusions de l'âge naïf, moitié exercices de style d'une jeune personne très intelligente qui a lu la *Nouvelle Héloïse*. Dans sa maturité, elle écrivit deux œuvres qui comptent : *Delphine* et *Corinne*. Ce sont bien les œuvres d'imagination d'une femme très sensible, très fine aussi et bon moraliste, très ingénieuse encore dans le maniement adroit d'une intrigue, mais qui n'a d'imagination que dans les idées. Mᵐᵉ de Staël a le génie inventif et non le génie créateur. Marque infaillible, et qui s'applique à bien d'autres qu'à elle, elle ne sait peindre qu'elle-même. Delphine c'est elle, Corinne c'est elle, et retranchez Corinne ou Delphine, il n'y a personne qui soit vivant dans ces romans. On peut s'étonner que les hommes aimés qu'elle a placés dans ces livres soient si conventionnels. Ils le sont absolument. Il est difficile d'être quelconque autant que Léonce, à moins qu'on ne soit

Oswald. Ce sont tout à fait des jeunes premiers, chacun avec un défaut, ou plutôt une manie destinée à former obstacle au bonheur et à amener la catastrophe, mais manie qui semble ajoutée après coup et ne fait point très logiquement partie de leur caractère ; du reste d'une noblesse convenue, d'une distinction vague et d'une idéalité abstraite. J'ai dit qu'on pouvait s'étonner que ces personnages soient si peu des portraits. La chose est naturelle au contraire. C'est son rêve avec ses souffrances que M⁽ᵐᵉ⁾ de Staël met dans ses romans. D'où il suit que de ses souffrances elle fait un personnage très réel et vivant, qui est elle-même, et de son rêve un personnage idéal qui reste de son pays, c'est-à-dire des nuages.

Ces romans sont des effusions, des demi-confidences, quelque chose comme des romans lyriques. Si nous nous y intéressons peu, c'est que nous y cherchons autre chose. Mais songez que les contemporains en ont été comme étourdis et fascinés. C'est eux qui avaient raison. Ils y cherchaient ce qui y est : la peinture des douleurs et le rêve de bonheur d'une femme célèbre, et ils en suivaient les vicissitudes avec un intérêt passionné jusqu'à la catastrophe, toujours tragique.

Prises ainsi, ces œuvres sont singulièrement attachantes. Une profonde tristesse y règne, qui n'est point jouée, et à mesure qu'on avance, une sorte d'inquiétude, d'anxiété nerveuse et d'agitation tremblante dans la poursuite du bonheur, qui sont d'une grande vérité et infiniment dramatiques. Ce sentiment général que la distinction et la supériorité morale (*Delphine*), que la distinction et la supériorité intellectuelle (*Corinne*) ne sont pour tous, et surtout pour la femme, que des conditions d'infortune ; ce sentiment aussi que mieux vaudrait le bonheur obscur et tout simple que tant d'heureux dons qui vous font plus admirée que chérie ; cette sorte de colère enfin contre l'iniquité d'un tel sort, ces voyages, ces courses fiévreuses, ces poursuites du bonheur qui fuit, Corinne en Angleterre, Delphine en Allemagne, départs subits, arrêts, retours, images des agitations d'un cœur ardent et inapaisé ; tout cela est bien vivant et individuel, sent la confidence et presque la confession, fait entendre, tout proche, le battement du cœur. C'est du Rousseau plus délicatement senti que par Rousseau lui-même, du Rousseau aussi passionné, aussi inquiet et moins orgueilleux, aussi attendri sur soi-même, mais plus tendre aussi, d'une pitié ouverte et répandue, qui va à tout ce qui souffre.

Ajoutez-y des personnages épisodiques qui sont intéressants à un tout autre égard. Ils ne sont pas vivants, mais ils sont vrais. Il y a bien des personnes dans M⁽ᵐᵉ⁾ de Staël : à côté de la femme romanesque et passionnée, il y a un moraliste très pénétrant, sinon très profond, très avisé et d'œil très ouvert, un élève des *Lettres persanes* autant que de la *Nouvelle Héloïse*, qui a su bien saisir quelques *caractères* de la société de son temps et qui les a placés dans ses romans. Diplomate dépouillé par son office de toute personnalité, femme d'intrigues tranquille et patiente dont les nonchalances sont les plus grands artifices, dévote d'esprit étroit qui a remplacé toute inspiration du cœur par une sorte de code moral et qui ferait haïr le devoir : ces personnages sont tracés d'un dessin très net ; mais ils ne sont pas animés et respirants. Ils sont très fortement *pensés*, ce qui dans un drame ne suffit pas. Ce sont des personnages de La Bruyère. Un être vivant, qui est elle-même, un être de convention qui est l'homme aimé, des êtres vrais mais sans vie, ce qui revient à dire qu'ils sont exacts plutôt que vrais, c'est de quoi se composent ces romans, où, tout compte fait, le seul personnage intéressant, mais infiniment celui-là, est l'auteur.

La composition en est habile plutôt que forte. Mme de Staël ne sait point tirer des héros eux-mêmes, du choc de leurs passions naturellement en jeu et en acte, les péripéties de ses aventures. Ce qu'elle sait très bien, c'est combiner des incidents vraisemblables, les faire concourir à propos pour nouer, dénouer et renouer les fils délicats d'une trame légère, mais suffisamment solide et résistante. L'écheveau s'embrouille et se débrouille aisément et rapidement sous ces mains adroites et fines, et l'on prend plaisir à suivre sans fatigue cet élégant et un peu menu travail de femme.

Toutes ces observations se ramènent à dire que tout ce qui est vie morale puissante (à excepter celle de l'auteur) manque à ces œuvres, et que toutes les autres qualités de l'excellent romancier s'y trouvent. Tout à l'heure nous croyions voir que Mme de Staël, analysant en critique les littératures grecque, latine et française, n'avait pas complètement senti le grand art, et maintenant nous en venons à soupçonner que c'est peut-être parce que la faculté maîtresse du grand artiste lui manquait.

III

MADAME DE STAEL APRÈS « L'ALLEMAGNE ». — SA PHILOSOPHIE.

Et voilà que les choses semblent changer. Ce sentiment artistique, que Mme de Staël paraît ne pas avoir, elle va le trouver. L'originalité de la pensée littéraire, philosophique, politique, elle va l'acquérir et la montrer. L'élève, indépendant déjà, mais enfin l'élève du XVIII° siècle français, va, sinon disparaître, du moins reculer au second plan ; une Staël nouvelle va paraître.

Ce n'est point que les choses aient changé en effet ; il n'y a point eu volte-face, mais renouvellement et enrichissement de cette forte nature par la mise en liberté et en acte de certains germes qui y sommeillaient à demi. Deux grandes causes ont renouvelé l'esprit de Mme de Staël : l'Empire et l'Allemagne, les épreuves qu'elle a eues à souffrir de l'un et la découverte qu'elle a faite de l'autre.

Elle doit à Napoléon Ier d'avoir su d'une manière plus sûre et plus nette ce qu'elle était. Rien de tel pour nous définir à nous-mêmes que nos répugnances. Comme nous tendons à nous absorber dans ce que nous aimons, nous prenons conscience de nous-mêmes dans ce que nous ne pouvons pas souffrir. Mme de Staël a pris tant de plaisir à être différente de Napoléon, qu'elle a comme confirmé et fortifié sa personnalité dans cette haine. Tout son caractère et toutes ses idées générales ont trouvé un point d'appui dans cette résistance, et dans ce point d'appui le soutien d'un plus grand essor.

Il détestait les idées et les théories, ne voyait dans le monde que des faits et des états de faits, des forces et des calculs de forces : elle était idéologue ; elle le sera davantage. — Il était césarien de naissance et de tour d'esprit, ne voyant dans les hommes que des pièces de la grande machine sociale, qui ne devaient avoir ni droit, ni initiative, ni presque de personnalité, mais une fonction subordonnée à l'ensemble et déterminée par l'ensemble : elle était individualiste et libérale ; elle le sera plus encore, et, de plus en plus, persuadée du caractère auguste et sacré de la personne humaine, convaincue que la nation est plus forte du jeu libre des intelligences isolées que du concert forcé et factice des énergies disciplinées, allant très avant dans ce sens, jusqu'à diminuer l'état, jusqu'à n'avoir point une idée très nette, ou du moins un sentiment très fort de la patrie ; jusqu'à croire, ce qui peut mener un peu loin, « qu'on ne se trompe guère en étant toujours du côté du vaincu. »

Il aimait encore moins le sentiment que les idées : elle va faire au sentiment une place plus grande encore qu'auparavant dans ses idées et ses théories ; s'éloigner en cela de ses maîtres, en chercher, en trouver d'autres ; développer en elle des instincts qui n'étaient point sans avoir déjà une grande force, mais auxquels jusqu'alors elle n'avait cédé qu'à demi. — Il n'était ni philosophe ni artiste : elle s'enfoncera, s'absorbera avec bonheur dans la contemplation et l'étude des philosophes les plus audacieux, les plus confiants, les moins attachés à la terre ; et aussi se plaira à découvrir, à étudier, à faire pénétrer en elle l'art où il y aura à la fois et le plus de sentiment et le plus de philosophie. —

— Il n'est pas jusqu'à l'Angleterre, qu'elle aimait déjà comme élève de Montesquieu, qu'elle n'aime davantage et d'un goût plus indiscret, comme ennemie de Napoléon. — Elle doit beaucoup à ce grand homme : il lui a donné comme une impulsion nouvelle, par l'ardeur à s'éloigner de lui qu'il lui inspire.

Ceci est tout négatif. Mais, poussée encore par ses sentiments à l'égard de Bonaparte, Mme de Staël s'éprend de l'Allemagne. L'influence ici fut directe, et elle fut profonde. Elle agit sur Mme de Staël tout entière, sur sa conception de l'art, sur sa conception de l'âme, sur sa conception de la vie.

Je dirai peu de chose du livre de l'*Allemagne* considéré comme étude du caractère et des mœurs du peuple allemand. Un Français du temps où nous sommes est toujours gêné en cette affaire, et n'a toute la liberté de ses sentiments ni à approuver Mme de Staël ni à la contredire. Un critique qui n'aurait ni l'honneur d'être Allemand ni le désavantage d'être Français n'attacherait peut-être pas une très grande importance à cette partie de l'ouvrage, et dirait peut-être :

« Mme de Staël a eu tout le temps de bien lire et de bien entendre les philosophes et les poètes allemands ; mais elle n'a eu nullement le loisir d'étudier les mœurs allemandes, et comme elle se connaissait en romans, elle en a fait une idylle, qui est charmante. Il y a à cela plusieurs raisons : la première est qu'elle y a séjourné peu de temps ; la seconde est que, sans y prendre garde, elle a un peu écrit ce livre comme Tacite les *Mœurs des Germains*, avec une intention obscure de satire ou du moins dans un esprit de critique à l'endroit de la France telle que l'empire l'avait faite. — Il ne faut même pas dire absolument : telle que l'avait faite l'empire. Mme de Staël a toute sa vie été partagée entre l'amour de la société française, brillante, polie, spirituelle, et une certaine impatience à l'égard de cette même société française, brillante, spirituelle et railleuse. Il y a une foule de protestations, dans le livre de la *Littérature*, contre « l'esprit moqueur » des Français, si desséchant, si destructeur de la sensibilité et de l'expansion. La sentimentalité et la bonhomie superficielle des Allemands devaient séduire une personne qui n'a guère eu le temps de creuser et d'aller au fond. On peut se tromper à ces choses, certaines gens mettant leur bonté au dehors et d'autres la retenant au dedans. Ce n'est qu'une différence de place et pour ainsi dire d'aménagement; mais, pour qui juge vite, cela peut tromper sur le fond des choses. L'Allemagne, au sortir des salons de Paris, et à un moment où elle avait peu à se louer de la France, a été pour Mme de Staël la *petite ville* de La Bruyère, laquelle est infiniment séduisante. On ne peut pas savoir si, à y séjourner plus longtemps, elle n'eût pas désiré d'en sortir. »

— Je suis à peu près de l'avis du critique anglais ou américain que je suppose. — Et encore je ferai remarquer que Mme de Staël n'a pas été si aveuglée par toutes les raisons que, d'après lui, elle avait de l'être. Elle est bien un peu désobligée quelquefois par cette affectation contraire à celle des Français, qui consiste à jouer le sentiment comme nous en jouons l'absence, qui « s'exalte sans cesse » et qui « fait de la coquetterie avec de l'enthousiasme, comme nous en faisons avec de l'esprit et de la plaisanterie. » — Il faut croire que, par tout pays, il est bien malaisé d'être simple.

Mais cette vue générale des Allemands occupe beaucoup moins de place dans l'ouvrage même que dans les préoccupations du Français ou de l'Allemand qui le lisent. Ce qui a captivé surtout Mme de Staël, ce sont les grands esprits de l'Allemagne, les livres allemands, et la philosophie, et l'art, nouveaux pour elle, qu'elle y a trouvés. Les erreurs de détail sont nombreuses. Mais, du premier coup, les grandes lignes ont été saisies et marquées d'un trait vigoureux. Elle entrait dans l'Allemagne poussée par un vif désir d'échapper au monde de la force brutale, du calcul froid, et aussi de la légèreté moqueuse. Comme toujours, elle envoyait ses passions à la conquête de ses idées. La prise, cette fois, fut heureuse, et elle trouva qui lui répondit.

Une philosophie qui n'avait rien de la psychologie exacte et nette, mais sèche et bornée de la philosophie française du même temps ; une philosophie audacieuse et aventureuse, visant à l'universel, prétendant expliquer l'énigme du monde, ou tout au moins embrasser le monde tout entier dans le plan de ses systèmes et l'échafaudage de ses constructions ; profondément idéaliste, toujours portée, quelque route du reste qu'elle prenne, à voir les faits et les choses à travers une idée, et à absorber et dissoudre choses et faits dans une pensée pure ; toute soulevée d'imagination et toute échauffée de sentiment, et mettant toujours beaucoup d'imagination dans la raison, et très disposée à en appeler de la raison froide au sentiment exalté ; constamment pénétrée du reste, et sans humilité, de la dignité humaine, de la grandeur de l'esprit humain, de la supériorité d'une pure et grande pensée humaine sur tout ce qui l'opprime, la gêne ou la contredit ; une philosophie de métaphysiciens subtils, de sages romanesques et de rêveurs généreux : voilà ce qu'elle rencontra, ce qui l'attira, l'enchanta et la ravit.

C'était elle-même, pensée par plus grands qu'elle. C'était son goût de la grandeur humaine ; c'était son imagination hardie dans le maniement des idées ; c'était son désir d'élever les points de vue et d'élargir les horizons ; c'était son cœur aussi, son besoin de foi forte et de croyances généreuses, et comme une permission à elle donnée par des philosophes de faire passer ses sentiments dans ses idées.

Et c'était, remarquons-le, c'était encore, en une façon, son XVIII° siècle. Cette audace à tout remettre en question, comme si l'on était à l'origine du monde, ce goût des systèmes généraux et des théories universelles, ce grand travail *ab integro,* cette table rase et par dessus l'explication de l'univers ; cette recherche d'un nouveau fondement, morale, sentiment, idée pure, sur lequel on va reconstruire, de toutes pièces, l'humanité, et plus encore ; c'était la témérité séduisante, « subtile, engageante et hardie » de ces recommencements que les hommes prennent toujours pour des renaissances, et pour des naissances même ; c'était, non point l'esprit, mais la démarche, l'élan, le transport de fierté naïve des philosophes du XVIII° siècle ; c'était le XVIII° siècle, mais le XVIII° siècle allemand, plus sérieux, plus méditatif, plus contemplatif, et plus sentimental, et plus rêveur, et plus moral, celui qui, par tout ce qui était en lui, s'accommodait mieux à la nature de Mme de Staël, celui qu'elle devait avoir confusément rêvé à travers l'autre.

Aussi elle s'y jeta de tout son courage. Très librement, ne s'astreignant à aucun système, prenant de chacun ce qui agréait à son esprit et à son cœur, et, au besoin, corrigeant Kant par Jacobi, elle se fit un ensemble d'idées qui à la conception du devoir pour fondement, qui admet le libre arbitre, la spiritualité de l'âme, la vertu comme une force particulière à l'homme, et l'immortalité de l'âme comme une conséquence logique de tout cela.

Elle tient à ce dernier point, ne veut pas croire que la croyance aux récompenses futures soit un retour à la morale de l'intérêt, pense que « l'immortalité céleste n'ayant aucun rapport avec les peines et les récompenses que l'on conçoit sur cette terre », et le compte qu'on fait sur le salaire de là-haut n'étant pas autre chose que le sacrifice d'un bonheur actuel que l'on sent à un bonheur rêvé qu'on espère, c'est-à-dire d'une jouissance à une idée, « les prémices de la félicité religieuse sont le sacrifice de nous » et la forme même de l'absolu désintéressement.

Se ramenant toujours à ces quelques idées fondamentales, elle aimait tous les systèmes allemands dans ces idées, se plaisant à ce qui les rapproche et s'embarrassant peu de ce qui les divise, et résumait sa pensée philosophique dans cette belle vue d'ensemble : « Que l'un croie que la divinité se révèle à chaque homme en particulier, comme elle s'est révélée au cœur humain, quand la prière et les œuvres ont préparé le cœur à les comprendre ; qu'un autre affirme que l'immortalité commence déjà sur cette terre pour celui qui sent en lui-même le goût des choses éternelles ; qu'un autre croie que la nature fait entendre la volonté de Dieu à l'homme, et qu'il y a dans l'univers une voix gémissante et captive qui l'invite à délivrer le monde et lui-même en combattant le principe du mal ; ces divers systèmes tiennent à l'imagination de chaque écrivain... Mais la direction générale de ces opinions est toujours la même : affranchir l'âme de l'influence des objets extérieurs, placer l'empire de nous en nous-mêmes, et donner à cet empire pour loi le devoir, pour récompense une autre vie. »

— Mais c'était là, ou bien peu s'en faut, un acheminement ou un retour vers le christianisme ? — C'était à la fois y aller et y revenir. Au fond de l'âme, Mᵐᵉ de Staël avait toujours été chrétienne. Un christianisme très indépendant, et, reconnaissons-le, très hétérodoxe, un christianisme de raison et non de foi, détaché et dégagé des dogmes, et, il me semble bien, à peu près exactement le christianisme du *Vicaire Savoyard*, mais enfin un christianisme, avait toujours été sa pensée de derrière la tête. On le trouvait déjà, nous l'avons vu, dans la *Littérature*, en 1800. C'est là qu'elle se demandait, ce qui n'est point une question frivole, « quel système philosophique » réunirait et contiendrait dans une opinion commune les vainqueurs et les vaincus de 93, comme le christianisme avait réuni le monde latin et le monde barbare. Chateaubriand n'avait peut-être pas lu d'assez près ce passage quand il se donnait comme voyant Jésus-Christ partout, et Mᵐᵉ de Staël comme ne le voyant nulle part. — De même dans *Delphine* la chrétienne protestante s'était révélée tout à coup, et même, à mon gré, avec un peu d'indiscrétion (mort de Mᵐᵉ de Vernon).

Dans l'*Allemagne*, la pensée chrétienne l'attire de plus en plus. Elle y est amenée par le goût invincible qui est en elle « de ne point séparer les sentiments des idées. » Méditant sur l'*impératif* de Kant, elle voit très bien que la loi-devoir commandant parce qu'elle commande, et à laquelle il faut obéir sans autre raison de lui obéir sinon qu'elle commande sans donner aucune raison, n'est qu'une dernière idée théologique ; que c'est un Dieu placé en nous. Mais du moment qu'il est placé en nous, il est bien difficile de le faire parler comme une pure loi, froide, abstraite et sans accent. S'il doit nous parler ainsi, la vérité est qu'il ne nous parlera point. S'il nous parle, et, dans la pratique, nous l'éprouvons assez, ce sera par la voix du sentiment, avec un cri d'indignation, ou de tendresse, ou de fierté. En appeler, en dernier recours, à la voix de la conscience, quelque précaution qu'on prenne et quelque effort qu'on fasse pour séparer la sensibilité de la morale, c'est toujours en appeler au sentiment. Faire quelque chose pour l'impératif, c'est toujours faire quelque chose pour l'amour de Dieu. Or l'amour de Dieu, ce n'est pas tout le christianisme, mais c'en est bien le fond.

C'est précisément celui de Mme de Staël. Elle unit étroitement l'idée du devoir au sentiment dont l'idée du devoir s'accompagne : « Celui qui dit à l'homme : trouvez tout en vous-même, fait toujours naître dans l'âme quelque chose de grand *qui tient encore à la sensibilité même dont il exige le sacrifice.* » C'est à cette loi du devoir devenue passion du devoir qu'elle se confie, qu'elle croit qu'il faut se confier. Elle arrive ainsi à une doctrine religieuse qui nous la montre bien telle que nous la connaissions déjà, mais comme échauffée à la fois et épurée par les hautes et nobles méditations des philosophes allemands, à « *la religion de l'enthousiasme.* » Écouter la voix du cœur, croire à une révélation perpétuelle de ce Dieu qui est en nous, reconnaître cette révélation à l'exaltation même de l'âme, à la confiance absolue avec laquelle elle écoute et obéit, et maintenir par cette exaltation même une communication éternelle entre nous et Dieu! — Mais cette communication constante, c'est l'esprit même du christianisme ? — Sans aucun doute, répond Mme de Staël, et c'est avec raison qu'un philosophe allemand a dit « qu'il n'y a pas d'autre philosophie que la religion chrétienne »; ce qui veut dire que « les idées les plus hautes et les plus profondes conduisent à découvrir l'accord singulier de cette religion avec la nature de l'homme. »

Voilà qui est formel, et pourtant je ne sais si Mme de Staël est aussi chrétienne qu'elle croit l'être. Quand on y regardera de très près, on en reviendra toujours à reconnaître que le christianisme est obéissance et abandonnement à la voix intérieure, il est vrai ; qu'il admet et appelle le concours du sentiment avec cette voix intérieure, il est vrai encore ; qu'il est aussi amour de Dieu et sacrifice aveugle, sans considération d'intérêt ni contrôle de la raison, à cet amour, d'accord ; — mais qu'il est surtout humilité. — Or ce dialogue entre nous et notre âme, si purifiée soit-elle, c'est une condition de la vie chrétienne, ce n'est pas le christianisme ; parce que ce n'est pas l'humilité. C'est chrétien, ce n'est pas l'état chrétien. Là encore l'amour-propre a son droit et l'orgueil sa prise. C'est un acheminement bien plutôt au mysticisme qu'au christianisme d'un Bossuet ou d'un Pascal. Cette absorption de nous en Dieu, qui est l'effort de tout mysticisme, se ramène toujours à une absorption, je ne veux pas tout à fait dire à un anéantissement, de Dieu en nous-même. Au fond, dans cet état, c'est nous, très pur, que nous adorons. Le christianisme a bien su ce qu'il faisait en plaçant la loi-devoir en Dieu, et Dieu très en dehors et très loin de nous. Il ne faut pas qu'à sentir Dieu en nous-même, nous devenions trop familier avec lui.

Je ne m'égare point en parlant du mysticisme ; car c'est bien au mysticisme que Mme de Staël est arrivée, au moins pour y passer un instant. Son goût pour cet état d'esprit est antérieur à ses dernières années, et ne laisse pas d'être déjà très sensible dans l'*Allemagne*. Son chapitre sur la *mysticité* est bien curieux. On y retrouve ce besoin, éternel chez elle, de « mettre l'amour dans la religion », de faire pénétrer l'idée religieuse, comme toute autre idée, dans un sentiment ; et l'on y voit aussi le grand souci qu'a Mme de Staël de ne pas dissoudre l'activité humaine dans un état d'âme qu'on accuse, non sans apparence, d'engourdir et d'endormir la volonté. Elle assure que le mysticisme ne rend indifférent qu'à ce qui ne vaut pas qu'on le veuille, mais, cette part faite, laisse d'autant plus l'âme active pour la réalisation des œuvres de liberté et de justice. Les deux tendances primitives de Mme de Staël se retrouvent bien là, conciliées comme elles peuvent l'être, besoin de tendresse intime et profonde, dévoûment actif et impétueux aux grands intérêts de l'humanité.

A la vérité elle voudrait tout concilier et tout embrasser, et ces hautes idées spiritualistes et religieuses, elle s'efforce en cent endroits de montrer qu'elles sont les meilleurs auxiliaires et comme le levain de tout ce qui est grand et beau dans l'homme, poésie, art, littérature. Cette fois elle a bien décidément rompu avec le XVIIIe siècle français. Bien des pages de l'*Allemagne* semblent détachées du *Génie du christianisme*, et, notez-le, ont un accent à la fois moins belliqueux et plus convaincu. Mme de Staël n'est pas, comme Chateaubriand, un ennemi du XVIIIe siècle, qui, par une sorte de gageure, remet en honneur, un peu indistinctement et indiscrètement, tout ce que le XVIIIe siècle a méprisé, dans un ouvrage où il y a de la passion et du sophisme, de la grandeur et de la taquinerie, livre puissant conçu dans un esprit étroit ; c'est une fille du xviiie siècle, nourrie de lui, qui a compris tout ce qu'il avait de générosité et d'impuissance, et qui, de cette même ardeur pour le bien de l'humanité qu'elle a puisée en lui, s'élance aux grands sommets de l'âme, y trouve, dans une lumière un peu confuse encore, la foi, l'amour divin, la conscience, l'effusion en Dieu, croit que ce sont là de grandes forces, et ne veut pas renoncer à cette belle part du patrimoine de l'humanité.

Et c'est dans cet esprit qu'elle repousse, qu'elle contient du moins la philosophie du froid calcul et du raisonnement purement utilitaire, s'écriant : « Perfectionner l'administration, encourager la population par une sage économie politique, tel était l'objet des travaux des philosophes ;... la dignité de l'espèce humaine importe plus que son bonheur et surtout que son accroissement : multiplier les naissances sans ennoblir les destinées, c'est préparer seulement une fête plus somptueuse à la mort. » — Et encore : « O Français ! si l'enthousiasme un jour s'éteignait sur votre sol, si le calcul disposait de tout et que le raisonnement seul inspirât même le mépris des périls,... une intelligence active, une impétuosité savante, vous rendraient encore les maîtres du monde ; mais vous n'y laisseriez que la trace de torrents de sable, terribles comme les flots, arides comme le désert ! »

IV

SES IDÉES SUR L'ART.

En même temps qu'une philosophie nouvelle, l'Allemagne révélait à Mme de Staël un art nouveau. Elle comprenait l'art classique, parce qu'il n'était chose qu'elle ne comprît ; mais elle ne le sentait pas très vivement. Elle n'était donc point gênée pour sentir un art tout différent, et pour s'y attacher d'une pleine ardeur ; et précisément cet art qu'elle rencontrait était le mieux accommodé qu'il fût possible à son tour d'imagination et de sensibilité. Un art qui n'avait, en effet, rien de classique, ni de pseudo-classique, une littérature qui n'était ni de seconde ni de première imitation, qui ne devait même ses défauts qu'à elle-même, qui séduisait au moins par son incontestable naïveté, voilà ce qu'elle découvrait du premier regard.

Or le grand charme de Mme de Staël, c'est sa candeur, sa spontanéité. Personne ne fut plus qu'elle d'élan et de premier mouvement, de pleine sincérité, si ce n'est Delphine ; mais cela revient à peu près au même. Elle trouvait devant elle des poètes et des romanciers qui ne voulaient connaître et qui en effet ne connaissaient guère ni « règles » ni « modèles », qui n'imitaient point, ne légiféraient point, et même ne se surveillaient pas beaucoup. Il y eut sympathie, parce qu'il y avait parenté.

Elle entrait peu dans l'art antique, et, partant, tout l'art classique français sorti de la Renaissance, en pleine maturité au XVIIe siècle, et se prolongeant par imitation à travers le XVIIIe, la laissait un peu indifférente. Elle rencontrait une littérature qui n'avait pas eu de Renaissance, trait singulier qui la met à part en Europe ; une littérature qui, après la période d'influence française, influence faible, parce qu'elle n'était qu'une sorte de contre-coup, naissait à proprement parler, prétendait bien, de temps en temps, se rattacher au moyen âge, au fond se cherchait, s'essayait, prenait conscience d'elle en elle-même et s'inspirait de soi. — A tout prendre, en ce qui est art pur, Mme de Staël, sans le même succès, n'avait pas fait autre chose.

Enfin et surtout (car tout ce qui précède n'est que négatif), elle se trouvait en présence d'une littérature qui, sauf exceptions que nous verrons plus tard, était éminemment subjective. Sentiment, imagination, rêve, tout ce que la littérature classique en France, à son déclin surtout, présentait si peu ; tout ce que Rousseau, qu'elle n'oubliait point, lui avait appris, elle le trouvait là à chaque page, à profusion ; et la profusion n'était pas pour lui déplaire.

Les mauvais plaisants disent : « Le fond de l'art des Français consiste à avoir la vue très claire et en éprouver une très grande satisfaction. Le fond de l'art allemand consiste à avoir la vue trouble et à en éprouver une éternelle mélancolie, mêlée d'une certaine fierté. » Il y a du vrai dans cette boutade. Élevés, vers 1550, par des hommes qui mettaient une admirable perfection de forme dans l'expression de sentiments simples ; appliqués tout d'abord à imiter surtout la forme de ces maîtres antiques ; dans ce moule, toujours respecté, versant ensuite des sentiments plus complexes, mais simples encore, et simplifiés par notre goût de l'analyse ; rêvant, tout comme d'autres, mais de nos rêves n'aimant donner au public que le résultat, la formule réfléchie, l'idée où ils aboutissent, et qui, en tant qu'idée, leur ôte leur caractère, les trahit en les traduisant, et, tout en les exprimant, se moque un peu d'eux ; nous avions créé une littérature d'idées générales très nettes, de sentiments puissants très clairs, de peintures de l'homme très profondes et nullement abstraites, quoi qu'on en ait dit, mais assez peu individuelles pour pouvoir être comprises du premier coup par toute l'Europe. En un mot, nous étions classiques, autrement que les anciens et moins qu'eux, mais classiques encore, c'est-à-dire universels.

Nos goûts d'analystes, après notre éducation, en avaient été la première cause. Une autre, et que Mme de Staël a très bien vue, presque trop bien, était que nous ne sommes point des solitaires. Nous n'écrivons point pour nous, mais pour un public. « En France, le public commande aux auteurs. » Nous voyons toujours, en face de nous, le lecteur qui écoute, et nous voulons lui plaire plutôt qu'à nous. Autant dire que nous parlons plutôt que nous n'écrivons. C'est nous imposer la clarté, l'ordre, la suite et la mesure, et au besoin les qualités oratoires ; c'est nous interdire l'épanchement, le rêve, la synthèse aussi, sinon après une série d'analyses, et la contradiction, et la contemplation qui n'aboutit point à une conclusion, toutes choses qui ne sont pas moins que les autres des aspects de la vérité.

C'est nous interdire d'être lyriques et élégiaques ? — Mon Dieu ! à peu près. — Et c'est nous restreindre à être dramatiques et conteurs ? — Mon Dieu ! presque, réserve faite pour les hommes de génie, qui, tout en se conformant aux nécessités de leur temps, savent toujours se tirer d'affaire. Mais il est bien certain que les caractères généraux de notre littérature sont bien ceux-là. Quand Buffon recommande à l'écrivain, comme une règle, de se défier du premier mouvement, il dit mieux que moi tout ce que je viens de dire, et indique bien une des habitudes essentielles de notre art. Et le seul livre où effusion, rêve, contemplations, contradictions, transport lyrique, fond de l'âme, pour tout dire, se trouve jeté sur le papier, pour notre éternelle admiration, c'est les *Pensées* de Pascal, ce qui tient à ce qu'il n'a pas été rédigé.

Les Allemands du temps de Mme de Staël et du temps un peu antérieur, ceux de la *période d'assaut* et de la *période romantique*, ne devaient ou ne voulaient rien devoir à l'antiquité. Ils étaient même en réaction contre leurs classiques, ceux d'entre eux qui avaient dit du bien de l'antiquité, les Lessing et les Winckelmann. Ils étaient d'ordinaire purement subjectifs, point orateurs, point conteurs, peu dramatiques, aimant à suivre, sans grande méthode, dans le charme qu'on éprouve à s'écouter, le déroulement lent, indéfini, plein de détours et de retours, de leur rêve tendre et sentimental. Le fond de leur art était élégie et lyrisme, et lyrisme moderne, qui n'a absolument rien de commun avec le lyrisme antique, qui est épanchement personnel, et dont Shakespeare (ils le savaient bien) était réellement le seul à avoir donné l'exemple.

Et, de plus, ils étaient philosophes. Ils mêlaient toujours une théorie métaphysique à leur rêverie littéraire. Ce n'est point à dire qu'ils ne fussent point spontanés et naturels ; c'était leur manière d'être spontanés et naturels. La philosophie est si bien chez elle en Allemagne qu'elle se confond d'elle-même avec les émotions des poètes. C'est une de ces pensées si familières qu'elles en deviennent un sentiment. Les Allemands l'ont dans le cœur autant que dans la tête. La rêverie personnelle aboutit à une méditation sur la destinée humaine, et cette méditation prolonge, soutient et enrichit la confession que le poète fait de son âme. Ces poètes rattachaient leurs contemplations à une théorie ; ils écoutaient comme un maître l'ami de Mme de Staël, Schlegel, et rêvaient en lisant religieusement l'*Atheneum*.

Solitaires, ils l'étaient, relativement au public, auquel ils songeaient peu, ne subissant point ces lois de l'esprit de société, si puissantes en France ; détournés d'un isolement trop profond, qui aurait été funeste à la santé de leur esprit, ils l'étaient par ce lien commun, la recherche philosophique, la discussion et l'examen passionné des grands problèmes universels. Par tous ces caractères, ils ravirent Mme de Staël. Il y avait là du naturel, de l'effusion, du sentiment, du rêve, de la naïveté, des idées, de l'originalité, point d'imitation, de la déclamation aussi, tout ce qu'elle aimait.

Il y avait surtout du nouveau, ce qui est pour plaire à tout le monde, et surtout aux femmes. Elle vit là tout un renouvellement de la littérature, et, du reste, elle avait raison. Elle avait, nous l'avons vu, confusément senti que l'art classique français avait produit tous ses fruits, que la littérature française ne se soutenait plus que par une ressource un peu étrangère, les ouvrages de philosophie politique, que, du reste, elle languissait ; elle trouvait en Allemagne un art nouveau, imprévu, brillant d'ailleurs : elle applaudissait. Ses idées, même sur la littérature française, en furent changées. D'abord elle aperçoit désormais, mieux qu'elle ne faisait auparavant, le vide étrange et la puérilité où en est arrivée la poésie française de son temps. Elle voit que ces versificateurs du XVIII° siècle finissant ont comme peur de penser et de sentir, que leur souci de l'exécution spirituelle et leur culte de la difficulté vaincue viennent, à la vérité, de leur impuissance, mais d'une singulière pudeur aussi, de la crainte de laisser voir le fond de leur âme. Cela est très distingué, sans doute, et Dieu sait combien l'excès contraire est de mauvais ton ; mais nous savons aussi combien l'excès classique est ennuyeux.

Elle corrige beaucoup des jugements littéraires de son livre de 1800. Avec Voltaire, elle croyait, à cette époque, que le théâtre doit se proposer un dessein moralisateur : « Un écrivain ne mérite de gloire véritable que lorsqu'il fait servir l'émotion à quelques grandes vérités morales. » Déjà, dans *Corinne*, elle abandonne cette idée, qui tenait à sa conception vague de l'art antique et étroit de l'art moderne : « Alfieri a voulu marcher par la littérature à un but politique... ce but était noble ; mais n'importe, rien ne dénature les ouvrages d'imagination comme d'en avoir un. »

Enfin, dans l'*Allemagne*, elle donne la véritable règle en cette affaire, la règle ancienne et moderne, et qui se tire aussi bien de la *Poétique* d'Aristote que du théâtre de Corneille : « Le but est d'émouvoir l'âme en l'ennoblissant. »

Tout son livre de la *Littérature* était plein de l'idée de la supériorité du XVIII° siècle sur le XVII°. Depuis qu'elle a senti près d'elle les grandes âmes religieuses, compris leur accent et appris où sont les sources du vrai lyrisme, elle ramène ses yeux vers nous et s'échappe à dire : « Mais nos meilleurs poètes lyriques, en France, ce sont peut-être nos grands prosateurs, Bossuet, Pascal, Fénelon... »

Elle avait dit sur tous les tons qu'au moins au point de vue de la littérature philosophique, les Français du XVIII° siècle sont bien en progrès sur leurs prédécesseurs. Même à cet égard, elle n'est plus si sûre de son fait, et la théorie de la perfectibilité est bien oubliée. Les philosophes du XVIII° siècle restent grands, ce sont des « combattants ; » mais ceux du XVII° sont des « solitaires », et leurs ouvrages sont plus philosophiques ; « car la philosophie consiste surtout dans la connaissance de notre être intellectuel », et « les philosophes du XVII° siècle, par cela seul qu'ils étaient religieux, en savaient plus sur le fond du cœur. »

Il ne faudrait point trop presser M™° de Staël et vouloir qu'elle répudie entièrement les opinions de sa jeunesse. Elle garde bien un fond de tendresse pour le temps dont elle est ; elle nomme encore avec vénération Montesquieu et Rousseau ; encore est-il que le conseil que semble donner l'*Allemagne* presque à chaque page, c'est d'oublier la *Littérature*.

— Mais encore à quelles conclusions pratiques arrivons-nous ? — D'abord ne plus imiter. Elle ne tarit point là-dessus. Dans *Corinne*, dans l'*Allemagne*, c'est comme un refrain. — Mais en quoi le nouveau consistera-t-il ? — M™° de Staël est désormais si éloignée de la *Littérature* que la voilà, après dix années, qui se rencontre avec son ancien antagoniste, avec Chateaubriand. C'est la tradition de la Renaissance qui est une fausse route. Remarquez-vous que la littérature française n'est point une littérature populaire ? Si elle ne l'est pas, c'est que nos littérateurs ont formé comme un monde à part, factice, inintelligible à la foule. Dans un pays chrétien, ils ont été les disciples d'artistes païens. « La littérature des anciens est chez les modernes une littérature transplantée, la littérature romantique ou chevaleresque est chez nous indigène, et c'est notre religion et nos institutions qui l'ont fait éclore. » Il nous faut une littérature « romantique », parce que le romantisme, c'est le retour au moyen âge, c'est-à-dire à l'origine même de la façon moderne de sentir.

— Même après la révolution ? — A cause de la révolution : « Les sujets grecs sont épuisés... Vingt ans de révolutions ont donné à l'imagination d'autres besoins que ceux qu'elle éprouvait du temps de Crébillon. » On n'est pas plus dans l'esprit du *Génie du christianisme*, et pourtant c'est bien Mme de Staël qui parle. Elle se retrouve bien tout entière dans ces théories nouvelles. L'art antique, qu'elle n'a jamais bien aimé, sacrifié encore, à autre chose que jadis, mais sacrifié toujours ; le besoin d'action sur les hommes, la littérature populaire pour être efficace et contribuer au bonheur commun ; le grand fait de la révolution devant avoir son action sur l'art, la littérature, la pensée et l'imagination ; tout cela, c'est bien Mme de Staël telle que nous la connaissons, quoique arrivant, par un détour, à des conclusions inattendues. — Ce sont ces conclusions qu'il reste à examiner.

Mme de Staël se trompait, au moins un peu, en croyant que, si la littérature française n'était point populaire, c'est qu'elle n'était point chrétienne et nationale. La littérature française n'est point populaire, parce qu'aucune littérature n'est populaire. On peut faire une exception, et bien légère, pour la littérature dramatique, et encore Shakespeare est bien moins applaudi du peuple anglais que telle traduction d'un de nos drames les plus misérables.

Et, chez nous, Corneille remue la foule avec ses Romains autant que Shakespeare en Angleterre avec ses Anglais, ni plus ni moins. Et si la théorie était juste, les auteurs chrétiens au XVII° siècle auraient dû être populaires. Où voit-on que Bossuet et Pascal l'aient plus été que Racine? — Il faut en prendre son parti : la littérature et l'art ne sont populaires qu'à la condition d'être médiocres, depuis que le peuple est une foule et non une élite, comme il était à Athènes. Ce ne serait qu'une raison de plus, ne nous occupant point davantage du suffrage populaire, de renouer la tradition du moyen âge, si elle est la vraie et la plus féconde. Mais ce que Mme de Staël oublie, comme Chateaubriand, c'est que le moyen âge lui-même, au point de vue littéraire, n'est point si pénétré d'inspiration chrétienne qu'ils le croient. Il l'est fort peu. Ce XVII° siècle, si accusé de paganisme, l'est beaucoup plus. Ni les troubadours, avec leurs chansons d'amour et de guerre, ni les trouvères avec leur Charlemagne, ou avec leurs fées et leurs enchanteurs, ou, notez-le, avec leurs souvenirs confus de l'antiquité païenne, ne sont très chrétiens dans leurs vers. Ils ne chantent point le Christ. M. de Chateaubriand l'a plus chanté qu'eux. Ce n'est qu'au théâtre, parce que le théâtre s'adresse à la foule, que l'inspiration religieuse se retrouve, et mêlée à bien d'autres choses. C'est donc un soin bien inutile d'essayer de renouer une tradition dont l'esprit s'est perdu, et qui n'a peut-être jamais existé.

Mme de Staël le faisait pour d'autres raisons que Chateaubriand. Celui-ci prêchait cette croisade par haine du XVIII° siècle. Mme de Staël s'y rangeait par tendresse pour ses nouveaux amis. C'était une prétention de certains littérateurs allemands d'effacer de leur histoire littéraire les traces de l'influence française, en prétendant se rattacher directement au moyen âge et aux *Nibelungen*. Et, eux aussi, se flattaient ainsi de montrer au monde une littérature vraiment nationale, et la seule nationale qui existât. Mme de Staël prit une prétention d'école pour une réalité, comme Chateaubriand une tactique de guerre pour une doctrine juste.

Seulement, Chateaubriand dépassa comme artiste l'horizon qu'il avait tracé comme théoricien, et en faisant entrer dans ses œuvres aussi bien l'art antique que l'art moderne, et le paganisme comme le christianisme, et la peinture du monde entier comme celle de lui-même, il donna à l'art du XIXe siècle la vraie indication, qui est que tout ce qui est vivement senti est objet d'art.

Elle faisait une méprise plus grave sur le fond même, ou plutôt sur l'ensemble de l'art nouveau qu'elle préconisait. Je lui laissais dire tout à l'heure que l'art allemand qui devait servir de modèle ou du moins d'initiateur à l'art moderne, était tout entier subjectif, qu'il était, non plus œuvre d'orateurs, de conteurs, de dramatistes, de discuteurs, d'hommes en présence d'un public et ne lui parlant point d'eux ; mais art plus naïf et plus sincère d'hommes qui s'épanchent, suivent complaisamment leurs rêves, s'abandonnent à leurs émotions, chantent enfin, ce qui est toujours une manière de se parler à soi-même. Cela est vrai, mais n'est qu'une partie du vrai. Certains poètes allemands étaient ainsi, mais non point tous. Les plus grands avaient eu et leur période de poésie personnelle et leur période d'art objectif. Schiller, quoique génie éminemment lyrique, n'en avait pas moins écrit les *Dieux de la Grèce*, et, tout comme Chateaubriand en France ne restait point éternellement l'homme de *René*, Gœthe ne restait point toujours l'homme de *Werther*, embrassait au contraire dans son art puissant, et contemplait, loin de lui, d'un regard serein, tout ce qui, dans le monde des sentiments antiques comme dans celui des idées modernes, était matière d'art et de poésie.

Que devenait, dès lors, la théorie, et ces conditions de l'art nouveau qui ne doit être qu'une effusion de l'âme, et cette scission entre l'art antique qui est du Midi et l'art moderne qui est du Nord, puisque *Werther*, *Faust* et *Iphigénie* sont de la même plume ? — Mais, précisément, Mᵐᵉ de Staël n'aime point infiniment *Iphigénie*. Elle en parle assez froidement, fait des réserves, songe à « l'intérêt plus vif et à l'attendrissement plus intime que les sujets modernes font éprouver », le tout justement sur le ton dont elle nous parlait des tragédies grecques. En somme, comme il arrive toujours, c'était son goût qu'elle arrangeait en doctrine, et, des éléments de sa théorie abandonnant ceux qui contrariaient son goût, elle devenait plus Allemande que les Allemands, négligeant dans leurs œuvres celles où ils n'étaient pas strictement ce qu'elle désirait qu'ils fussent.

N'importe encore. Comme Chateaubriand avec son *Génie du christianisme*, elle ouvrait de très larges voies avec une théorie un peu étroite. C'était quelque chose de dire aux Français : « Ne vous cantonnez point indéfiniment dans l'imitation de l'antiquité. Vous êtes chrétiens, et le christianisme est très beau. Chantez votre Dieu. » Ils n'ont point beaucoup pris cette habitude ; mais ils en ont perdu de mauvaises.

Et c'était quelque chose aussi de leur dire : « Votre art vit trop en dehors de vous. Vous en cherchez la matière bien loin. Rentrez en vous-mêmes. Là est la

vraie source. Écoutez-vous sentir. Chantez votre âme. »
Ils ont peut-être trop pris cette habitude ; mais ils
avaient trop, aussi, l'habitude contraire.

Et voilà, ce me semble, le véritable effet tant du
Génie du christianisme que de l'*Allemagne*. Les révolutions littéraires, comme les autres, n'obéissent
point positivement à leurs initiateurs ; mais elles ont
besoin de leurs initiateurs pour commencer. A tel moment, on a besoin de quelqu'un qui dise : « Faites ceci »,
non point précisément pour faire ce qu'il dit, mais
pour sentir qu'il y a quelque chose à faire. Chateaubriand
et Mme de Staël étaient des novateurs utiles, non pas
tant par ce qu'ils recommandaient que par ce qu'ils condamnaient. Ils apprenaient moins à entrer dans un
chemin nouveau qu'à en quitter un. Ils renouvelaient la
littérature surtout en l'affranchissant : c'est créer que
de permettre de naître.

Le « romantisme » français n'a nullement été
« l'art chrétien » que Chateaubriand rêvait en écrivant le *Génie*. Il en est lui-même la preuve, puisqu'en
lui l'artiste a, sinon contredit, du moins infiniment dépassé, et dans tous les sens, le théoricien. Et il n'en est
pas moins vrai que le *Génie* est, sinon la charte, du
moins le manifeste insurrectionnel de toute la littérature moderne, parce qu'il a montré et la futilité où la
littérature classique déclinante était tombée, et certaines erreurs dont la littérature classique triomphante,
depuis Boileau et depuis Ronsard, avait toujours gardé
la trace.

Le « romantisme » français n'a ressemblé en rien
au romantisme allemand, et ce serait faire sagement
que de lui trouver un autre nom. Il a été très français,
gardant toujours ces qualités, ou ces défauts, de clarté,

d'unité, d'ordre, de composition bien ordonnée, d'abondance et de mouvement oratoires qui sont les marques mêmes de notre race, peu philosophique à tout prendre, et plus éloquent que philosophe, peu mystérieux, peu abstrait, médiocrement sentimental, et bien plutôt effervescence d'imagination qu'épanchement de sensibilité. Et pourtant l'*Allemagne* ne laisse pas de lui avoir ouvert la carrière. On l'invitait à être subjectif : il ne l'a point été précisément ; mais il est devenu plus personnel. Nos poètes ont enfin osé parler en leur nom. Ils ont été affranchis de la gêne de se déguiser. Ils mettaient bien déjà, quoi qu'ils fissent, leurs sentiments dans leurs œuvres ; mais ils faisaient des œuvres apparemment impersonnelles, et parlaient, par exemple, sous le nom d'un personnage de tragédie. Ils ont eu au moins le plaisir de paraître davantage dans leurs écrits. Sans que le fond général changeât beaucoup, les formes littéraires en ont été renouvelées. Lamartine, c'est tout ce que Racine avait dans le cœur.

Il n'est pas jusqu'à ce contre-coup de la révolution française sur l'art français qui, à le prendre ainsi, ne soit chose vraie. Ceux qui disent que la littérature moderne doit quelque chose à la révolution n'ont tort que dans les raisons qu'ils donnent. Positivement et directement, la révolution n'a créé que la littérature parlementaire, qui, à la rigueur, est peut-être négligeable. Mais il est très vrai qu'en détruisant la « société » dans le sens restreint du mot, et « l'esprit de société », la révolution a changé la condition de l'homme de lettres. Elle a fait le littérateur plus indépendant du monde, moins soucieux du public, ou du moins d'un public restreint, plus solitaire, et vraiment, encore, plus personnel. La nuit du 4 août a été une révolution littéraire très considérable, et la postérité dira peut-être que ce que 89 a le plus affranchi, c'est encore la littérature.

Voilà les grands changements qui sont arrivés dans l'état des choses de lettres au commencement de ce siècle. Mᵐᵉ de Staël a deux mérites, dont le premier est de les avoir vus, et le second d'y avoir aidé.

V

SA POLITIQUE.

Les idées politiques de Mᵐᵉ de Staël ont été, comme ses idées philosophiques et littéraires, très pénétrantes, très vives, affranchies de tout préjugé, sincères et généreuses, insuffisamment liées, et laissant quelque incertitude en leurs conclusions. Elle les a réunies dans ses *Considérations sur la Révolution française*, livre incomplet, et du reste inachevé, mais singulièrement personnel, et qui éveille à chaque page la réflexion. Ce qui paraît, même au premier regard, manquer à cet ouvrage, c'est une étude sur les causes de la révolution. Une histoire de la révolution, c'est le xviiie siècle étudié dans son œuvre : on voudrait que Mᵐᵉ de Staël, qui connaît si bien le xviiie siècle, analysât l'état d'esprit que le xviiie siècle a créé en France. Elle n'oublie pas absolument ce point. Elle a, au cours de son exposition, des réflexions très fines et justes sur le caractère des Français de son temps. Leur légèreté, leur suffisance, leur conviction que tout est simple et très facile, sont très souvent (et non pas seulement dans la *Révolution*, déjà dans *Corinne* et dans l'*Allemagne*) prises sur le vif, relevées avec sûreté autant qu'avec malice. Je dirai même qu'elle insiste un peu trop peut-être sur cette affaire. Elle y revient comme à une rancune. Que ces Français sont frivoles ! Elle semble se souvenir sans cesse que M. Necker a dû céder un jour le ministère à M. de Calonne.

Encore est-il qu'elle a raison, raison surtout pour deux fractions du peuple français qui ont eu, d'ailleurs, une très grande influence sur la révolution, la bourgeoisie, qui l'a pressée par ses impatiences, et la noblesse, qui par ses résistances l'a précipitée. Elle voit aussi très bien que la révolution, encore que suscitée par d'autres mobiles, a été, pour grande part, l'insurrection des vanités. Ce qui irritait, c'était moins le despotisme que l'inégalité, et moins l'inégalité des droits que l'inégalité des distinctions, et moins les abus que les privilèges. Ce qu'on voulait, c'était moins conquérir la liberté qu'abolir la roture. Et cette impatience n'était point seulement le fait de la bourgeoisie. Le peuple l'éprouvait comme elle, et, comme il éprouve toutes choses, avec violence : « Les flambeaux des Furies se sont allumés dans un pays où tout était amour-propre ; et l'amour-propre irrité chez le peuple ne ressemble point à nos nuances fugitives ; c'est le besoin de donner la mort. »

Ces vues sont justes ; elles n'expliquent peut-être pas tout. Ce que Mᵐᵉ de Staël n'a pas écrit, c'est un livre intitulé *De la France*, aussi médité et aussi curieux d'études morales que celui de l'*Allemagne*. On y eût vu sans doute, et, sinon expliqué, du moins étudié dans tout son détail, cet affaiblissement du sentiment religieux en France depuis 1700, qui est, sans conteste, la cause principale de la révolution française, qui fait comprendre son caractère violent, son orgueil, son manque de mesure, son esprit de propagande universelle, son fanatisme, cet air de guerre de religion qu'elle a eu tout de suite, qu'elle garde encore.

Il aurait fallu nous dire, je suppose, que la Révolution Française est une convulsion d'optimisme ; que, le xviiie siècle ayant peu à peu remplacé la doctrine de résignation soutenue d'une espérance par la doctrine de la grandeur humaine, de la perfection réalisable ici-bas avec un peu d'effort, et moyennant quelques sacrifices, notamment par le sacrifice de ceux qui nous déplaisent, l'atmosphère morale de la nation s'était trouvée changée ; que, si croire tout progrès impossible mène à une sorte de torpeur, croire le progrès aisé et l'homme fort mène à une sorte de naïveté féroce et de fureur candide, optimisme des foules, qui croient que, seule, la mauvaise volonté de quelques geôliers sépare leur prison d'un eldorado.

Il fallait dire cela, ce qui n'est pas très difficile ; mais, de plus, étudier, dans son lent progrès à travers les écrits philosophiques du xviiie siècle, et tout autant dans le *Supplément au voyage de Bougainville* que dans le *Contrat social*, et bien ailleurs, la formation de cette nouvelle croyance, si forte, si ardente, pleine du fanatisme à rebours qui caractérise l'incrédulité militante.

Il fallait peut-être aussi nous donner une sorte d'histoire de l'idée de patrie au xviiie siècle. On croit avoir beaucoup dit quand on a constaté l'affaiblissement du sentiment monarchique au dernier siècle. Je ne sais, mais il me semble bien que le sentiment monarchique n'est qu'une forme du patriotisme, sentiment qui a besoin d'avoir une forme de ce genre, concrète et sensible, pour exister.

Voyez donc sous quelles espèces nous apparaît, plus près de nous, un patriote, très véritable et très sincère, de 1825 ou 1828? Il n'est point philosophe, point homme d'analyse, de réflexion, d'examen. Il est du reste bon citoyen, et ne désire point trop le renversement de Charles X ; mais il est amoureux de la révolution, ou enthousiaste de Napoléon Ier. Son amour pour son pays s'est arrêté et précisé dans l'admiration passionnée d'une grande chose que son pays a faite, ou d'un grand homme qui a dirigé son pays. Tout de même, depuis Henri IV, c'est la France que les Français aimaient dans leurs rois. Les penseurs du XVIIIe siècle ont un trait commun : ils oublient l'idée de patrie. Le XVIIIe siècle est le siècle de l'humanité. Si leurs élèves, en 1789, ont si facilement fait abstraction de toutes les traditions séculaires, et ont prétendu recommencer l'histoire au lieu de la continuer, c'est que l'idée de patrie avait presque disparu. Les droits de l'homme et de l'humanité ont été leur premier mot.

— L'idée de patrie a reparu très vite ! — Sans doute, parce que rien ne réveille le patriotisme comme l'invasion. Le patriotisme moderne date de 1792, et, une fois ressuscité, il n'a pas tardé à reprendre, très naturellement, son ancienne forme, et s'est attaché à Napoléon comme à la personnification de la France vengée et glorieuse. Mais, en 1789, il est comme confus dans les cœurs, offusqué par les théories philanthropiques et les doctrines individualistes, qui sont des contraires très faciles à associer. Il existe ; mais c'est l'avenir, c'est ce qui va naître qu'il caresse ; il s'attache à une espérance, preuve précisément qu'il n'est pas très énergique ; car le patriotisme est comme le sens de la continuité de la personne nationale, et la faculté de l'embrasser et de la chérir en son passé, en son présent, en son avenir, en son éternité.

Voilà, — et l'on en trouverait d'autres, — les études que j'aimerais à rencontrer dans un historien moraliste écrivant sur la révolution française, et je regrette que Mme de Staël, qui y aurait excellé, ne s'en soit point avisée. Mais, si elle a un peu trop considéré la révolution en elle-même, et comme isolée de ce qui la précède, et l'explique, elle l'a très bien vue, très nettement, dans un jour très clair, sans système ni passion, et, ce qui est si rare à toute époque, en 1816 surtout, tranquillement. Elle n'abaisse ni ne surfait. Au temps où elle écrit, il est bien certain que ce sont les quelques conquêtes vraies et solides de la révolution qu'elle veut sauver.

Elle est *libérale*, dans le sens que le mot avait alors. Mais cela ne lui ferme point les yeux. Elle voit et montre très bien la bonne volonté et l'ignorance redoutable des hommes de 1789, leur présomption singulière, leur insouciance ou leur mépris à l'endroit des constitutions des peuples libres, Angleterre et Amérique, qui auraient pu les guider. Ces hommes étaient très grands de cœur et très vides d'esprit, très généreux et très peu munis de connaissances, comme le siècle dont ils sortaient. Leur malheur a été de ne pas savoir l'histoire. On ne l'avait pas inventée avant eux. On l'a faite depuis; mais dès lors ce ne pouvait être qu'un palliatif. Un seul homme savait parmi eux, et avait une intelligence supérieure, et ils ont eu le malheur de le perdre; et c'est encore l'honneur de Mme de Staël d'avoir très bien compris Mirabeau, que, comme fille de M. Necker, elle n'aimait pas.

Elle met dans tout son jour, à côté des généreuse

aspirations des constituants, leur profonde incapacité administrative et le désordre où leur dictature jeta la France en 1790, désordre qui est la cause même de la tyrannie du salut public, parce qu'il l'a rendue nécessaire. Elle touche du doigt, en sa source même, la présomption qui a conduit la Constituante à confondre en elle tous les pouvoirs, au risque de les exercer tous pour la ruine publique. Défiance à l'égard du pouvoir royal, sans doute ; mais surtout dédain des autres, et amour-propre interdisant à des Français d'imiter la constitution d'un autre peuple : « Une manie de vanité presque littéraire inspirait aux Français le besoin d'innover à cet égard. Ils craignaient, comme un auteur, d'emprunter les caractères ou les situations d'un ouvrage déjà existant. Or, en fait de fictions, on a raison d'être original ; mais quand il s'agit d'institutions réelles... » — De là ce caractère abstrait de toutes les imaginations des constituants. Ils inventent. Ils créent dans le vide de leur ignorance, et dans le vertige, doux encore et innocent, de leurs rêves. Ils se paient de mots, comme une foule, et de mots qu'ils trouvent, comme des auteurs. « Tel était le mot du jour ; car en France, à chaque révolution, on rédige une phrase nouvelle qui sert à tout le monde, pour que chacun ait de l'esprit et du sentiment tout faits ;... car la plupart des hommes médiocres sont au service de l'événement et n'ont pas la force de penser plus haut qu'un fait. »

En vrais élèves des philosophes, ils furent « dominés par la passion des idées abstraites » ; ils voulurent « accorder à un petit nombre de principes le pouvoir absolu que s'était arrogé jusque-là un petit nombre d'hommes » ; et, ainsi, tout enivrés d'idées pures, sans appui dans le passé, sans assiette sur le réel, et fondant sur l'absolu, ils « traitaient la France comme une colonie. » Au fond, cette révolution, qui a fini par être tragique, a commencé par être éminemment romanesque. Vue de loin, elle a l'air d'avoir été exclusivement négative ; elle semble n'avoir rien fondé, et n'avoir, par les destructions qu'elle a faites, que déblayé et aplani un vaste terrain vide où le despotisme pouvait s'asseoir à l'aise. Il y a là une illusion. Elle a eu une foule d'idées de constitution et d'aménagement social, mais toutes supposant, non la réparation, mais la ruine et l'effacement absolu de ce qui était ; et, n'ayant réussi que dans ses démolitions, elle n'a laissé que l'espace. Magistrature indépendante, clergé vivant d'une vie propre, grande noblesse formant corps, royauté formant tradition, ce n'était pas une constitution, il est vrai ; mais c'étaient des éléments constitutionnels très précieux, qui, purgés de leurs abus, rectifiés et ramenés prudemment à leurs vraies fonctions nationales, pouvaient faire un organisme pondéré, souple et infiniment vigoureux. Périodicité des États généraux, budget voté par eux, noblesse et clergé dans une chambre, tiers-état dans l'autre, magistrature indépendante, clergé moins riche et participant aux charges nationales, mais demeurant autonome pour qu'il ne devînt pas aussitôt ultramontain, royauté limitée et contrôlée : c'était là une révolution pratique et conforme à l'indication des faits, qui eût, dès 1789, établi une France analogue à celle de 1815, mais plus libre et mieux organisée.

Cette révolution était-elle possible ? Nous n'en savons rien ; mais nous faisons remarquer que cela tient à ce qu'elle n'a pas été essayée. Au lieu de se donner la mission, pour employer l'expression de Mme de Staël,

« de régulariser les limites qui, de tout temps, ont existé en France », et de « faire marcher une constitution qui n'avait jamais été qu'enfreinte », mais dont les éléments existaient, et le dessin, ils ont « combiné la constitution comme un plan d'attaque. » Ils n'ont pas songé que « toutes les fois qu'il existe dans un pays un principe de vie quelconque, le législateur doit en tirer parti » et essayer de « greffer » une institution sur une autre. De tous les éléments constitutifs de l'ancienne France, ils n'ont laissé que le peuple, qui n'est pas élément constitutif, mais élément générateur, d'où, aisément et sans obstacle, les éléments constitutifs doivent sortir.

Ils ont détruit la magistrature relevant de soi, c'est-à-dire la magistrature indépendante, ce que Mme de Staël ne regrette pas assez, selon nous, n'exprimant qu'une opinion un peu vague sur cette affaire ; ils ont détruit le clergé comme corps de l'État, alors qu'il suffisait de l'appauvrir, et imaginé cette funeste invention du « clergé constitutionnel », c'est-à-dire d'un corps de fonctionnaires hostiles ; ils n'ont voulu ni des deux chambres, alors que les éléments en étaient tout prêts, ni du *veto* royal, qui était la royauté consolidée parce que limitée.

Ils ont, — et c'est ce que Mme de Staël a vu pleinement et mis admirablement en lumière, — ils ont été démocrates radicaux du premier coup. Une seule chambre concentrant tous les pouvoirs, légiférant, administrant, gouvernant, et rien dessous, ni dessus, ni à côté : un roi en peinture, sorte de président ou plutôt de doyen de république, et une assemblée omnipotente, et par-dessous des électeurs et des fonctionnaires : c'était la démocratie pure, la « démocratie royale », comme on disait alors, c'est-à-dire décorée d'un trône. Du premier bond, la France passait de la monarchie absolue à la Convention. Car la première Convention ç'a été la Constituante. La France, de 1788 à 1790, n'a fait que changer d'absolutisme. Les constituants ont cru établir un État quand ils ne faisaient que déplacer le gouvernement. C'est à cette faute initiale que Mme de Staël revient toujours, parce que (sans qu'elle l'ait dit) son esprit est toujours dominé par le souvenir de l'empire. C'est à l'empire qu'elle voit que toutes choses tendent dans un pays où les niveleurs n'ont laissé que des fonctionnaires pour un grand administrateur, des soldats pour un général, des sujets pour un césar, et l'anarchie pour le faire désirer.

Et cependant cette révolution, dont Mme de Staël démêle si bien les fautes, elle l'aime fidèlement, profondément. Elle voit bien qu'au fond de cette politique si peu éclairée, si peu informée, si téméraire, il y a quelque chose de très pur et de très noble, un sentiment infiniment fort d'humanité et de justice. Si les révolutionnaires ont poursuivi avec fureur l'égalité sous toutes ses formes, c'est que, si elle n'est pas la justice, elle lui ressemble, et à des esprits un peu simples en donne l'illusion. S'ils ont détruit, ou achevé de détruire, toutes les assises superposées de l'édifice national, c'est qu'à l'état de débris où elles étaient, elles semblaient moins des appuis que des barrières. S'ils ont établi l'égalité politique qui est dangereuse, dans le même sentiment ils ont créé l'égalité civile qui est justice, équité, fraternité, paternité plutôt, et semble faire descendre un peu de ciel sur la terre. Ils ont voulu la justice égale pour tous, et facile et clémente; et ils l'ont faite. Ils ont voulu la jurisprudence criminelle sincère et douce, sans ombre, sans piège, sans torture, sans parti pris ; et ils l'ont faite. Ils ont voulu les emplois publics accessibles à tous les Français, ce qui, combiné avec le maintien de la classe dirigeante, eût donné à la France ce qu'elle n'a jamais eu, une aristocratie ouverte et prudemment renouvelée. Ils ont voulu la liberté absolue des cultes, ce qui conduisait nécessairement, en un temps donné, à l'absolue liberté de la pensée. Ils ont eu un sentiment très rare chez les gouvernants, ils ont eu confiance en l'esprit humain, ce qui est une idée généreuse, et peut-être juste.

Même leur chimère d'égalité avait son côté heureux. En disant aux hommes : vous êtes tous égaux, on développe en eux les pires passions et les meilleures ; on fait beaucoup de déclassés et quelques *hommes nouveaux* supérieurs, et c'est une question qui reste au moins pendante de savoir si un génie utile qui a pu naître ne compense pas une foule de non-valeurs créées du même coup.

Leur rêve de liberté ne laisse pas d'être fécond. Les suites véritables n'en ont point paru tout d'abord. Il mène peu à peu à un état social très dur, nullement patriarcal, et le contraire même, où le citoyen est d'autant plus responsable qu'il est plus libre, où l'on ne prévient pas la faute à faire, où l'on punit la faute faite, où l'homme n'a point sa tâche assignée et tracée sa voie, mais agit à ses risques et périls, doit savoir ce qu'il a à faire et est tenu d'être intelligent. Cela est pour briser beaucoup de faibles et d'étourdis, pour décupler l'énergie des énergiques. Il semble que cela ait été inventé par des hommes forts, et pour leurs semblables. C'est l'individualisme encore, sollicité dans ses puissances, comme, par ailleurs, il est respecté dans ses droits.

Et, en dernière analyse, c'est bien pour cela que Mme de Staël aime ce système, et que dans toute cette révolution de faits et d'idées, c'est encore la liberté qu'elle voit presque constamment, qu'elle appelle, qu'elle chérit, qu'elle salue, qu'elle chante, aux dernières pages de son livre, dans une conclusion qui est un hymne. C'est là qu'elle se retrouve tout entière, dans la sphère de sentiments et de pensées qui lui sont chers, avec sa personnalité vigoureuse, son besoin d'expansion énergique, sa confiance en soi, et sa confiance en l'homme, à cause de sa confiance en soi ; son optimisme en un mot, sa conviction que l'homme est grand, qu'il est digne et qu'il est capable d'être libre, parce qu'il est fort.

VI

On voit assez qu'il n'est question philosophique, littéraire ou politique que Mme de Staël n'ait étudiée, *sentie* et renouvelée. — Elle a peu conclu. L'impression générale qu'on a en la quittant ne prend point, en notre esprit, la forme et le dessin d'un système. Mais elle a porté dans tous les sens une intelligence pénétrante et une vive ardeur de passion qui ne lui faisaient rien perdre de la netteté de son esprit. Elle dit de Rousseau : « Il n'a rien inventé et tout enflammé. » De Rousseau c'est contestable ; d'elle, c'est vrai. Elle a compris, senti et exprimé le XVIII siècle en ce qu'il a de plus haut, de plus noble et de plus pur. Elle a compris le XIX siècle naissant, la part de sentiment tendre, d'épanchement, de poésie intime, de tristesse grave, de tendances religieuses un peu vagues, mais sincères, qu'il devait mettre dans l'art et la littérature. Elle a suivi, et comme écouté se faisant en elle, cette évolution et cette transformation, en telle sorte qu'elle semble la main même qui unit d'une étreinte douce, malgré certaines résistances, notre époque à celle qui la précède.

Et, tout de même, elle a voulu faire entrer un peu du génie allemand dans l'esprit français ; et, de ce côté aussi, a fait un essai d'union dont ceci au moins est resté, que nous avons appris à connaître ceux à qui elle nous voulait unir.

Elle est un génie très bon, très persuasif, très libre et souple, plus suggestif qu'impérieux, qui impose infiniment moins que celui de Chateaubriand, par exemple, et qui se fait aimer davantage. Elle n'a pas donné une puissante secousse à l'esprit français, elle a insinué en lui des idées, des sentiments et des goûts. Un certain « état d'esprit » aristocratique sans hauteur, libéral, religieux ou plutôt respectueux des religions, s'inspirant de la révolution française sans la suivre jusqu'en ses conclusions radicales, qui a été celui, non pas précisément d'un parti, mais d'une fraction notable de la société française jusqu'en ces dernières années, peut être légitimement rattaché à elle comme à son initiateur. La jeunesse élevée par Chateaubriand pour ce qui est de l'art, et par M⁽ᵐᵉ⁾ de Staël pour ce qui est des idées, n'a pu que former une génération très noble, très généreuse et très distinguée. En la lisant, le siècle finissant doit se dire à lui-même le mot du marquis de Posa : « Rappelez-lui qu'il doit porter respect aux rêves de sa jeunesse. » — Elle a eu elle-même un mot bien profond : « Désormais il faut avoir l'esprit européen. » C'était donner au siècle qui naissait sa devise. Elle aurait pu la prendre pour elle. Personne, tout en gardant l'amour de ce que sa patrie avait pensé et avait fait de grand, n'a eu plus qu'elle l'intelligence ouverte à tout le travail de la pensée européenne. Elle élargissait la patrie bien plutôt qu'elle ne l'oubliait. C'était un esprit européen dans une âme française.

BENJAMIN CONSTANT

Un libéral qui n'est pas optimiste, un sceptique qui a le système le plus impérieux et le plus dogmatique, un homme sans aucun sentiment religieux, qui a écrit toute sa vie un livre sur la religion, et destiné à la remettre en honneur, un homme d'une moralité très faible, qui appuie tout son système politique sur le respect de la loi morale ; et, encore, un homme d'une rectitude merveilleuse de pensée et d'une extraordinaire incertitude de conduite, presque grand homme par l'intelligence, presque enfant par la volonté, presque au-dessous de la moyenne, pour n'avoir jamais su ce qu'il voulait, infiniment au-dessus, pour avoir su exactement ce qu'il pensait, chose peu commune : voilà, non pas plus de contrariétés qu'il en existe dans chacun de nous, mais, en un homme qui a tenu une très grande place, fourni une carrière brillante, laissé derrière lui un sillon profond et des semences qui ont levé, un sujet d'études d'un singulier intérêt, et une certaine complexité d'idées et de sentiment assez curieuse à démêler.

I

SON CARACTÈRE.

Il était de race pensante, d'une famille où les cerveaux avaient beaucoup travaillé, où la réflexion, le système, le jeu des idées étaient comme héréditaires. Son arrière-grand-père, David Constant de Rebecque, avait écrit un *Abrégé de politique* que Bayle cite quelque part ; son oncle Samuel Constant, ami de Voltaire, était un romancier, un moraliste, un publiciste ; il avait beaucoup écrit, des drames et comédies morales dans le goût de Diderot, des romans d'instruction et d'édification, un *Traité de la religion naturelle*, des *Instructions de morale*, etc. L'esprit littéraire était dans cette maison.

Dès qu'il est homme, comment nous apparaît-il ? Au premier regard, c'est tout simplement un agité. Jamais on ne vit « projet l'un l'autre se détruire » d'une manière plus fantastique. Quand on consulte son *Journal intime*, il fait l'effet d'un personnage de l'ancienne comédie, un peu invraisemblable, un peu outré et poussé à la caricature. Cent fois le mot : « J'aurais mieux fait, je crois, d'épouser Isabelle », est là, en toutes lettres. Cent fois le : « Comment en suis-je venu là ? » des gens qui ont une sorte d'ataxie locomotrice dans la conduite morale, et *non eunt sed feruntur*, s'étale en toute naïveté et candeur. — Tantôt il en rugit, et tantôt il se prend si fort en pitié qu'il s'en amuse. Il se fait sa devise : *Sola inconstantia constans*. A tel moment tragi-comique de sa vie, il s'écrie : « C'est absurde de vivre avec des gens qui ne savent pas dormir! Il faut que je me marie pour me coucher tôt »; et plus tard : « Ma femme a la manie de veiller! Et moi qui me suis marié pour me coucher de bonne heure! » — C'est du Plaute ; mais il en souffre horriblement, par le sentiment qu'il a que cette comédie est grave, ne devant avoir son dénoûment que par la mort, et qu'il est en proie à une absurdité qui est au fond de sa nature même. Il se pose incessamment l'alternative bien nette, bien tranchée, d'où une résolution ferme va évidemment sortir, et que sont admirables à formuler ceux précisément qui ne prendront jamais un parti : ou une vie calme, régulière, toute à l'étude, toute à mon livre, sans un regard jeté dehors ; ou le pouvoir, la lutte, les responsabilités, l'action incessante. — Se mettre au choix si souvent, c'est n'avoir pas choisi, et qui n'a pas choisi de bonne heure, d'instinct, et sans même délibérer, délibérera toujours. Sur lui-même, sur ce qu'il avait, non pas à penser, mais à faire, Constant a délibéré toute sa vie.

Cette irrésolution n'est pas d'un homme mou et inconsistant ; elle est d'un homme surexcité et bondissant, actif non sans but, mais pour mille buts, et toujours emporté en impétueuses saillies. Il était curieux à voir à la Chambre, à son banc de député, écrivant vingt lettres, corrigeant des épreuves, interrompant l'orateur, appelant un huissier, puis un autre, donnant des instructions à un collègue, et finissant par demander la parole et par faire un discours précis, lumineux et déconcertant ; le tout pour « faire effet », comme il aime à dire, je le sais bien, mais aussi parce qu'il était dévoré d'activité et perpétuellement enfiévré.

Tel au forum, tel dans le privé. Il adorait le monde,

les dîners, les soupers, les soirées, les conversations, les discussions, le jeu. Personne n'a plus dîné en ville, personne n'a plus causé, ni mieux, avec toute l'Europe, en quatre ou cinq langues, qu'il savait très bien. Toute sensation courte et violente, secouant tous les nerfs à les rompre, lui était chère. Un duel le ravissait : « Forbin m'a blessé chez Mme R..., en voilà un qui n'en sera pas quitte pour une estafilade... Ils veulent arranger mon affaire avec Forbin; quel ennui! » Il s'est battu vingt fois, malade même et impotent, assis dans son fauteuil, un bras sur l'appui, l'autre levant l'arme. Figurez-vous le Voltaire de Houdon, un pistolet dans la main droite. Ses journées sont combles, remplies à craquer; lectures, visites, lettres, un chapitre refait dix fois; car il n'est jamais content; amours commencées, laissées, reprises, s'entrelaçant, avec des désespoirs, des dégoûts et des enthousiasmes. — Rentré chez lui, il écrit dans son journal que tout cela est idiot, et se moque cruellement de lui-même.

C'est un don Juan, c'est-à-dire un homme qui met dans sa vie le plus possible de sensations fortes et vives, et diverses, et qui ne peut se résoudre à en sacrifier quelqu'une à une autre, ou au devoir, ou au bon sens. Seulement c'est un don Juan qui n'est pas méchant, qui ne prend pas un de ses plaisirs au malheur des autres, et à jouir du mal qu'il fait; et c'est un don Juan qui n'est pas grand artiste, qui n'arrange point et ne compose point ses sensations, qui n'en fait pas des poèmes à enchanter son esprit et sa fantaisie. Il n'a pas assez d'imagination et a trop le goût de l'action pour cela; d'où il suit que de ses sensations multiples il n'a que la jouissance rapide, et le dégoût.

Ainsi il va, comme a dit admirablement Sainte-

Beuve à propos de Chateaubriand, « voulant tout, et ne se souciant de rien », se désabusant de toutes choses à mesure même qu'il les goûte, toujours inassouvi et toujours malade de satiété. Et, en effet, c'est un Chateaubriand sans puissante imagination et sans la grandeur des allures, un Chateaubriand qui n'est pas assez poète pour faire de son ennui une grande mélancolie lyrique, qui n'a pas assez d'orgueil pour arrêter dans une attitude majestueuse sa lassitude même. Il n'a que la triste matière, sèche et terne, dont les Chateaubriand font des poèmes.

C'est aller trop loin de dire comme la mère de Sismondi : « Il n'a pas d'âme. » Il a des mouvements de sensibilité très aimables. Quand il n'aime plus, et qu'il revient pourtant, et qu'il reste, et qu'il ne peut se décider à partir, c'est qu'il est irrésolu, sans doute ; mais c'est aussi qu'il souffre très vivement de faire souffrir. Quand il a rompu enfin, qu'il est à Paris, libre, léger de la chaîne brisée, il a une honte un peu naïve qui nous le rend cher. Il baisse les stores de sa voiture pour n'être pas vu, ne pas essuyer le reproche des regards des passants. Il est charmant, cet enfantillage.

Si, vraiment, il a une âme, mais une âme peu profonde, terre légère où ne se nouent point les fortes racines ; et comme sa volonté est toute en velléités violentes, sa sensibilité est toute en exaltations soudaines qui tombent vite, feux de paille qui ont l'air d'éclairs. « Un sentiment placé dans une âme vide n'a que des explosions », disait Bonstetten. Bonstetten avait beaucoup connu Benjamin Constant, et assisté bien souvent à l'illumination fugitive de ses feux d'artifice de passion. L'auteur d'*Adolphe* a été plus passionné que sensible, et plus romanesque que passionné ; mais ses romans étaient sincères ; il était très capable même d'avoir deux ou trois romans très sincères en même temps et de pâtir de tous les trois ; et de dire, non point comme Catulle : « J'aime et je hais, et je suis au supplice », ce qui, sans doute, est trop simple pour un moderne ; mais: « J'aime ici, j'aime ailleurs, et je souffre. »

Il le pouvait d'autant mieux qu'il était très intelligent, très « conscient », habile, et enclin aussi à analyser ces contrariétés et ces indécisions de son cœur. C'est là précisément ce qui l'a fait juger méchant ou insensible. On pardonne aux cœurs légers à la condition qu'ils aient l'esprit faible. On pardonne aux fougueux, aux étourdis, aux agités, quand on les voit tellement emportés par les folies de leurs sens et de leurs nerfs qu'ils n'en ont pas conscience. Mais on juge sévèrement ceux qui sont capables de se juger. De ce qu'ils sont assez lucides pour se condamner, on conclut toujours qu'ils sont assez forts pour se conduire. C'est la raison des sévérités qu'on a eues pour Constant. Il y avait en lui une intelligence claire, droite et vigoureuse, et rigoureuse, en face de passions désordonnées, une pensée froide témoin d'une âme trouble, et un homme qui regardait un enfant.

Il faisait très régulièrement son journal... Ne vous laissez pas aller, sur cela, à vous moquer de lui. La plupart des hommes qui ont ce vice secret sont les pontifes d'un Dieu intime, assez discrets pour ne se point chanter un *Te Deum* public, mais qui ne peuvent se refuser de se dire à eux-mêmes une messe basse. Ce n'est point du tout le cas de Constant. Son journal est une tenue de livres très consciencieuse. Comme il ne sait jamais où en sont les affaires de sa vie morale, il les relève en partie double presque tous les soirs, pour essayer de s'y reconnaître. C'est là qu'il tâche à se ressaisir, pour tenter de se diriger. C'est le plus souvent un terrible arriéré qu'il constate, mais c'est déjà quelque chose de le constater. Il dira par exemple : « Aujourd'hui déjeuné chez X, dîné chez Y, soupé chez Z, vu jouer *Zaïre*... journée perdue. Quand donc aurai-je le sens commun?... » Ou : « Aujourd'hui resté chez moi, avec un abat-jour sur mes bougies. Mes yeux se reposent et aussi mon esprit. Voilà ce qu'il faudrait faire tous les soirs, et ce que je ne fais jamais. » Ou encore : « Voilà quatre cents jours sur lesquels il y en a cent soixante-quatorze où je n'ai rien fait... » Il est impossible de tenir une comptabilité plus régulière du dérèglement, et de constater plus rigoureusement son déficit. C'est l'image de sa vie. Un analyste précis et pénétrant emprisonné dans un étourdi, une pensée nette et forte enfermée dans la ronde de passions débridées, dont les unes sont folles et les autres sottes, les jugeant telles, et ne pouvant réussir à les mettre en fuite ; un bon comptable, qui connaît très bien les affaires et qui inscrit en maugréant des opérations absurdes, qui sont les siennes, et mesure très exactement ses progrès continus vers la banqueroute.

C'est ce qui explique très bien sa vie politique. Les uns disent : « Quelle unité ! Il a dit toujours la même chose. » Les autres s'écrient : « Quelle conduite sans dignité ! De quel parti a-t-il été ? De quel parti n'a-t-il pas été ? » — Tout le monde a raison. Il a eu des actes inconsidérés, des démarches bizarres. Trois semaines avant les Cent-Jours, il a crié en plein journal : « Je n'irai pas misérable transfuge... » et trois semaines après il était ministre de « Gengiskhan ». — Il a été l'agent principal d'une machination louche tendant à mettre Bernadotte sur le trône de France. Ses actions ont eu souvent quelque chose de tortueux ou de saccadé, sous les influences contradictoires de telle amitié ou de telle tendresse. — Oui ; et sa doctrine n'a jamais varié, et sous tous les régimes il a soutenu deux ou trois principes où il était arrêté et cramponné comme à des dogmes. S'il avait toujours été dans l'opposition, ce serait trop naturel. Mais il a rédigé une constitution, et cette constitution c'était exactement, littéralement, sa doctrine d'auparavant et sa doctrine de plus tard. Actes incohérents, pensée immuable, vie troublée et doctrine claire, trépidation des nerfs, calme du cerveau ; *inconstanti pectore sententia constans*, « d'une double nature hymen mystérieux », et difficile, qui formait une discordance perpétuelle. Dans toutes ses manières d'être, et privées et publiques, Constant a toujours été l'homme aux divorces.

Et au fond, tout au fond, est-il très sympathique aux yeux de cette postérité, qui est si sévère, parce que des gens dont elle s'occupe elle ne peut admettre qu'ils aient songé à autre chose qu'à elle ? A ce point de vue très rigoureux, non, Benjamin Constant n'est pas entièrement sympathique. On sent bien que ce qu'il a d'inférieur est assez mauvais, et que ce qu'il a de bon n'a rien de sublime. Il est pitoyable, il est brave, il a de beaux mouvements de loyauté, de générosité même ; il n'a aucunement le sens du grand. Il n'a pas l'esprit de sacrifice, de dévoûment, de renoncement ; il n'a pas l'expansion, la grande pitié. Tranchons le mot, il ne songe pas uniquement à lui ; mais il songe beaucoup à lui. Ses révoltes contre ses sottises ne concluent pas à une résolution de dévoûment à une grande cause ; elles concluent à une meilleure conduite en vue du succès. Travailler pour arriver au pouvoir, pour conquérir la considération dont il a été toujours avide et toujours sevré, ou pour faire un bon livre, voilà ses exhortations à lui-même. Elles sont louables, elles ne sont pas admirables. Reconnaissons-le, il était égoïste, égoïste très distingué, point niaisement, point bassement, comme ceux qui se croient meilleurs que lui parce qu'ils aménagent sagement leur vie en vue d'un repos d'esprit et de cœur ; cela, ce n'est que l'hygiène ; égoïste ardent, impétueux, aventureux, batailleur et amoureux de la gloire ; personnel, si l'on veut, plutôt qu'égoïste ; mais on sait bien que personnel est un euphémisme.

Il l'a été, je dis personnel, un peu plus qu'il ne convient à « l'honnête homme » dans toute la noble signification du terme. Quand il dit : « Enfin ! » dans son journal, aux Cent-Jours, le contexte indique que cela ne veut pas dire : « Enfin je vais être utile » ; mais : « Enfin je vais être considéré » ; ou peut-être : « Enfin, je vais être forcé de travailler, et les circonstances vont se charger de ma conscience. » Cela n'a rien de très haut. Ses élans mêmes ne sont que d'estimables efforts, et ses vertus ne sont que de bonnes qualités. Quand il prend rang, il ne fait, à juger un peu sévèrement les choses, qu'élever l'égoïsme à un certain degré où il change de nom, sans changer complètement de nature. Il l'emporte avec lui un peu plus haut, beaucoup plus haut, pour être juste ; mais il ne s'en affranchit pas. — Nous verrons peut-être que cela peut expliquer bien des choses, même en ce qui concerne sa tournure d'esprit.

II

SON CARACTÈRE. — *Adolphe*.

Il a tracé admirablement tout ce caractère complexe dans son beau roman d'*Adolphe*. Il n'y avait que Constant et La Rochefoucauld pour écrire ce livre. Il est donné à si peu d'hommes de se peindre sans se flatter, ou sans se flétrir, ce qui, comme on sait, est un joli détour de la vanité pour se flatter encore, que le conseil à donner à tout romancier est : Peignez les autres. A un endroit du *Journal*, Constant, se relisant, s'écrie : « Quoi que j'en aie, j'ai encore parlé pour le public. » Eh bien ! la chose est incroyable, mais ici il se calomnie. On relit après lui, et on a le sentiment qu'il n'a pas songé à « faire effet. » L'accent de sincérité est absolu. Il y a eu peu d'hommes plus loyaux en leurs confessions que cet homme-là, et c'est pourquoi, malgré tout, il est sympathique. — Tel il est dans le *Journal*, tel dans *Adolphe*, qui n'est qu'un journal composé et ramassé, mais non embelli. On le voit bien là avec « son mélange d'égoïsme et de sentiment, d'enthousiasme et d'ironie », son persiflage destiné à couvrir et à défendre sa timidité, son besoin d'indépendance contrarié par son éternel besoin de sociabilité, sa sécheresse de cœur et ce grain de sensibilité qui consiste à sentir qu'il en manque et en souffrir, « cet esprit dont on est si fier et qui ne sert ni à trouver du bonheur ni à en donner », ces amours qui doivent enchaîner toute une vie et qui commencent par une sorte de gageure née d'un peu de vanité et du besoin de faire comme les autres, et dont La Rochefoucauld a dit : « Il y a des gens qui n'auraient point aimé s'ils n'eussent entendu parler d'amour. »

Ah ! les merveilleuses cinquante premières pages !

Et la suite ! Le tourment d'aimer sans amour, les secousses pour se détacher qui ne font que lier davantage, les mensonges à autrui qui vous avilissent et ne trompent pas, les mensonges à soi-même qui ne trompent pas et qui vous torturent, l'impossibilité et de rompre et de continuer, et de se résigner, et de s'évader, l'impossibilité de quoi que ce soit, l'angoisse de sentir qu'il n'y a pas de répit et qu'il n'y aura pas de solutions ; et l'effort, plus affreux que tout le reste, pour faire renaître ce qui n'est plus et ne peut revivre, la sensation du néant et de l'impuissance absolue de créer ; — certes, c'est un beau cauchemar, qui a cela de navrant qu'on le sent réel, plus réel que ce qui nous entoure, d'une vérité indiscutable et inévitable, et que chaque ligne est évidemment le résumé de longs incidents douloureux et pitoyables, d'intimes et secrètes tragédies.

Le terrible don de voir clair dans son cœur, et le secret d'abréger tout parce qu'on voit tout, ce sont les deux facultés puissantes dont ce livre est né. Ce Constant, avec le regard droit qu'il assénait sur chaque contraction de l'être fougueux et désordonné qu'il portait en lui, était presque le seul qui pût l'écrire.

Le seul homme qui pût écrire *Adolphe* c'était l'auteur du *Journal intime*, l'homme qui était si loin de se déguiser rien sur lui-même, qu'il avait même un penchant à interpréter en mal ses sentiments, quand ils étaient susceptibles de deux interprétations, et à plaider plutôt contre lui que pour lui. Par exemple, on sait et l'on sent assez qu'il a aimé, et, sinon profondément, du moins vivement, et elle est dans *Adolphe*, cette pensée humiliante : « Nous sommes si mobiles, que nous finissons par éprouver les sentiments que nous feignons. » — On sait que Constant était capable de braver les préjugés du monde, tout en les craignant infiniment ; s'il n'avait pas le goût de les affronter, il en avait le courage. C'est la partie de lui-même la plus défavorable, aussi vraie que l'autre, mais ni plus ni moins, qu'il met dans *Adolphe*. Adolphe n'a pas même un instant l'idée d'imposer Ellénore au monde, de lui donner son nom, de reconnaître publiquement le sacrifice par un bienfait. Il est l'esclave de toutes les faiblesses à la fois, soit qu'il reste auprès d'Ellénore sans l'aimer, soit qu'il recule devant l'opinion du monde sans le respecter. Quand on lit *Adolphe*, on comprend très bien la manie caractéristique, terreur des propos du monde, superstition sociale, que l'auteur de *Delphine* a attribuée à son Léonce : « L'assemblée était nombreuse ; on m'examinait avec attention... On se taisait à mon approche ; on recommençait quand je m'éloignais... Ma situation était insupportable ; mon front était couvert d'une sueur froide... » — La conscience est peut-être le fond de l'homme ; en tout cas, elle est un de ses besoins ; il lui en faut une, sublime ou misérable. En certains temps, où il n'en a pas une qui soit faite de conviction morale ou de certitude religieuse, il s'en fait une avec l'effroi du qu'en dira-t-on. Constant n'avait point seulement celle-là ; mais celle-là il l'avait aussi, et c'est elle seule qu'il a voulu donner à Adolphe, avec une sévérité amère et comme un raffinement de loyauté cruelle qui n'est pas sans distinction.

— Cette cruauté froide et sûre va jusqu'à être effrayante, tant on sent qu'elle contient de vérité humaine et applicable à nous tous. Quand Adolphe voit Ellénore s'éteindre, il est accablé, il pleure, et voilà qu'il sent confusément qu'il pleure sur lui-même : « Ma douleur était morne et solitaire ; je n'espérais point mourir avec Ellénore ; j'allais vivre sans elle... *Déjà l'isolement m'atteignait... J'étais déjà seul sur la terre...* Toute la nature semblait me dire que j'allais à jamais cesser d'être aimé. »

O René ; car vous êtes René, moins la puissance d'imagination et ce grand regard d'artiste qui, à chaque instant, enveloppe le monde pour l'associer aux douleurs intimes, aux tortures secrètes, et pour les en parer, pour les en draper magnifiquement, et faire d'elles et de lui, tout ensemble, une majestueuse fête de deuil ; mais vous êtes un René plus pénétrant, plus sûr de sa science de lui-même, qu'on n'a pas besoin d'expliquer, qui s'explique lui-même avec une clairvoyance froide et infaillible ; — ô René, personne, depuis La Rochefoucauld, n'a connu comme vous les bassesses de notre nature si faible et si méprisable, les égoïsmes de l'amour, les restrictions mentales du dévoûment et jusqu'aux lâchetés de la pitié ; vous vous calomniez un peu, car qui peut se connaître sans se mépriser, et se mépriser sans colère, et être irrité sans quelque injustice ; mais vous nous éclairez tous par les vives lueurs que vous jetez sur le fond de vous-même ; vous nous avertissez en vous confessant ; vous trouvez l'art presque inconnu de ne point mêler d'orgueil au mépris que l'on sent pour soi ; et vous êtes sympathique, d'abord pour cette loyauté même, ensuite parce que c'est une histoire douloureuse que celle des êtres trop faibles pour soutenir les sentiments qu'ils inspirent, que, par suite, cette pitié que vous vous refusez, on vous l'accorde, et que l'on comprend et l'on plaint cette grande lassitude des êtres trop remués par des passions trop fortes pour eux qui remplit tout votre livre, comme les dernières pages de la *Princesse de Clèves*, du grand sentiment désolé de l'impuissance humaine.

Ce qui manque à ce roman, a-t-on dit, c'est l'imagination poétique, c'est le don d'émouvoir, c'est celui de composer et de faire voir des *scènes*, c'est celui de voir *les choses* et d'en faire un cadre à l'histoire du cœur. J'ai déjà donné, je donnerai encore raison à ceux qui signalent dans Constant un certain défaut d'imagination. Mais pour le moment, et sur ces point précis, je proteste, ou plutôt je discute. L'originalité même et la vérité de ce livre, c'est qu'on n'y trouve point de ces effusions sentimentales que vous cherchez dans un roman, et dans un roman de cette époque. — « Charme de l'amour, qui pourrait vous peindre ?... » A ces mots, vous vous empressez et vous savourez d'avance une page d'éloquence attendrissante. Vous ne la trouvez nullement ; votre erreur est de croire que Constant a voulu la faire. Les premiers mots vous ont trompé : « Charme de l'amour... » Voilà du Jean-Jacques qui s'annonce. Nullement; le ton seul des premiers mots, l'air du début, *l'attaque* du morceau sent son Jean-Jacques ; mais n'espérez pas ou ne craignez point une contrefaçon de la *Nouvelle Héloïse*. Ce que vous aurez, en dépit de l'apostrophe, c'est l'analyse rigoureuse, et pénétrante, d'un état d'esprit : « *ce jour subit répandu sur la vie et qui semble en expliquer le mystère,...* cette valeur inconnue attachée aux moindres circonstances, ces heures rapides... ce détachement de tous les soins vulgaires,

cette supériorité sur tout ce qui nous entoure, *cette certitude que désormais le monde ne peut nous atteindre où nous vivons...* » Une définition exacte des effets éternels de l'illusion la plus forte qui nous enchante, parmi toutes les illusions, voilà ce que Constant nous donne à la place de la romance qu'il semblait promettre.
— Rien ne montre mieux combien il reste personnel et étranger à la tradition romanesque au moment même où il paraît s'y ranger.

De même Adolphe « se traîne vers cette colline d'où l'on aperçoit la maison d'Ellénore, et reste les yeux fixés sur cette retraite qu'il n'habitera jamais. » Et cette maison, il ne la décrit pas ; et l'on en pleure. Mais est-ce que cette maison a un intérêt pour lui en elle-même, à un autre titre que comme demeure d'Ellénore? Croyez-vous qu'il la voie, qu'il sache la couleur des volets et remarque le style de l'architecture? Elle est pour lui « la retraite qu'il n'habitera jamais », et rien de plus. Il ne l'aimerait pas en amoureux s'il pouvait la peindre. Ne croyez pas à l'amour de ceux qui savent vous décrire la robe que portait hier celle qu'ils aiment. Ce que vous demandez, c'est un peu de rhétorique, dont Constant serait très capable, mais qu'Adolphe ne doit pas avoir à votre service.

La preuve, — et ceci est bien admirable, — c'est que *les choses*, Adolphe les verra, *quand il n'aimera plus*. Des descriptions, le sentiment de la nature ; mais en voici, et on ne l'a pas assez remarqué, seulement placés où il faut. Adolphe est allé dans le monde, il s'est senti décidément ramené à cette vie régulière qu'il a toujours regrettée : il revient lentement au château d'Ellénore comme à une prison, et retardant le moment de l'atteindre ; et maintenant, un peu délivré de cette passion qui vous réduit tout entier à elle-même et vous enserre dans son cercle étroit, il retrouve les yeux du corps et ceux de l'imagination ; il revoit le passé et il jette un regard sur l'espace, qui recommence à exister pour lui ; il « revoit l'antique château qu'il a habité avec son père… les bois… la rivière… les montagnes qui bordaient l'horizon », et toutes ces choses « tellement présentes, pleines d'une telle vie, qu'elles lui causent un frémissement qu'il a peine à supporter. »

Et il voit ce qui l'entoure, la terre douce, le ciel serein, la paix silencieuse et calmante des choses : « Les ombres de la nuit s'épaississaient à chaque instant, le vaste silence qui m'environnait n'était interrompu que par des bruits rares et lointains… Je promenais mes regards sur l'horizon grisâtre dont je n'apercevais plus les limites, et qui, par là même, me donnaient en quelque sorte le sentiment de l'immensité… La nuit presque tout entière s'écoula ainsi. Je marchais au hasard ; je parcourais des champs, des bois, *des hameaux où tout était immobile*. De temps en temps, j'apercevais dans quelque habitation éloignée une pâle lumière qui perçait l'obscurité… » — Certes, celui qui a écrit cette admirable page est un artiste; seulement c'est un artiste très sobre, ignorant ou dédaigneux de la rhétorique de son métier, surtout un artiste gouverné par un psychologue, qui ne permet à ses personnages de devenir poètes que quand ils peuvent l'être, que quand l'affaissement de leur passion a mis leur imagination en liberté, et dans la mesure que cette évasion d'un moment leur permet, et dans la direction encore où le tour de leurs sentiments les incline.

Et que les *scènes* ne soient pas faites, c'est aussi une

erreur ; elles ne sont pas surfaites, voilà tout ; elles sont données pour ce qu'elles sont, sans amplification ni surcharge : Constant a une loyauté d'artiste égale à la loyauté de ses confessions. Dernière sortie d'Ellénore ; après-midi d'hiver ; soleil triste sur la campagne grise :

> Elle prit mon bras, nous marchâmes longtemps sans rien dire ; elle avançait avec peine et se penchait sur moi presque tout entière. « Arrêtons-nous un instant. — Non, j'ai plaisir à me sentir encore soutenue par vous. » Nous retombâmes dans le silence. Le ciel était serein, mais les arbres étaient sans feuilles ; aucun souffle n'agitait l'air, aucun oiseau ne le traversait : tout était immobile, et le seul bruit qui se fît entendre était celui de l'herbe glacée qui se brisait sous nos pas. « Comme tout est calme ! me dit Ellénore ; *comme la nature se résigne !* Le cœur aussi ne doit-il pas apprendre à se résigner ? » Elle s'assit sur une pierre... elle se mit à genoux... Je m'aperçus qu'elle priait... « Rentrons, dit-elle, le froid m'a saisie. J'ai peur de me trouver mal. »

Voilà la grande manière de Constant. Il compose une scène tout comme il écrit une page de psychologie morale, avec un raccourci savant, un dessin serré, sûr et brusque, avec les deux ou trois traits vigoureux et nets *qui sont ceux qui resteraient dans l'esprit du lecteur* après qu'il aurait lu plusieurs pages de description copieuse, jugeant que ceux-là suffisent, puisque ceux-là seuls doivent subsister ; peut-être se trompant en ce point, et se faisant accuser de stérilité par ceux qui ne lisent qu'une fois, mais écrivant un livre dont chaque page ouvre de longues avenues à nos réflexions et à nos pensées, qu'on trouve plus plein et plus inépuisable à chaque fois qu'on le relit, et qui, aussi bien, a été écrit pour ceux qui relisent.

Et toutefois, — car enfin faut-il bien que j'y vienne, —

je sens, moi ici, un certain manque d'imagination dans ce grand livre, mais non point de celle qu'on lui a reproché de ne point avoir et que je serais peut-être fâché de trouver en lui. Il ne développe pas, et voilà qui est le mieux du monde : c'est au lecteur de développer et de savoir gré à l'auteur de tout ce que le livre lui a suggéré ; il ne fait point de descriptions à côté ; il n'a point d'imagination de remplissage, voilà un titre à la reconnaissance des siècles ; — mais encore il n'a pas toute l'imagination créatrice qu'il faudrait. Cela se voit aux personnages secondaires, qui sont faiblement tracés et qui n'existent presque pas : le père d'Adolphe, qui serait si intéressant, en ce qu'il contribuerait à expliquer Adolphe lui-même, n'est pas marqué de traits assez accusés et francs ; l'ami de Varsovie, celui qui achève de détacher Adolphe, ne donne que l'idée un peu fugitive d'un diplomate aimable et fin, n'est qu'un léger crayon et se confond un peu dans le souvenir avec le père d'Adolphe lui-même ; l'amie d'Ellénore, enfin, dont le rôle pouvait être si important, la physionomie si curieuse, est à peine, dans le roman, esquissée en profil perdu.

Celle-là surtout, il faut regretter que Constant, du moment qu'il la présentait, n'ait pas su la faire revivre ; il avait l'occasion de faire un portrait de Mme Récamier, et il l'a manquée (1) ! — Il l'a même manquée deux fois : une première, en écrivant son roman, en 1806 ; une seconde, en le publiant, en 1816.

(1) Et de la Récamier *que nous ne connaissons pas*, de la Récamier de 1806 (29 ans). Sur celle-là nous n'avons rien que quelques lignes de Sismondi qui est un sot, et la Récamier que nous connaissons c'est celle de l'Abbaye-au-Bois (45 ans); Chateaubriand lui-même ne l'a connue qu'en 1818 (41 ans).

En 1806, cela se comprend : il sortait des orages et tempêtes, il éprouvait le besoin de se raconter le drame qu'il venait de traverser, pour s'en délivrer, s'en reposer, et peut-être pour en jouir encore ; deux personnages seulement, lui et une autre, hantaient son imagination, peuplaient toute sa pensée ; il avait vu Mme Récamier à Coppet et n'avait fait presque aucune attention à elle, pour être très occupé d'un autre côté ; à dire vrai, il ne la connaissait point. Mais, en 1816, « le pauvre Benjamin » la connaissait, cette fois, et un peu plus peut-être qu'il n'eût voulu. Je m'étonne et je regrette qu'il n'ait pas, avant l'impression, complété et avivé le portrait, qui eût fait avec Ellénore un piquant et sans doute un très savant contraste.

Ellénore, elle-même, est-elle un personnage bien net, bien éclairé, surtout bien profondément pénétré ? J'ai des doutes à cet égard, des inquiétudes plutôt, et une certaine hésitation. Il me semble qu'elle est composée un peu artificiellement de parties qui ne sont pas tout à fait d'accord. Ellénore est une femme très douce, ce me semble, très tendre, née pour la soumission et le dévouement à ce qu'elle aime, destinée à s'absorber et à s'ensevelir avec délices dans l'amour qu'elle a longtemps attendu et qu'elle a enfin trouvé, y sacrifiant sa considération, ses enfants si aimés jusque-là, et qui, dès le moment qu'elle aime Adolphe, ne sont plus que « les enfants de M. de P... », et son repos, et sa conscience, et enfin sa vie. Telle elle m'apparaît au commencement, au milieu, à la fin du livre. C'est une immolée, une sacrifiée ; elle est en proie, avec les tristes et infinies ouissances de la victime qui s'abandonne.

Dès lors, je ne comprends pas bien les fureurs, les emportements, les scènes où « nous nous dîmes mutuel-

lement tout ce que la haine et la rage peuvent inspirer... »
Les coquetteries de la fin, d'accord : Ellénore veut essayer de la jalousie et du dépit pour ramener celui qui n'aime plus, et cherche gauchement à s'attirer les hommages des autres hommes. La pauvre femme ! Mais les violences, les éclats et les tremblements de terre, je ne les comprends pas. Ce sont les pleurs, les plaintes timides, les anéantissements dans la douleur, et surtout les longs silences de la voix et des yeux qui sont les armes, et redoutables, de pareilles femmes dans ce duel qui est l'amour. Je me sens un peu dépaysé quand Ellénore devient une sorte de Médée.

Il y a peut-être une raison ; et peut-être il y en a deux.

Nous savons très bien à qui pensait Constant, en 1806, quand il composait le personnage d'Ellénore, et nous savons que, par une délicatesse inconnue de nos jours, ce à quoi il s'appliquait, c'était à ne point le faire ressemblant. Il transposait « il a tout changé pour elle, comme nous dit Sismondi : patrie, condition, figure, esprit, circonstances de sa vie et de sa personne... » — Mais, cependant, il n'a ni voulu ni pu, sans doute, tout perdre et tout oublier. « On l'examinait avec intérêt comme un bel orage. » Le bel orage ! il n'a pas voulu sacrifier ce trait-là, et il l'a mis, et il y a insisté, et il en a tiré parti ; et ce trait était en désaccord avec le reste, et il n'a point expliqué ce désaccord. Ce n'est point l'expliquer que de nous dire qu'Ellénore (celle du roman) « étant dans une position équivoque, avec des sentiments élevés, cette opposition rendait son humeur fort inégale. » Inégale, soit, mais timide et craintive plutôt que « fougueuse » et déchaînée en tempête.

D'autre part, s'interdisant, ce qui est à son honneur, de nous donner l'Ellénore vraie, il n'a pas su en construire une qui, grâce à une vigoureuse concentration de réflexion unie à une riche faculté créatrice, nous donnât la pleine sensation du réel.

Et voilà précisément le genre d'imagination, et le seul à le bien prendre, qui manque à Benjamin Constant. Il ne sait pas créer un être tout à fait vivant. Il y en a un dans *Adolphe*, c'est Benjamin Constant ; pour nous le peindre, il n'a eu qu'à se regarder, à se regarder, d'ailleurs, et je l'ai dit, d'un œil dont personne n'a jamais égalé la délicatesse et la puissance. Pour créer d'autres êtres, il faut un don particulier de la nature, qui n'est pas le sien, et si j'ai dit que Constant était presque le seul homme qui pût écrire *Adolphe*, peut-être irai-je aussi jusqu'à dire qu'*Adolphe* était le seul roman que Benjamin Constant pût écrire.

Admirable livre, du reste, et qui est non seulement un chef-d'œuvre, ce qui pourrait paraître suffire, mais une date aussi, et aussi un très précieux enseignement. Le roman psychologique, inventé par La Rochefoucauld et Racine, et écrit pour la première fois par Mme de La Fayette, n'avait pas eu en France une très grande fortune. La Bruyère avait coupé court tout de suite à sa carrière. De l'observation superficielle des « caractères », c'est-à-dire des *types* avec leurs ridicules extérieurs et leurs manies éclatantes, le roman réaliste, confiné jusque-là dans un coin du genre burlesque, s'était rapidement développé, et, discrètement dans les *Lettres Persanes*, abondamment dans les œuvres de Le Sage, avait envahi la littérature. A peine Marivaux, dans des ouvrages très mêlés, avait-il montré ce que l'analyse délicate des sentiments

complexes avait d'intérêt et de charme, que les romans
à thèse, et qui ne sont que des cadres pour les idées,
avaient repris l'attention ; et si l'on néglige, pour le
moment, les romans d'aventures et les romans de
petite maison, on arrive au roman sentimental à la
Jean-Jacques, qui nous mène jusqu'à Mme de Staël,
pour ne pas nommer Mme Cottin.

Peut-être donc (à moins qu'on ne songe à ce profond
et abominable Laclos, qui a le regard si aigu, mais
qui n'a vu qu'un point de l'âme humaine, et le plus
odieux) faut-il remarquer que Constant nous rappor-
tait, sans presque y prendre garde, un genre littéraire
dont on n'avait plus l'idée depuis Marivaux, et où
Marivaux n'avait que touché avec un peu de mala-
dresse. Constant, peu créateur du reste, se trouve
donc avoir renouvelé un des aspects de l'art, non par
la puissance de l'imagination, mais par l'originalité
singulière de sa manière de sentir et de se rendre
compte de ce qu'il sentait. C'était sa tournure d'esprit
qui était créatrice ; et cela, pour son malheur au moment où il écrivait, pour sa grande gloire auprès de
la postérité, en un temps précisément où un renouvellement de l'art, dans une direction toute différente,
se produisait ; en un temps où les puissances endor-
mies de l'imagination française, sous l'impulsion souveraine de Chateaubriand, s'ébranlaient et s'élançaient
de toutes parts.

Aussi *Adolphe*, presque inaperçu d'abord, a-t-il
grandi silencieusement, *occulto œvo*, jusqu'au jour où,
la littérature d'imagination étant épuisée, il est devenu
le modèle des patients observateurs, attentifs et repliés,
du monde obscur, aux sourdes rumeurs, que nous
portons en nous.

Et c'est ici qu'il faut comprendre l'enseignement que porte en elle cette œuvre unique. Le roman psychologique est une très belle forme de l'art littéraire ; mais qui, par définition même, n'offre qu'un champ très restreint à chacun de nous. Il consiste à saisir et à exprimer les sentiments humains, non point, ou très peu, en leurs manifestations extérieures, mais en leur fond même, dans la contraction douloureuse ou dans le frémissement délicieux dont ils naissent, ou dont ils s'accompagnent en naissant, dans le repli le plus reculé de l'être moral.

Des sentiments, en cet état-là, nous ne connaissons que les nôtres, ou plutôt les plus attentifs et les plus déliés d'entre nous ne connaissent que les leurs et ceux des personnes les plus étroitement unies à eux, et de la vie desquelles ils ont vécu. — Il s'ensuit que le roman psychologique ne peut, ne doit être que très rare, sous peine d'être une composition artificielle, en un genre qui ne comporte pas l'artifice. A proprement parler, on ne fait pas de roman psychologique, on en subit un ; et on a assez de force de réaction sur ses sentiments pour le peindre. C'est presque une faute morale, en ce sens que c'est une sorte de mensonge que d'en inventer un ; et comme c'est bien un peu une sorte de profanation que d'écrire le sien, il reste que le cas est peu fréquent où l'on en puisse faire un qui ne soit ni un méfait ni une sottise.

C'est pour cela que l'observation psychologique sert d'ordinaire de soutien ou de ragoût aux œuvres d'imagination, et n'y entre que pour une part dans l'ensemble. Plus générale et plus déguisée, en ce cas, on court moins de risques à en user.

Mais le roman psychologique pur, s'il est peut-être là

plus difficile des œuvres d'art et la plus périlleuse, par cela justement est aussi une des choses qui donnent l'idée de la beauté absolue. Par sa nature même, il n'admet pas le métier, le procédé, le ménagement habile, la dextérité qu'on peut apprendre ; il est comme l'œuvre directe et immédiate de l'esprit pur. Et il demande, avec la force d'esprit, la finesse et la sûreté infaillibles du style, la loyauté, la droiture, la probité intellectuelle, la lucidité sévère de l'intelligence invincible aux piperies du cœur, une certaine pudeur aussi, qui est ici la mesure du goût ; en un mot, sinon une grandeur morale, du moins une distinction morale qui n'est pas commune. — Et tant de difficultés se tournent en autant de beautés quand elles sont vaincues, ou plutôt évitées avec aisance ; et, de tous ces mérites atteints sans effort, de tous ces obstacles surmontés sans qu'on les sente, de cette beauté singulière et rare, c'est encore *Adolphe*, dans toute notre littérature, qui nous donne l'idée la moins imparfaite.

III

LA POLITIQUE DE BENJAMIN CONSTANT.

Quand on connaît le caractère de Benjamin Constant par son *Journal*, par ses *Lettres*, par *Adolphe*, on commence, en lisant ses écrits politiques ou philosophiques, par avoir cette idée, très honorable d'ailleurs pour lui, qu'il n'y a rien mis du tout de son caractère.

De cette humeur fantasque, de cette volonté malade

et incurable, de ces sursauts, de ces saccades, de ces tempêtes mesquines, aux lames courtes, terribles pourtant, comme celles de son lac Léman, de « ces choses de la bile et du sang » que Sainte-Beuve ne voyait point dans *Adolphe*, et que je crois qu'il était le seul à ne pas y voir, rien ne semble avoir passé dans ses livres de théorie. — Et l'on se dit : voilà qui est bien ; il n'y a pas de meilleure manière de respecter ses idées que de les séparer de ses sentiments, sans compter qu'à tout prendre, ce n'est peut-être pas seulement respecter ses idées, c'est peut-être le moyen, ou un des moyens, d'en avoir. Nous avons donc affaire à un vrai penseur, à un homme qui n'habille pas ses passions en doctrines, ses colères en systèmes, ses rancunes en raisonnements et ses faiblesses en sociologie.

Cette impression dure assez longtemps, et, du reste, il en faut garder. Cette lucidité de l'esprit au milieu de l'orage du cœur à laquelle nous devons *Adolphe*, nous la retrouvons ici. Elle n'a pas servi à Constant seulement à se connaître, ce qui est déjà un affranchissement, elle lui a servi aussi, en une grande mesure, à se délivrer de lui-même. Elle lui a servi à laisser à la porte du cabinet de travail quand il prenait sur lui d'y rentrer, une bonne moitié au moins de l'homme absurde qui changeait toujours. Elle lui a permis d'avoir une grande suite d'idées au travers la vie la plus désordonnée qui ait été. Elle lui a permis d'être un grand écrivain politique, tout en étant un grand politicien, chose rare et désormais impossible, mais déjà peu commune au temps dont il était.

Elle lui a permis d'avoir des principes très nets, très arrêtés, invariables, tout en menant une existence privée qui n'en admettait guère et, dans le monde politique, cette existence d'ambitieux toujours pressé qui n'en comporte pas. Thermidorien, homme du Directoire, homme du Consulat, homme des Cent-Jours, rôdant autour des pouvoirs avec l'impatience éternelle d'y entrer. et encore (bien moins souvent qu'on a voulu dire, mais quelquefois, je le confesse) traîné dans un parti par une main trop aimée au moment où il inclinait à un autre ; il s'est montré trop peu scrupuleux sur les alliances et les entourages, et je ne songe aucunement à l'en excuser. Seulement, il faut le savoir uniquement parce que c'est la vérité, c'est de son bon renom, de sa dignité, si l'on y veut, qu'il faisait ainsi bon marché, ce n'était pas de ses idées. Elles étaient moins vénales que lui ; elles ne l'étaient pas tout. Son honneur était malléable, son esprit intransigeant. Que ce fût Directoire, Consulat ou Cent-Jours, Constant s'y installait, était de la maison, et puis tranquillement déroulait son programme de politique libérale, qui, lui, ne changeait jamais, n'appartenait qu'à son auteur et n'avait rien de domestique.

C'est aussi pourquoi, s'il entrait partout, on lui rendra cette justice qu'il ne restait nulle part. Quand Louis-Philippe paya ses dettes, et qu'il accepta en disant : « Mais je vous préviens que je vous combattrai tout de même si je vous trouve mauvais » ; il courut sur lui un mot terrible : « il s'est vendu, mais il ne s'est pas livré ». C'est odieux, mais c'est exact ; et cela va plus loin que l'intention. Qu'il se ralliât par simple ambition ou pour raison plus basse encore, il y avait quelque chose de lui qu'il ne pouvait livrer, c'étaient ses idées. Elles ne dépendaient ni de ses sentiments, ni de ses passions, ni de ses faiblesses, ni de ses besoins ; elles semblaient ne pas dépendre de lui. Il nous offre ce singulier spectacle d'un homme dont on peut détacher ses idées pour les considérer à part, et, ici, ce serait pour avoir plus ses aises à les admirer.

Et, cependant, de cette première impression, s'il faut retenir quelque chose, il ne faut pas tout garder. Non, les idées de Constant n'ont pas leurs racines dans ses passions; mais elles ont bien leur source lointaine en lui, dans un repli reculé, plus profond et plus calme, tenant encore à son caractère et n'y tenant que davantage. Le fond de Benjamin Constant, où il s'appuyait et se reposait quand il parvenait à se ressaisir, j'ai dit que c'était une manière d'égoïsme très distingué et très décent, mais enfin une sorte d'égoïsme très marqué et très exigeant encore. Un immense besoin d'indépendance gêné par les tyrannies d'une complexion avide de jouissances, voilà Benjamin Constant. Il s'ensuit que, quand il s'affranchissait de ces tyrannies, c'était précisément cet instinct d'indépendance et d'autonomie qu'il retrouvait. L'individualisme était pour lui la revanche de ses faiblesses. Il ne se sauvait pas des écarts de sa sensibilité dans l'esprit de dévoûment, de sacrifice ou simplement d'humanité, mais dans l'égoïsme intelligent et bien raisonné; et quand il s'évadait du salon, du souper ou de la maison de jeu, ce qu'il redevenait, ce n'était pas l'homme d'une grande association, d'une grande œuvre commune ou d'une grande cause, c'était l'homme qui voulait être lui-même, maître de lui-même et jouir de lui. Et cet égoïsme ombrageux, c'est le fond de tout son système politique, peut-être de toutes ses idées religieuses.

Il a inventé le libéralisme, un libéralisme extrêmement net et prodigieusement froid et sec, qui n'est que le perpétuel besoin d'autonomie personnelle, et le soin jaloux d'élever toutes les barrières possibles entre le moi et toutes les formes existantes, ou prévues, ou soupçonnées du non-moi. L'instinct social sous toutes ses formes, en toutes ses forces et, partant, en toutes ses gênes, voilà ce que Constant tient en continuelle défiance. Sa devise ne serait ni : « Je maintiendrai, » ni : « Je détruirai ; » mais : « Je me défends. »

D'autres disent : la nation ; — d'autres : la tradition nationale, ce qui n'est pas la même chose, et si peu, que souvent c'est le contraire ; — d'autres : l'esprit national, et c'est l'aristocratie ; — d'autres : la loi ; — Constant dit : le citoyen, ou : l'homme. C'est une façon de dire : *moi*.

Ni despotisme, c'est la barbarie ; ni démocratie, c'est un autre despotisme. « *Par liberté, j'entends le triomphe* (non pas même l'indépendance, le triomphe), *le triomphe de l'individualité, tant sur l'autorité qui voudrait gouverner par le despotisme que sur les masses qui réclament le droit d'asservir la minorité à la majorité.* » — Constant est comme à l'affût de tous les empiétements possibles de quoi que ce soit sur l'individu.

Lui parlez-vous de gouvernement? Il vous dira : défiez-vous ; le gouvernement est un organe de l'État qui a une tendance invincible à se croire l'État lui-même et à le devenir, en effet, par usurpation consentie. Il faut le parquer dans sa fonction, qui seule constitue tout son droit. Je ne prétends point par là qu'il faut *le moins de gouvernement possible;* c'est la théorie de Godwin et c'est celle qu'on m'attribue, mais ce n'est pas la mienne ; je ne demande pas le moins de gouvernement possible, je demande un minimum de gouvernement, ce qui n'est pas la même chose. Je demande qu'on détermine exactement les limites strictes de l'utilité du gouvernement, qui deviendront celles de son droit et celles de sa prise, et en deçà desquelles sa force doit être grande, et au delà desquelles sa force doit être nulle. — « Il ne faut point de gouvernement hors de sa sphère, mais dans cette sphère il ne saurait en exister trop ». — Je demande que le gouvernement soit une activité libre dont la mesure de force soit déterminée par les services mêmes qu'il peut me rendre ; je veux qu'il ait juste la puissance qu'il lui faut à l'extérieur pour me défendre et à l'intérieur pour me protéger ; mais qu'au delà ni il ne me demande aucun sacrifice, ni il n'ait sur moi aucune action ; en d'autres termes, et c'est seulement pour *moi* que je l'arme, et c'est pour *ma* sauvegarde que je limite la portée de ses atteintes.

Lui parlez-vous d'aristocratie ? Il en garde en son système quelques vestiges, pour ainsi parler. Il veut, par exemple, une chambre haute héréditaire, sans expliquer très nettement pourquoi il la veut telle. Mais il n'a nullement l'intelligence du système aristocratique. Il n'y voit qu'oppression, privilège, réserve faite d'une partie de la force sociale au profit d'une classe, aux dépens de l'individu, et tout ce qui est emmagasinement de force sociale quelque part, et où que ce soit, est excellemment ce qu'il ne peut ni admettre ni même comprendre. — L'aristocratie lui paraît, à lui si hostile au despotisme, plus funeste que le despotisme même : « Plus funeste en un temps de commerce et de lumières, parce qu'en un tel temps, le pouvoir absolu d'un seul est impossible ; or, dès que le despotisme pur est impossible, le véritable fléau, c'est l'aristocratie. » — Ce qu'il faudrait prouver, c'est qu'il puisse exister un temps où le despotisme soit impossible, en effet, et, dès qu'il est possible, que l'aristocratie n'en est pas le frein.

Lui parlez-vous de démocratie? Constant semble y incliner. Il considère la marche entière de l'humanité comme un progrès vers l'égalité : « La perfectibilité de l'espèce humaine n'est autre chose que la tendance vers l'égalité. » — Mais, chose très remarquable, Constant est égalitaire sans être démocrate. Il veut les hommes égaux pour qu'aucun n'impose sa volonté à un autre, mais non pas pour que tous imposent leur volonté à chacun; car ceci encore serait une limite à la liberté individuelle, et la plus étroite, une oppression de la personne humaine, et la plus lourde. Rousseau a tort ; il croit que « chaque individu aliène ses droits à la communauté ; » c'est une doctrine de despotisme ; l'individu n'abdique jamais, il n'en a pas le droit ; voulût-il devenir une chose, il reste un homme. Les hommes sont égaux en ce sens qu'ils sont également libres, non en ce sens qu'ils contribuent également au despotisme ; car ce despotisme de tous, c'est sur chacun qu'il retombe, et le dernier terme, c'est que tous soient égaux dans la servitude. — La démocratie n'est pas la liberté, c'est la vulgarisation de l'absolutisme.

Lui parlerez-vous de la loi? C'est ici qu'il est original et tout à fait nouveau. Il ne vous dira point, comme certains : « cela dépend de qui l'a fait. » Il vous dira : quel que soit celui qui fait la loi, la pire erreur en politique, c'est l'idée de la souveraineté de la loi. Ce n'est pas définir la liberté que de parler d'un état où personne n'est sujet que de la loi et où la loi est plus puissante que tous les hommes. Il y a des lois oppressives, des lois tyranniques, des lois auxquelles on ne doit pas obéir.

— Lesquelles? Celles qui diminuent la personne humaine,

celles qui touchent au fond même de l'homme, celles qui lui demandent d'abdiquer.

Lesquelles encore ? Celle qui empiètent non pas même sur sa pensée, ses croyances, sa personne morale, mais seulement qui empiètent sur ses forces personnelles, activité, santé, propriété, *plus qu'il n'est strictement besoin pour le maintien de l'État ;* celles qui lui demandent une mise à la masse commune plus forte qu'il n'est nécessaire pour que la communauté subsiste. — Celles-ci même, si elles ne sont pas iniques, sont injustes en ce sens qu'elles sont capricieuses et arbitraires. En ces cas, la loi est un despote ; elle agit comme un roi qui a ses humeurs, ses fantaisies, ses goûts personnels, le goût surtout d'empiéter, de conquérir et d'absorber, et elle doit être traitée comme le serait un souverain absolu : la révolte est juste contre elle. — La souveraineté de la loi est un despotisme impersonnel.

Voilà le libéralisme absolu. Il revient à déclarer qu'il n'y a aucune espèce de souveraineté. Jusqu'à Constant, tous les publicistes ont cherché où était le souverain ; Constant professe qu'il n'y en a pas. Je ne le trahis point ; je n'exagère point ses conclusions ; ceci est de lui: « Il y a une partie de la personne humaine qui de nécessité reste individuelle et indépendante... Quand elle franchit cette ligne, *la société est usurpatrice, la majorité est factieuse...* Lorsque l'autorité commet de pareils actes, il importe peu de quelle source elle se dise émanée, qu'elle se nomme individu ou nation ; *elle serait la nation entière, moins le citoyen qu'elle opprime,* qu'elle n'en serait pas plus légitime. »

Qu'est-ce à dire ? — Que l'homme a un droit personnel absolument inviolable et imprescriptible, que rien ne dépasse, que rien ne fait fléchir, dont

lui-même ne dispose pas. Ce n'est pas autre chose
le *droit divin de l'homme.* — Quoi qu'on fasse
arrive toujours à mettre la souveraineté quelque part.
Les patriotes la mettent, soit dans un roi ramassant en
lui la nation, soit dans la nation elle-même ; les esprits
abstraits la mettent dans la loi ; et les orateurs dans le
parlement. Les indépendants un peu égoïstes ne la mettent nulle part, mais, sans bien s'en rendre compte,
s'en réservent à eux-mêmes le principe, et veulent une
société où personne, ni rien, ne soit souverain de tous,
mais où ils soient le plus possible souverains d'eux-mêmes.

C'est le cas de Constant ; d'un désir ardent d'être
maître de soi qui n'était qu'avivé par le sentiment de
ses dépendances involontaires, est né le système d'individualisme extrême le plus hardi qui pût être conçu
par un homme intelligent.

Mais encore un droit doit avoir un fondement. Sur
quoi s'appuie ce droit divin de l'homme que Constant
établit comme la loi même de la société ? Il a bien
senti que ce droit ne pouvait pas ne relever que de lui-même, être par soi et ne reposer que sur l'amour naturel que l'homme se porte. Si l'homme, nous dit-il, a
une partie de lui qu'il ne doit pas à la société et qu'il
peut défendre contre elle, c'est que l'homme est un
être moral, et la partie de lui qu'il doit en effet réserver et défendre, c'est précisément la personne morale.
L'État s'arrête où la conscience commence ; l'État ne
peut me commander ce que ma conscience m'interdit. La limite de la loi, c'est le point où elle rencontre
mon sentiment du bien. Comme il est des philosophes qui
fondent le libre arbitre sur l'existence de la loi morale au
cœur de l'homme, Constant fonde la liberté politique sur

cette même loi et sur l'impossibilité où est l'homme de s'en affranchir. Si l'on a dit souvent que le despotisme abaisse l'homme au rang de la brute, c'est qu'en effet la loi morale est ce qui distingue les animaux de nous ; et si la loi sociale n'a pas de prise légitime sur l'homme tout entier, c'est qu'en l'homme elle rencontre un être qui a sa loi en lui.

Constant remarque très finement que « ceux mêmes qui déclarent l'obéissance aux lois de devoir rigoureux et absolu exceptent toujours de cette règle la chose qui les intéresse. Pascal en exceptait la religion ; il ne se soumettait pas à l'autorité de la loi civile en matière religieuse, et il brava la persécution par sa désobéissance à cet égard. » — Voilà le principe : l'homme est sacré parce qu'il est un temple ; il a un droit divin parce qu'il a en lui une chose divine ; il n'est pas tenu d'obéir aux lois qui contrarient celle qu'il porte en lui ; il n'y a pas de code social contre le code de la conscience ; il n'y a pas de droit collectif contre le devoir individuel. — Et voilà aussi le détour, inattendu peut-être, par lequel un homme d'une moralité contestable, cherchant le principe de son système, en arrive jusqu'à la morale, pour ne pas rester à l'égoïsme. Il n'a voulu voir que le droit de l'homme, et il a déclaré l'homme sacré pour qu'il fût libre ; et pour assurer son affranchissement, il a fait son apothéose.

Il y a de la nouveauté, de la clarté, de la beauté même dans ces idées. Constant est un très bon critique politique. Il voit très bien le vice d'un système, l'excès où il tend, son principe de décadence, son principe d'iniquité surtout. Il est bon élève de Montesquieu en cela. Aussi bien que son maître, mieux quelquefois (parce qu'il est instruit par deux manifestations diverses du despotisme que Montesquieu n'avait point vues) il sait surprendre et montrer le germe de despotisme qu'une doctrine contient. Il a une pénétration d'analyse bien remarquable. Il dira, par exemple : « Prouver qu'un abus est la base de l'ordre social qui existe, ce n'est pas le justifier. *Toutes les fois qu'il y a un abus dans l'ordre social, il en paraît la base*, parce qu'étant hétérogène, et seul de sa nature, il faut, pour qu'il se conserve, que tout se plie à lui, se groupe autour de lui, ce qui fait que tout repose sur lui. Tel l'esclavage, puis la féodalité, puis la noblesse... » — Songez au suffrage universel de notre temps, et voyez comme cela est juste ; ce pourrait être un paragraphe de *l'Esprit des lois* ; c'est de l'analyse si sûre qu'elle est prophétique comme si souvent celle de Montesquieu.

Comme théoricien même, Constant ne manque pas de profondeur. Avec sa lucidité singulière, il a bien vu une chose nouvelle, et que les publicistes du XVIII° siècle avaient peu soupçonnée, c'est que la liberté n'est pas dans la souveraineté de la loi, et que la loi peut être un tyran. Montesquieu avait dit : « La liberté est le droit de faire ce que la loi ne défend pas. » On peut tirer de cette définition de la liberté un système despotique épouvantable. Constant sait bien que, ou il n'y aura pas de liberté, ou la liberté sera proclamée et tenue pour supérieure à la loi, et la loi forcée de s'arrêter devant elle ; qu'il faut tracer un domaine des libertés et des droits personnels dont les limites soient infranchissables et au souverain, et à la nation, et à la loi même. Il sent bien que les théoriciens du XVIII° siècle, en cherchant à fonder la liberté, n'ont fait que *déplacer l'absolutisme*, l'ôtant à un seul pour le donner, soit à tous, soit à la loi ; et c'est bien pour cela que, ne voulant pas se contenter de faire changer de place la souveraineté, il en arrive à ne la mettre nulle part.

Mais ce système de libéralisme : il le fonde mal ; — il le délimite insuffisamment.

Il le fonde mal en lui donnant pour base la conscience morale. C'est là une assiette ou trop étroite ou trop large. La loi doit-elle ne respecter en moi que ce que me prescrit ma conscience, et peut-elle me prendre tout le reste ? En ce cas, il suffit qu'elle ne soit pas criminelle, et il suffit qu'elle me laisse la liberté d'être honnête homme. On sent bien que ce n'est pas assez.

La loi sociale doit-elle, par respect de ma loi intime, me laisser juge de la manière dont je dois employer toutes mes forces, et ne me prendre rien de celles que je croirai devoir lui refuser ? Mais je vais me faire, et je me ferai d'assez bonne foi, une conscience conforme à mes intérêts, et me défendre, par exemple, de répandre le sang, pour me soustraire au service des armes. La conscience est trop ployable au gré des individus pour être une limite ferme où le droit de la communauté doive s'arrêter.

Aussi ce fondement de sa doctrine, Constant le perd-il de vue presque sans cesse. — Mais alors quelle autre règle de délimitation des libertés individuelles pourra-t-il trouver ? Celle-ci, à laquelle, assez oublieux de l'autre, il revient toujours : j'ai la propriété légitime de toutes les forces qui sont en moi, moins celles dont l'État a besoin pour subsister. — Voilà qui, en effet, est une formule nette, et le lumineux Constant est admirable pour en trouver. Seulement, avec cette formule, ni, en doctrine, la liberté n'est plus un principe, ni, en pratique, les limites du domaine individuel ne sont plus fixes. Ce que je dois abandonner de moi à l'État, si c'est le besoin de l'État qui le mesure, c'est l'État qui le déterminera ; et me voilà revenu sous la complète dépendance de la communauté. Ma liberté n'est plus un principe sacré devant lequel on a à s'incliner : elle n'est plus un dogme, et je ne suis plus un sanctuaire. Une liberté qui se mesure, et de la mesure de laquelle un autre que moi est le juge, c'est le bon plaisir pour cet autre et l'esclavage possible pour moi. Si tout à l'heure, quand j'étais l'arbitre de ma liberté fondée sur les exigences de ma conscience, ma liberté était illimitée ; maintenant, quand vous tous êtes arbitres de mon tribut mesuré à vos besoins, elle est nulle.

Et, dans la pratique, ce fief des droits personnels dont Constant est le gardien jaloux n'a plus que des limites flottantes et ployables aux circonstances. En supposant l'État juste et ne demandant pas plus qu'il ne lui faut pour subsister, de quoi a-t-il besoin, en effet ? De beaucoup en un temps et de peu en un autre, de tout quand la patrie est en danger, par exemple, et de très peu quand elle est forte, en sorte qu'il n'y a plus même à dire : ces limites, qui les fixera ? mais : ces limites, comment les fixer ? — Rien au monde n'est difficile à définir comme la liberté, et rien de difficile à établir comme un système de politique libérale.

Ce qui n'aide pas Benjamin Constant à l'établir solidement, c'est qu'il est trop près du XVIII° siècle pour ne pas procéder un peu comme les philosophes mêmes dont il se sépare, c'est à savoir par principe et par déduction. Il n'est pas pur métaphysicien, je le sais ; il est par sa tournure d'esprit, comme par sa date, entre l'école des logiciens qui le précède, et l'école historique qui doit le suivre ; il sait les faits et en tient compte, et en appelle à eux très souvent ; mais il part encore des principes, et il a le sien, qui est la liberté ; — et précisément la liberté n'est pas un principe.

La liberté est quelque chose de moins vénérable et de beaucoup plus impérieux qu'un principe ; c'est un fait. Comment Benjamin Constant, qui a écrit un très bon article sur « la liberté chez les anciens et chez les modernes, » n'a-t-il pas vu, ou n'a-t-il pas vu assez nettement que l'État c'est l'histoire ancienne, et la liberté l'histoire moderne, et qu'il n'y a rien de plus dans cette question ?

Ce n'est pas le « droit de l'homme » qui crée la liberté et l'impose au monde, c'est l'histoire de l'homme qui finit, en constituant à chacun une originalité, par faire à chacun un droit. — Ce n'est pas la liberté de penser qui est au commencement, c'est une pensée, puis une autre, puis cent mille autres, puis autant presque qu'il y a d'hommes, qui font qu'un moment vient où, personne ne pensant comme son voisin, la nécessité s'impose d'admettre cette diversité et de proclamer la pensée libre ; parce qu'elle l'est. — Ce n'est pas de la liberté de conscience qu'on part, c'est d'une conscience commune à tous ; mais peu à peu les croyances se diversifient, les églises dissidentes se multiplient, les manières différentes d'adorer sont innombrables, la religion devient individuelle et, après s'être longtemps battu, on se résigne à cette dispersion, on s'entend pour respecter en chacun sa conception du mystérieux ; un fait infiniment répété, s'imposant, a créé un droit.

Ainsi du reste. — Si les libertés individuelles sont presque inconnues des anciens, c'est que l'extrême division des idées, des sentiments, des opinions et même des aptitudes, n'existait pas chez eux. Ils n'étaient pas individualistes, parce qu'ils n'étaient pas individuels. Ils l'étaient en art ; quelques artistes poètes, ou artistes philosophes, s'élevaient au milieu du peuple à une conception de la vie qui leur était particulière, et, justement, cette originalité du génie avait créé une liberté individuelle de pensée et de parole réservée aux hommes supérieurs, relative et contestée du reste, mais enfin que l'antiquité ne laisse pas d'avoir connue. Quant au commun, il n'avait pas le droit, parce que le droit n'était pas né du fait ; il n'avait pas de liberté personnelle, parce que les personnalités ne s'étaient pas nettement distinguées. Point de division du travail, point de division du savoir, presque point de division des aptitudes, nulle division des croyances : le même homme est élevé pour être orateur, magistrat, prêtre et général, et il sera souvent, en effet, prêtre, orateur, général, magistrat, intendant militaire et même poète.

La civilisation scientifique a changé tout cela. Les différences aujourd'hui sont considérables entre deux hommes du même temps et qui habitent la même maison. Je suis certainement plus proche par la pensée d'un rhéteur grec ou romain que de mon voisin l'ingénieur. Je ne comprends pas un homme de sciences, ou un légiste, ou un théologien, ou un musicien que j'entends causer ; même sa tournure d'esprit générale m'étonne et m'inquiète, et je sens que la mienne le déroute ; nous nous réfugions dans des banalités de conversation. Voilà cinq siècles que les hommes travaillent à se désunir.

Dans cette dispersion qui en tout produit et prolonge ses effets, qui fait à l'un des idées générales et des croyances en quelque sorte imperméables à l'autre, que faire, sinon dire : chacun chez soi ? — La liberté n'est pas autre chose qu'un désarmement entre gens désormais impuissants à se conquérir. Les hommes l'ont prise pour un droit sacré, parce qu'un reste de métaphyque et de théologie se mêle encore à toutes leurs conceptions ; ils l'ont entourée de formules ou de déclamations, selon le penchant de chacun, et en ont fait un principe. Nous faisons un principe rationnel de chaque grand fait historique qui s'impose à nous et nous enveloppe. Il n'y a point grand mal à cela ; cependant il y a des faits qui se prêtent peu à être transformés en principes ; et la liberté en est un.

Il semble bien que Constant a mal réussi à trouver la formule de la liberté considérée comme principe abstrait : ou elle est pour lui le simple respect de la conscience morale, et elle a des limites trop restreintes pour le temps où nous sommes, ou elle est : *tout à l'État, moins ce dont il n'a pas besoin pour être ;* et alors elle devient quelque chose de contingent et de flottant qui n'a plus du tout le caractère d'un principe.

Mieux valait avertir les hommes qu'il n'y a, en pareille affaire, que l'examen attentif des faits historiques. Demandons-nous, tous les demi-siècles, quelle est la portion de l'individu que le travail de désagrégation sociale désigné sous le nom de civilisation a enlevée définitivement à la vie commune et rendue chose personnelle, parce qu'elle est dissemblable d'un homme à un autre. Disons-nous, à tel moment, que, s'il y a mille sciences diverses et si chacun a la sienne, il ne peut plus y avoir une science d'État ; à tel autre que, s'il y a dix religions, toutes sérieuses et importantes, il ne peut y avoir de religion d'État ; à tel autre que, si l'éducation est comprise de deux ou trois façons inconciliables par deux ou trois groupes considérables de pères de famille, il ne peut plus y avoir en droit, parce que déjà ce n'est plus vrai en fait, d'éducation d'État. Disons-nous cela ; sachons très bien qu'à ces diminutions successives, c'est l'État qui s'énerve et tend à la disparition ; et comme nous ne sommes pas seuls au monde, consultons le progrès que fait le même travail chez les autres peuples pour régler sur le leur le nôtre ; et de toutes ces considérations diverses, toutes pratiques, tirons une définition pratique, actuelle, et toujours provisoire, de la liberté ; mais ne la prenons point pour un principe invariable et irréductible, à quoi il peut y avoir beaucoup d'inconvénients, et, par exemple, celui de mener droit à l'anarchie.

Un libéral systématique est un anarchiste qui n'a pas tout le courage de son opinion ; un anarchiste est un libéral intransigeant.

Quand Benjamin Constant s'échappe jusqu'à dire que « la nation entière, moins le citoyen qu'elle opprime, » est « usurpatrice et factieuse » en gênant cet unique citoyen dans sa conscience, il affranchit l'homme jusqu'à supprimer l'État. Il décide qu'il n'y a pas de conscience d'État, et, parlant au XIX° siècle après Jésus, je suis de son avis ; mais il décide aussi que la conscience individuelle, qui peut n'être qu'un caprice ou un intérêt, peut tenir l'État en échec, et il proclame l'abolition de la patrie. Socrate, si hautement individualiste, à ce qu'il semble, lui répondrait par la prosopopée des lois. Du point de vue historique, on ne risque point de telles erreurs. On voit que la liberté, loin d'être un principe intransigeant, est une transaction ; qu'elle doit être ménagée comme on ménage et respecte les faits, c'est à savoir quand ils sont considérables. Soyez une force nouvelle très importante dans le corps social, religion, association, opinion, individualité même, si vous êtes de celles qui s'imposent par le génie, je dois savoir, moi État, qu'il faut vous laisser la liberté de votre développement, ne fût-ce que parce que je perdrais beaucoup plus à user mes forces pour vous détruire qu'à vous laisser vivre. Je suis une force commune qui transige avec des forces particulières, non avec des fantaisies isolées.

Mais voilà un libéralisme bien aristocratique ! — Sans doute, et il me semble que c'est une erreur encore de Benjamin Constant de n'avoir pas été quelque peu aristocrate, étant libéral. Ou l'État est un homme qui commande à tous, et c'est le despotisme ; ou l'État est tout le monde commandant à chacun, et personne n'a mieux dit que vous que c'est un despotisme encore. Vous ne voulez ni de l'un ni de l'autre ; entre les deux que supposez-vous ? une charte des droits individuels, que personne, ni d'en haut ni d'en bas, ne pourra enfreindre. Il est impossible d'essayer plus franchement de séparer deux colosses ennemis par une feuille de papier. Cette charte, qui la tiendra en main pour l'imposer et la défendre ? — Tout le monde. — Si vous persuadez tout le monde.

Non, une charte, qu'elle soit, comme dans vos idées, une proclamation des droits, ou, comme dans les miennes, un traité transactionnel entre belligérants, doit être mise aux mains d'un corps puissant qui ne soit pas un de ceux qui ont intérêt ou penchant à l'enfreindre. Entre le pouvoir et le peuple, si vous ne voulez être en proie ni au peuple ni au pouvoir, c'est-à-dire sauver la liberté, il vous faut ces « corps intermédiaires » dont Montesquieu vous parle, qui n'aient intérêt ni aux empiétements du pouvoir ni aux escalades de la foule, et qui donnent force à votre charte en la faisant leur chose.

Et encore, si vous ne voulez mettre la souveraineté ni dans un homme ni dans tous les hommes, ce qui est juste, il ne reste pas que vous ne la mettiez nulle part, comme vous faites, parce que c'est impossible, ou dans un texte constitutionnel, comme vous croyez faire, parce que c'est illusoire ; il reste que vous la partagiez, et nous voilà revenus à cette distribution des puissances sociales entre les différents éléments de la nation, pouvoir, corps intermédiaires, peuple, qui n'est pas autre chose que l'organisation aristocratique.

Et encore si vous voulez sauver les libertés, il ne suffit pas de dire : « Qu'elles soient ! » il faut en confier la garde à ceux qui les aiment. Ceux qui les aiment, ce n'est pas le pouvoir central, vous le savez : il ne tient qu'à asservir ; ce n'est pas le peuple, vous le savez : il ne tient qu'à niveler. Qui sera-ce ?

Eh ! justement ceux qui ont créé ces droits en constituant les grands faits d'où ces droits sont sortis. Tout groupement organisé d'une manière durable dans la nation, possédant une pensée commune, des traditions, une direction, une vie propre, est un fait historique qui s'est créé un droit. Il tend au maintien de lui-même et à la sauvegarde de ce droit ; il est élément aristocratique et élément libéral, libéral parce qu'il est aristocratique, aristocratique au point de devenir libéral. Lui seul est capable (si quelqu'un l'est) de passer du sentiment qu'il a de son droit à l'intelligence du droit des autres ; et si ces groupes sociaux sont nombreux, ils pourront assez facilement sentir le besoin de se garantir réciproquement leurs libertés, et bien tenir ce rôle de gardiens des libertés publiques où les leurs propre sont engagées. — En tout cas, ou il faut renoncer à sauver les libertés, ou compter sur eux pour les maintenir ; et un système libéral qui prétend être pratique est forcé d'être aristocratique pour ne pas être illusoire, comme le système aristocratique le plus étroit est forcé d'être libéral pour ne pas tendre simplement à la guerre civile. — Qu'un despotiste d'en haut ne veuille pas d'aristocratie, il s'appelle de Maistre, et il est logique ; qu'un despotiste d'en bas ne veuille pas d'aristocratie, il s'appelle Rousseau, et il raisonne bien ; qu'un libéral déclare que « la perfectibilité humaine est une tendance continue à l'égalité », il renonce à son système en le défendant, ou il propose un système qu'il n'appuie que sur l'idée qu'il en a.

Un autre appui de sa doctrine manque à Benjamin Constant : c'est une certaine générosité. Le libéralisme présenté sans cesse comme l'orgueilleux et jaloux isolement de l'individu dans la forteresse de son droit est une doctrine sèche et stérile. Elle sent le sectaire, et pis que le sectaire, l'homme qui fait une secte de chaque citoyen. Constant semble constituer une république de cinq cent mille sécessions individuelles. Voilà une singulière patrie. L'idée de liberté n'est bonne, elle n'est féconde, elle n'est sociale que quand elle s'unit au sentiment de solidarité. Il est bon que je respecte mon droit, surtout quand je le respecte dans un autre ; il est bon que je veuille être libre, surtout quand je suis assez généreux pour me mettre à la place de mon voisin ; et même il serait bon que je ne défendisse mon droit que par crainte qu'on ne prît sur moi l'habitude de le violer ailleurs. Le libéralisme n'est que de l'égoïsme, s'il n'est qu'une résistance personnelle, et il n'échappe à l'égoïsme qu'à la condition de devenir une vertu.

Ne nous pressons pas de croire à un peu de déclamation classique quand Montesquieu fait de la vertu le fondement des républiques. Il songeait aux républiques antiques, soit, et par vertu il entendait le dévoûment à la patrie. Que la forme de la vertu sociale change d'un temps à un autre, je l'accorde, mais c'est une vertu toujours qui fait le lien de la communauté. Pour les anciens, c'était le sacrifice de la personne à l'État ; que les modernes respectent la personne humaine, il le faut ; mais qu'ils sachent que c'est une vertu nouvelle que ce respect même ; qu'il ne consiste pas à se respecter soi-même, mais à avoir un haut sentiment de la dignité humaine, plus vif quand on touche aux autres que quand on nous touche, et qu'en dernière analyse la liberté est une forme délicate de la charité.

Cette idée, je ne la trouve pas chez Benjamin Constant. Il ne pouvait guère l'avoir. Il a fait du libéralisme un beau système d'égoïsme superbe et hardi, parce que la générosité n'était pas le fond de sa nature.

Et, toutefois, il a bien dit, avec clarté, avec pénétration, avec logique, avec puissance, ce qu'il fallait, à son époque, que quelqu'un dit. Il a donné l'autorité d'un principe à une vérité historique dont personne n'avait l'idée nette et sûre. Qu'il fallût se décider à croire que la liberté, ou tenue pour un dogme, ou considérée comme une transaction, était une nécessité sociale, et qu'elle ne consistait nullement en un déplacement de la toute-puissance au profit des masses ; qu'elle était une retraite, non pas une déroute, mais une retraite en bon ordre de l'État devant l'individu ; oui, cela est certain ; et il est certain aussi que personne, non pas même Montesquieu, ne l'avait dit clairement, et que Constant l'a fortement démontré.

A d'autres peut-être restait de mieux entendre les conditions dans lesquelles la retraite devait être réglée, et tracées les nouvelles frontières. Mais l'idée était lancée, et l'intelligence du fait nouveau était donnée à tous. Nous vivons dans ce fait, nous y manœuvrons lourdement ; c'est dans la pensée de Constant que nous vivons. Les hommes de son temps se battaient pour la préférence à donner à tel ou tel gouvernement, en quoi bon nombre d'entre nous les suivent encore ; Constant a enseigné aux hommes réfléchis que ce n'est point là la question principale, qu'avant tout il faut faire à tout gouvernement sa part, qu'il faut être l'ennemi de tout gouvernement qui n'admet pas ce partage, et qu'on peut tolérer, aider même, tout gouvernement qui l'admet. C'est même une, du moins, des raisons pourquoi il ne se refusait, sous cette réserve, à aucun régime.

Et maintenant cette part du pouvoir, cette autre du citoyen, quelle doit-elle être ? Je crois qu'il ne l'a pas très bien vu. Mais aussi c'est à chaque génération, les yeux fixés sur les conditions historiques, toujours variables, et en procédant de bonne foi, s'il est possible, à la faire.

IV

LES IDÉES RELIGIEUSES.

Les études religieuses de Benjamin Constant sont infiniment curieuses, suggestives et décevantes.

Son grand ouvrage : *la Religion* (dont le livre posthume *Du polythéisme romain* n'est qu'un grand chapitre), est une conversation brillante, riche, savante, très abondante en idées, mal ordonnée du reste et recommençant vingt fois, mais surtout donnant vingt fois l'idée d'un beau livre, qui, manque de force et manque d'élévation d'esprit, n'a pu être écrit. — Le point de départ, il faut plutôt dire l'intention première, est d'une raison solide et d'une intelligence saine. Benjamin Constant connaissait bien l'Allemagne et la France de son temps, et il ne donnait complaisamment ni dans l'une ni dans l'autre. Il était impénétrable au mysticisme d'outre-Rhin de cette époque, à cette confusion de tous les sentiments et de toutes les idées les plus disparates, dans une sorte d'adoration extatique de je ne sais quoi, à cette manière de « somnambulisme » qu'il avait pu contempler avec stupeur dans son commensal Werner. — Et, d'autre part, il était prodigieusement agacé par l'infirmité intellectuelle des exécuteurs testamentaires de Voltaire, et surtout de d'Holbach. Il est même trop dur pour Voltaire, dont on ne saurait assez regretter la « déplorable frivolité, » mais dont c'est une sottise de proclamer « la profonde ignorance. » Dupuis et Volney l'irritent. Il sent très bien que le temps est passé d'étudier les religions en leur objet pour les démontrer fausses ; que le temps est venu de les étudier en leur fond pour en comprendre l'essence, pour voir quelles manifestations de l'homme intérieur aux diverses époques de son développement elles constituent ; qu'il faut enfin faire la psychologie et l'histoire du sentiment religieux.

Très nourri de Creuzer, mais sagement défiant à l'endroit du système symbolique poussé à l'extrême, il prendrait volontiers pour épigraphe non pas tout à fait la définition du penseur allemand : « La mythologie est la science qui nous apprend comment la langue universelle de la nature s'exprime par tels ou tels symboles » ; mais plutôt cette même formule corrigée par Hermann : « La mythologie est la science qui nous fait connaître quelles notions et quelles idées tel ou tel peuple conçoit et représente par tels ou tels *symboles, images ou fables.* » — Histoire psychologique et éthique du sentiment religieux parmi les hommes dont la trace est venue jusqu'à nous : voilà certainement le titre qui était dans l'esprit de Constant quand, de Weimar à Coppet, il roulait son projet dans sa tête et s'en ouvrait à Wieland ou à Bonstetten.

Il en est resté quelque chose dans ce livre, écrit trop lentement, parmi trop d'interruptions et de traverses, et trop tard. — Et, d'abord, cette idée que la religion est au fond de notre être comme un élément constitutif, que l'homme est un animal religieux, comme il est un animal social et comme il est un animal « à la voix articulée. » — Origine de la société, origine du langage, origine de la religion, on a tour à tour recherché tout cela. « L'erreur est la même dans toutes ces recherches.

On a commencé par supposer que l'homme avait existé sans société, sans langage, sans religion... » Et cette supposition est toute gratuite. Tout porte à croire que ce n'est pas de l'absence de religion qu'il faut partir pour se demander ensuite comment les hommes s'en sont fait une ; mais d'un sentiment religieux élémentaire, pour en suivre, après, le développement à travers les âges. Société, langage, religion, ce sont trois conditions nécessaires de l'être humain. Le sentiment religieux est « intime et nécessaire comme celui de la conservation. »

(Et peut-être pourrait-on prouver que le sentiment religieux est le sentiment de conservation, prolongé, en quelque sorte ; comme l'instinct social est le sentiment de conservation devenu solidaire ; comme le langage est l'instinct de conservation trouvant un cri pour faire appel à un secours...)

Nous sommes ici au fond même de l'homme, à l'intime et primitive connexité, unité, pour mieux dire, d'instincts constitutifs de notre nature, que, depuis, l'analyse philosophique et l'abstraction ont maladroitement séparés. Cette idée du rapport étroit entre l'instinct social et l'instinct religieux, qui, dans un livre récent (1), était si brillamment reprise et développée, elle est dans Constant, et il est à regretter qu'il l'ait conçue assez pleinement pour l'exprimer dans toute sa force, non assez pour en tirer tout ce qu'elle contient.

C'est encore un aperçu bien original que cette remarque sur la persistance du sentiment religieux au cœur de l'homme, et cette propriété qu'il a de se fortifier,

---

(1) *L'Irréligion de l'Avenir* de Guyau.

à un moment donné, de ce qui semblait le devoir détruire :
« Le scepticisme désarme l'incrédule comme l'homme religieux. Quand la tendance de l'esprit humain est à l'incrédulité, c'est l'incrédulité que le scepticisme favorise ; mais quand cette tendance est à la religion, il prête à la religion des armes contre le raisonnement... Du temps de Carnéade, le scepticisme était un motif pour tout nier ; deux siècles plus tard, c'était une raison pour tout croire. »

Il n'y a rien, encore, de plus juste que cette observation faite en courant que les doctrines philosophiques, les théories d'émancipation religieuses, se croient démocratiques en ce qu'elles tâchent à secouer un joug, et sont aristocratiques par excellence en ce qu'elles séparent l'élite raisonnante de la foule crédule, jusqu'au moment où elles ont creusé entre elles un fossé infranchissable ; — sans compter qu'il faudrait aller plus loin pour arriver à la même conclusion en sens inverse, et dire que le philosophisme sépare l'élite de la foule jusqu'au moment où le peuple, pour singer l'élite, affecte de ne plus croire, et où l'élite, pour continuer à se distinguer de la foule, en revient à feindre la foi, auquel cas le fossé est aussi profond qu'auparavant, et peut-être davantage.

Constant excelle, en sa qualité de moraliste sociologue, à bien saisir et à bien relever les moments de crise religieuse dans le développement des sociétés. On a mieux fait depuis (2) l'histoire de la renaissance religieuse qui s'est produite au premier siècle de l'empire romain ; lui, du moins, l'a très bien vue, la caractérise très nettement, sent à la fois ce qu'elle a de profond, le besoin de ressaisir un principe moral dans ce qui lui a si

(1) *La Religion Romaine* de Gaston Boissier.

longtemps servi d'enveloppe ; et ce qu'elle a de factice, le choix fait dans ce qui, par nature, n'en comporte point et veut l'abandonnement de toute l'âme, un système de traduction et d'interprétation qui déroute les simples, un symbolisme artificiel, des allégories remplaçant des êtres, des adjectifs ingénieux remplaçant des noms propres, des abstractions insidieuses et glissantes où moitié se retrouve, moitié se perd et en somme se dissout, l'objet de d'adoration, un je ne sais quoi de « divin, » au neutre, à la place de Dieu, et « une langue mythologique qui subsiste, et une religion qui n'existe plus. » C'est ainsi que « les philosophes composent une religion tout entière de distinctions insaisissables et de notions incompatibles, qui ne peut avoir ni la faveur de la popularité ni l'appui du raisonnement. » — C'est des philosophes religieux de l'empire romain que Constant parle, et je voulais seulement montrer qu'il en parle bien.

Il y a beaucoup de vrai encore dans cette conception du progrès, ou, si l'on aime mieux, de la succession à peu près constante des formes de l'instinct religieux parmi les hommes. 1° C'est d'abord le fétichisme, la croyance à un être mystérieux, *voisin de nous*, qui nous protège, si nous l'honorons, contre les forces monstrueuses et capricieuses de la nature. — 2° Puis c'est le polythéisme, l'adoration des forces de la nature elles-mêmes vite personnifiées, et sollicitées et craintes comme des êtres puissants, malicieux et pitoyables. — 3° Mais ces êtres sont encore isolés, sauvages, sans formes très précises et sans lien entre eux ; bientôt ils deviennent des hommes comme nous, plus forts que nous, mais avec toutes nos passions et toutes nos idées. — 4° Et peu à peu, la morale s'insinue et s'infiltre dans la religion ; les dieux deviennent

moins hommes, ils apparaissent davantage comme les
législateurs moraux, rémunérateurs et vengeurs de la
justice. — Et ce rôle nouveau les efface en les absorbant ;
ils perdent leur personnalité avec leurs passions ; ils
deviennent de purs esprits, assez indistincts, par cela
même, les uns des autres.— 5° Et ils sont capables désormais de se réunir facilement en un seul, et forces devenues personnes, personnes devenues vertus, vertus
devenues lois morales, vont se ramasser et se condenser
dans une idée pure. — 6° Mais sous chaque forme nouvelle
de l'instinct religieux, les formes précédentes restent
encore ; et il y a du fétichisme sous le polythéisme établi, et de l'adoration des forces naturelles sous l'anthropomorphisme officiel, en telle sorte que le païen ne
sait pas si Posidôn est un roi de la mer ou la mer elle-
même ; et il y a de l'anthropomorphisme sous le
polythéisme épuré ; et il y a toutes les manières d'adorer précédentes, et toutes les manières d'adorer
connues, même sous le monothéisme triomphant.

Voilà un système qui se tient, qui explique beaucoup
de choses, qui ne laisse pas de sembler juste en ses
lignes générales, et qui n'est même pas trop contrarié, on
le sait, par les études les plus récentes et les plus solides
sur les peuples les plus anciennement monothéistes (1).
C'était, au temps où Constant écrivait, une idée neuve
en France; et même partout, que cette observation
que c'est la morale qui a exténué le polythéisme en l'é-
purant, que tout ce qui faisait honorer les dieux davantage les détruisait en leurs personnes, que les imaginer plus irréprochables menait à ne plus les apercevoir,
et que les sanctifier était le contraire de les vivifier.

(1) V. Renan : *Le peuple d'Israël.*

Elle va très loin, cette remarque, et l'on s'étonne que Constant, si soigneux, ailleurs, de montrer qu'il y a un abîme entre le christianisme et le paganisme, ce qu'on n'aura jamais assez dit, n'ait pas vu que cet abîme, il est là.

Le christianisme suit, en son histoire, un ordre précisément inverse de celui du paganisme ; dans le paganisme, c'est la religion qui précède la morale ; dans le christianisme, c'est la morale qui précède la religion.

Le christianisme, c'est le *Sermon sur la montagne* ; c'est une grande leçon de fraternité, d'amour, de pitié, de dévouement et de sacrifice donnée au monde. Tout le christianisme est là ; le *Sermon sur la montagne* est tout le christianisme, parce que c'est ce que le monde en a compris ; là est l'ébranlement, la secousse, l'étincelle. La révolution chrétienne est une révolution morale, entourée de beaucoup de choses qui ont passionné les habiles et amusé les subtils, mais dont les simples ne se sont point autrement occupés.

Et, à l'inverse de ce qui avait été vu, c'est sur cette morale qu'une religion peu à peu s'est formée, c'est autour de cette morale qu'une religion s'est organisée, religion qui, comme les autres, a contenu, admis ou mal repoussé les éléments religieux traditionnels, symbolisme, anthropomorphisme, multiplicité des génies bienfaisants ou funestes, fétichisme même, et ici toute la théorie de Constant pourrait reparaître ; mais religion qui, au lieu d'avoir dans la morale un ennemi extérieur qui pénètre en elle et la dissout, a dans la morale son principe primitif et son principe intime, en telle sorte que soit qu'on la dépouille de ses enveloppes pour la surprendre en son fond, soit qu'on remonte les temps pour la saisir en son origine, ce qu'on trouve dans son âme et ce qu'on trouve dans sa source, c'est toujours cette morale inattaquable ou invincible, vénérable même à ses ennemis, et qui lui est un titre antique de noblesse, et qui lui est une garantie éternelle de rajeunissement, puisque qui veut attaquer le christianisme ne peut le faire qu'en lui prenant son principe même, d'où suit que qui veut le détruire ne peut aboutir qu'à le restaurer.

Montrer cette originalité surprenante du christianisme, la bien établir par une comparaison approfondie avec tout le paganisme, y trouver la raison pourquoi le paganisme, relativement tolérant jusqu'alors, est devenu, contre la religion du Christ, intransigeant et persécuteur, comme on le devient toujours contre ce qui est absolue négation et condamnation à mort de ce qu'on est soi-même ; trouver dans ces persécutions même et cette lutte d'une part, dans la nécessité ensuite où tout nouvel établissement humain est toujours d'accepter en partie l'héritage de ce qu'il remplace, de quoi expliquer la transformation du christianisme en religion métaphysique et même mythologique ; et, toujours, montrer ce fond permanent et indestructible de doctrine morale, cette âme immortelle du christianisme qui le défend et le protège à ce point qu'une révolte contre lui se ramène toujours à être un appel à lui-même ; — à chaque instant, on croirait que cela va être le livre de Benjamin Constant, livre digne de lui, en conformité avec ses sentiments, et où le philosophe, le chrétien, et remarquez-le, le protestant aussi, trouverait son compte.

Ce n'est pas le livre qu'il a écrit, et c'est un désagrément perpétuel, à lire ces volumes, de voir à côté de quels beaux sujets l'auteur a passé, et, ce qui désoblige davantage, en les voyant.

Maintenant j'ai assez indiqué ce qu'il a eu le tort de ne point faire pour qu'il soit temps de dire ce qu'il a fait.

Il a fait, avec beaucoup de recherches, beaucoup de savoir et beaucoup d'idées, une œuvre de libéralisme négatif et de protestantisme étroit. Il a essayé de prouver la supériorité des religions non sacerdotales sur les religions sacerdotales ; et il n'est si grande idée philosophique ou si bel aperçu historique qu'il ne ramène soigneusement à ces mesquines proportions ; l'étude de philosophie religieuse se réduit et s'abaisse, à toutes les fins de chapitres, à un livre de polémique.

La cause en est au temps : ce livre, conçu vers 1800, a été exécuté sous la restauration, et avec un secret dessein de répondre « à l'ouvrage absurde » de Chateaubriand ; la cause en est aussi en Benjamin Constant lui-même, en son individualisme jaloux et inquiet. Il n'aime pas l'Etat, il s'en défie ; toute force séparatiste lui paraît une garantie possible de la liberté individuelle ; or il s'est aperçu que la religion est une force séparatiste, qu'elle est un des sanctuaires où l'homme se retire, un des camps où il se retranche contre l'omnipotence de l'Etat ; qu'elle est une *place de sûreté*, — et il n'a voulu voir que cela dans la religion.

Sa philosophie religieuse est étroitement unie à sa politique, à ce point que je ne sais laquelle des deux est née de l'autre. Il lit avec plaisir dans Origène que les lois ne sont pas sacrées quand elles vont contre les vérités de conscience : « Il n'est pas criminel de se réunir en faveur de la vérité quand même les lois extérieures [sociales] le défendent ; ceux-là ne pèchent point qui se coalisent pour la perte d'un tyran. » — On le voit dans ses discussions religieuses poursuivi par des idées politiques et appuyant ses idées sur la religion par des arguments tirés d'un autre arsenal. Quand Lamennais en appelle à la « raison humaine » contre les opinions particulières, il ne veut voir là qu'une doctrine empruntée au *Contrat social* : « Il en est de la raison infaillible du genre humain comme de la souveraineté illimitée du peuple. Les uns ont cru qu'il devait y avoir quelque part une raison infaillible ;... les autres qu'il devait y avoir une souveraineté illimitée. De là, dans un cas, l'intolérance et toutes les horreurs des persécutions religieuses ; dans l'autre, les lois tyranniques et tous les excès des fureurs populaires. Au nom de la raison infaillible, on a livré les chrétiens aux bêtes, et au nom de la souveraineté illimitée, on a dressé les échafauds. »

Là est le fond des idées de Constant ; il est pour tout ce qui affranchit ; or la religion peut être une forme d'affranchissement ; elle peut dresser un autel contre un Palatin.

A une condition cependant, c'est qu'elle ne soit pas un Vatican ; c'est qu'elle ne soit pas elle-même une société organisée pour l'obéissance, un empire, une loi et une hiérarchie ; c'est qu'elle soit un droit personnel et non une loi générale et un gouvernement. — Une religion dont chacun soit le maître, le juge et l'arbitre, voilà la religion de Constant. Une religion organisée commandant en haut, obéie en bas, voilà ce qu'il repousse. La religion n'est pour lui qu'une forme de la liberté individuelle.

Il est très logique en cela et d'accord avec lui-même ; il est bien en doctrine religieuse ce qu'il est en politique, et, notons-le, même en morale. En morale, il avait une espèce d'horreur pour les maximes, les axiômes, les formules toutes faites, qui sont une espèce d'impôt mis par la conscience commune sur les consciences individuelles : « Je ne sais pas pourquoi cette morale, qui, résultant des émotions naturelles, influe sur la teneur générale de la vie, paraît déplaire à beaucoup de gens. Serait-ce parce qu'elle modifie nécessairement notre conduite, au lieu que les axiômes directs restent pour ainsi dire dans leurs niches, comme ces pagodes de l'Inde que leurs adorateurs saluent de loin sans en approcher jamais ?... Les maximes précises n'obligent qu'à les répéter. » — Même dans *Adolphe*, il disait déjà : «... Se défier de ces axiômes généraux si exempts de toute restriction.... Les sots font de leur morale une masse compacte pour qu'elle se mêle le moins possible avec leurs actions, et les laisse libre dans tous les détails. » — Le moins de communauté possible, et surtout le moins possible de droits laissés à la communauté : en morale, l'avertissement intérieur ; en politique, le droit personnel ; en religion, celle que chacun se fait, voilà le penchant invincible de Constant. Cette religion domestique et intime, c'est ce qu'il appelle le *sentiment religieux*, et c'est ce qu'il oppose sans cesse à la « religion formelle, » c'est-à-dire organisée et légiférante, ou « religion sacerdotale. »

Et, là-dessus, il se donne carrière. Tout est bon dans le « sentiment religieux, » tout est atroce dans la religion devenue gouvernement ; la religion personnelle n'inspire que de bonnes pratiques, la religion publique mène à tous les crimes. Comment le prouver historiquement? Le moyen est simple, et on le prévoit. Dans tout ce que les idées religieuses ont inspiré aux hommes, tout ce qu'il juge bon, Constant l'attribuera au sentiment religieux ; tout ce qu'il condamne, il l'attribuera à la religion légiférante. La méthode est aisée. Le sentiment religieux a créé les bonnes mœurs, la religion formelle a inspiré « la Saint-Barthélemy et les bourreaux des Dragonnades. » — Je voudrais bien qu'on me prouvât qu'il n'entrait pas un atome de sentiment religieux dans la fureur des assassins de la Saint-Barthélemy, et qu'ils étaient fanatiques par simple obéissance. — L'homme religieux est bon, mais il devient méchant dès qu'il s'associe avec d'autres hommes dans une commune pensée religieuse ; telle est au fond la doctrine de Constant. C'est étrange en soi, et, de plus, c'est très difficile à démontrer ; car il faudrait nous trouver quelque part ce « sentiment religieux » personnel non associé avec d'autres sentiments religieux personnels, et, ainsi, ne pouvant point perdre avec sa personnalité son excellence.

Chose curieuse, Constant l'a essayé. Il a tenté de trouver, dans l'histoire, des religions qui ne fussent que des sentiments religieux, des religions qui ne fussent pas organisées en sociétés religieuses et en gouvernements religieux, et il a cru les trouver chez les Grecs et les Romains. Il est assez incommode de prouver que les religions grecque et romaine ne fussent pas des religions sacerdotales. Constant s'ingénie : elles n'étaient presque point sacerdotales ; elles l'étaient aussi peu que possible. Il y a bien à dire là-dessus. De ce que les religions grecque et romaine se confondaient avec l'État lui-même, c'est tirer une singulière conséquence que de conclure qu'elles étaient moins légiférantes, moins hiérarchisées et moins autoritaires. Constant se paie ici d'un véritable sophisme. Dans son horreur pour une religion, d'une part organisée fortement, d'autre part indépendante de l'État, et, appelons les choses de leur nom, dans son horreur pour le catholicisme, il s'efforce de voir plus de garanties pour la liberté dans une religion d'État que dans une religion autonome, et il va droit contre ses théories, qui sont que les croyances sont choses individuelles. Il ne trouve pas, chez les Grecs et les Romains, une religion puissante par elle-même, société dans la société, ayant ses lois propres et son gouvernement sur les esprits ; cela lui suffit ; il y croit voir la liberté. Parce qu'il ne trouve point, séparés, les deux jougs qu'il est accoutumé à trouver devant lui, il ne s'aperçoit point qu'ils sont confondus, beaucoup plus pesants, en un seul.

Et alors se déroule toute la série des conséquences prévues. Les religions grecque et romaine étaient tolérantes. — Soit ; quand on ne les contrariait pas. Quand le polythéisme n'a trouvé devant lui que d'autres formes du polythéisme, je ne vois point trop quelles raisons il aurait eues de les repousser ; quand il a trouvé en face de lui sa négation, le monothéisme, soit philosophique, soit judaïque, soit chrétien, il a fait comme toutes les religions attaquées : il n'a pas été tendre.

Les religions grecque et romaine n'ont pas demandé de sacrifices à l'homme, elles n'ont pas diminué sa personne. — Elles lui ont demandé sa personne tout entière. Elles avaient deux mains, une comme religion, une comme État ; et l'État, au nom des dieux, demandait à l'homme tout son corps, et les dieux, protégés par l'État, demandaient à l'homme toute son âme. La liberté personnelle n'a existé chez les anciens que dans les limites de l'indifférence de l'État et de la religion, comme partout ; et, en principe, ce qu'on peut dire de la personne, chez les anciens, c'est qu'elle n'existait pas.

Les religions grecque et romaine n'ont pas connu le Dieu méchant, le Dieu en colère contre l'homme, le Dieu jaloux. — Seulement ils l'étaient tous. La Némésis divine est le fond des croyances antiques. Cette croyance s'est affaiblie, soit ; mais par l'infiltration des idées morales, par cette subtilisation du polythéisme, qui, vous l'avez très bien montré, n'en est que l'affaiblissement ; ce n'est pas au polythéisme qu'il en faut faire honneur.

Ainsi de suite, et je m'arrête ; car c'est ici que Constant cesse absolument d'être original. Prenez l'*Essai sur les mœurs*, et, au lieu d'y voir un plaidoyer pour l'irréligion, dirigez-le dans le sens d'une introduction au protestantisme, vous avez tout l'esprit du livre de la *Religion*.

Et je me trompe encore en parlant de protestantisme. Le protestantisme, lui aussi, a été, est encore une religion organisée. Dans certains pays, il a même ses princes de l'église, il est un gouvernement, il est une « religion sacerdotale » ; il tomberait sous l'anathème de Constant. M. Constant de Rebecque doit connaître une ville où le premier effort du protestantisme a été de fonder un gouvernement théocratique d'une certaine solidité et d'une certaine rigueur. En cela il suivait sa nature, il obéissait à sa fonction, qui était d'être une religion, c'est-à-dire une organisation, une cohésion humaine. Là même où le protestantisme est plus libre, plus individuel, il est sacerdotal encore ; il est condamné à l'être, ou à n'être que la liberté pure et simple, c'est-à-dire la liberté de ne plus croire même à lui, c'est-à-dire à n'être pas.

C'est le protestantisme réduit à ce qu'il a de négatif, de purement protestataire, que préconise Benjamin Constant. En cet état, il n'est pas une religion, il n'est que le besoin de n'en pas avoir. La religion de Constant, c'est la liberté individuelle, et encore en ce qu'elle a d'exclusif, d'isolant et de boudeur ; à la prendre en son fond, elle aurait pour devise : « Laissez-moi tranquille ! » C'est une maxime qui a du bon, et beaucoup de bon ; mais ce n'est pas une religion, ni même un « sentiment religieux. » De Maistre triompherait ici ; je l'entends parler : « Le catholicisme, c'est l'unité. Tout ce qui brise l'unité, tout ce qui disperse, tout ce qui isole, est protestantisme. Lisez Constant. » — Pour ce qui est du protestantisme de Constant, il aurait raison.

Chose curieuse, Benjamin Constant abhorre le fétichisme, bien entendu, et il ne s'aperçoit pas qu'il y revient. Qu'est-ce que le fétichisme ? C'est une *religion particulière*. « Le fétichisme lutte, par sa nature, contre l'empire sacerdotal. Le fétiche est un être *portatif* et *disponible* que son adorateur peut *consulter lui-même* dans toutes les circonstances et avec lequel il fait son traité directement. » — Le dieu de Constant n'est pas autre chose. Il est un idéal disponible et portatif (il écrit admirablement, ce Constant !) que chacun se fait à soi-même et consulte à son loisir. Et vous entendez bien qu'il n'est que vous-même, vous-même très pur, vous-même en vos bons moments, avec qui vous discutez des points de morale. Comme en politique vous ne relevez que de votre droit, en religion vous n'adorez que votre pensée. Votre religion est un fétichisme intérieur, une génuflexion devant les pénates de votre âme.

Et peut-être cette remarque va-t-elle plus loin qu'une épigramme ; peut-être est-ce la destinée de l'humanité de commencer par les religions individuelles et de finir par y retourner, de commencer par l'individu adorant un amulette, et de finir par l'individu s'adorant lui-même, comme elles commencent par l'individu isolé dans sa faiblesse et finissent par l'individu isolé dans sa force et dans son orgueil ; — et entre les deux extrêmes se placeraient toutes les façons que les hommes ont inventées de s'unir, de s'organiser, de s'appuyer les uns contre les autres : tribu, patrie, État, associations au sein de l'État, associations au delà des limites de l'État ; religion de tribu, religion d'État, religion d'église, religion d'église universelle.

C'est qu'une religion, au sens précis du mot, n'est rien qu'une communion des hommes dans une pensée générale. Joubert disait : « Une conscience à soi, une morale à soi, une religion à soi ! Ces choses, par leur nature, ne peuvent pas être privées. » Et elles ne l'ont jamais été, parce que l'homme, l'Homme avec une majuscule, que le xviii° siècle a si bien connu, n'a jamais existé ; mais qu'il n'a existé que des hommes, forcés pour vivre chacun de s'associer à la vie des autres, de telle et telle manière. Une de ces manières a été la religion. La religion, en son fond, est le besoin que j'ai de penser et de sentir à l'unisson d'un certain nombre de mes semblables, d'avoir une âme commune avec eux, de vivre de leur pensée et d'avoir une pensée assez pure aussi et désintéressée pour qu'ils en vivent. Quand je fais une citation de Joubert, je fais un acte religieux élémentaire. En un mot, religion est association spirituelle. Quelquefois cette association se confond avec l'association politique ; alors elle est religion d'État. Quelquefois elle s'en distingue ; alors elle est une aristocratie ; elle est un de ces groupements sociaux au sein de la nation, dont j'ai dit qu'ils étaient des éléments aristocratiques. Elle en a tous les caractères ; elle ramasse les individus isolés dans une pensée, dans une doctrine, dans un dessein, dans une tradition ; elle devient une cohésion de forces, puis un aménagement bien ordonné de forces, c'est-à-dire un organisme ; elle prend une fonction, elle se crée un droit par l'exercice de cette fonction ; elle est un *corps* de l'État.

Mais, dès lors, que voulez-vous que Constant y comprenne, lui qui n'admet pas d'aristocratie, et que toute absorption de l'individu dans quelque chose, ou même toute attache de l'individu à quoi que ce soit, importune? Il admettrait plus volontiers la religion d'État, car s'il aime peu l'État, il le comprend du moins ; et nous avons vu qu'en effet les religions d'État antiques ne lui déplaisaient point.

Je sais bien (car je veux être aussi loyal que Benjamin Constant, toujours très consciencieux dans le débat, et qui ne cache jamais l'objection), je sais bien que, quoi que j'en dise, l'élément purement personnel est très considérable dans quelque religion que ce soit. La religion n'est pas seulement association spirituelle ; elle est d'abord esprit ; et, sans doute, il le faut bien ; elle est d'abord instinct du mystérieux. Constant se promenait un jour avec Bonstetten et devisait avec lui de l'origine des idées religieuses ; Bonstetten lui dit : « L'homme actif rencontre au dehors des résistances et se fait des dieux ; l'homme contemplatif éprouve au dedans un besoin vague et se fait un dieu. » C'est vrai ; il y a une religion personnelle et intime qui est contemplation, adoration de l'inconnu qui nous précède, qui nous suit et qui nous entoure, besoin que nous sentons de lui dire que nous ne sommes rien devant lui, qu'il est infini et nous néant, besoin encore de nous associer humblement à cette force immense, en y adhérant par le soin de la reconnaître et la bonne volonté à nous y soumettre. Il nous semble que c'est une communication avec le grand mystère que de le concevoir et d'en pénétrer notre esprit. Contempler Dieu, c'est le réfléchir. « Au fond de nous, dit M. Renan, est comme une fontaine des fées, claire, verte et profonde, où se reflète l'infini. » Cela est vrai, et la religion considérée comme association spirituelle n'est que ce sentiment même retrouvé par chacun de nous dans les autres.

Mais ce sentiment-là, qui serait le dernier refuge de Benjamin Constant, et où, en effet, il essaie de se ramener sans cesse, le malheur est que, sans aucun doute, il ne l'éprouve aucunement. On le voit à la façon dont il en parle. C'est toujours d'une manière gauche, courte et qui n'a rien de pénétrant. Mme de Sévigné disait en souriant : « Comment peut-on aimer Dieu quand on n'en entend pas bien parler ? Il faut des grâces particulières. » De Constant on a souvent envie de dire : « Comment peut-on bien parler de Dieu quand on ne l'aime point ? Il y faudrait des grâces spéciales. » Elles ne lui ont point été données. Il dit de Wieland : « Il voudrait croire, parce que cela conviendrait à son imagination, qu'il voudrait rendre poétique. » Ce n'est pas seulement à Wieland que cette remarque est applicable.

Quand on lit de Maistre, on a toujours l'idée d'un catholique qui n'est pas chrétien ; quand on lit Constant, l'idée peut nous venir d'un protestant qui n'est pas très protestant, mais qui est plus protestant que déiste. Il a trouvé le moyen d'avoir une religion qui n'est pas une croyance ; il y tient comme à la négation de ce qu'il repousse ; et comme son libéralisme est une manière de fermer sa porte, sa religion est une manière de la défendre. Il a eu un certain nombre de principes qu'il tenait ferme et qu'il soignait avec amour ; mais ce n'étaient pas des sentiments puissants et profonds, c'étaient des armes défensives.

V

Ces principes, il les a soutenus avec éclat. C'était un écrivain très distingué, au premier rang après les plus grands. Sa clarté est souveraine. Il n'y a pas dans Voltaire une discussion plus nette, plus serrée et en même temps plus limpide que l'*Entretien d'un électeur avec lui-même*. C'est la pensée pure, sans aucun de ces voiles qui veulent se faire prendre pour des vêtements. C'est un style sincère, ce qui tient à ce que Constant, parmi tous les mensonges du cœur, a gardé la sincérité de l'esprit. Son *Adolphe*, dans sa manière courte, dans sa démarche sûre, avec son geste précis et un peu dur, est le modèle même du style du romancier moraliste. On n'y souhaite point plus de grâces ; elles ressembleraient à des faiblesses. Peut-être je ne sais quoi de puissant se laisse désirer dans tout cela. De Maistre, qui avait le mot vif et une certaine verdeur à l'occasion, dit quelque part : « M. de Rebecque paraît manquer de virilité, du moins dans ses livres. » Il manque de cette force oratoire, entraînante et impérieuse, maîtrisante et qui serre la gorge de l'adversaire, que M. de Maistre connaissait bien ; mais il excelle à envelopper l'ennemi dans un réseau serré, aux mailles souples, et dont il tient l'attache avec vigueur. C'est le rétiaire de la polémique.

Il a peu connu l'ampleur, l'harmonie et surtout le *nombre*. Son imagination, car il en a, était embarrassée à trouver sa forme. La « nuit » d'*Adolphe* que j'ai citée plus haut est admirable de profondeur de sentiment, admirable à nous montrer les passions de l'âme s'associant aux harmonies de la nature, ou plutôt les créant, se répandant sur le monde extérieur et en recevant, agrandi et renforcé, ce qu'elles y ont mis, et c'est là justement le propre de l'imagination ; mais relisez cette belle page : des phrases courtes, des notations brèves et sèches, des traits délicats et un peu maigres, c'est l'expression que trouve l'auteur pour rendre, et il les rend, mais sans les peindre, la sérénité de la nature, le repos, le silence vaste, la lassitude douce et résignée des choses. Le vers de Vigny : « Les grands pays muets devant nous s'étendront », murmure vaguement dans le souvenir ; Constant ne sait pas en donner l'équivalent.

Il saura trouver des images neuves et fortes, ou plutôt il aura des visions comme celle-ci : « ... cette inévitable vieillesse, qui, semblable aux magiciens dont les fictions de l'Orient nous parlent, s'assied dans les ténèbres à l'extrémité de notre carrière, fixant sur nous des yeux immobiles et perçants, qui nous attirent vers elle, malgré nos efforts, par je ne sais quel pouvoir occulte. » — L'évocation est puissante, mais l'expression est faible ; la phrase n'est point faite ; elle se termine sur des mots abstraits ; elle n'a pas d'harmonie, pas de plénitude. La voyez-vous faite par Bossuet ou Chateaubriand? Elle aurait trouvé sa forme, son tour, elle vivrait comme vit un beau vers ; elle se serait enroulée pour jamais dans les mémoires. Excellent écrivain, non grand écrivain. L'excellent écrivain trouve le mot juste ; le grand écrivain trouve l'association naturelle des mots, qui se groupent et concourent ensemble comme les cellules d'un corps vivant et font de la phrase un être animé, à la démarche aisée et rythmique.

Mais encore une idée nette est une chose singulièrement forte et qui va loin. Constant reste le penseur, non le plus vigoureux, mais le plus lumineux de notre âge. Il n'a jamais vu, ou plutôt il n'a jamais voulu voir, les idées sous leurs aspects contradictoires. Il aimait à dire, je le sais : « Ce que vous dites est si vrai que le contraire est parfaitement juste » ; mais il n'a pas voulu faire de cette boutade une méthode. Il aimait mieux voir l'idée très nettement, en tout son détail, par le côté qui lui semblait importer davantage, que d'en faire le tour, se disant peut-être que faire le tour des idées, quand il ne se réduit pas à se promener indéfiniment, aboutit toujours à revenir au point de départ. Il a pris l'idée de liberté, il s'y est attaché, il l'a analysée et scrutée avec une grande force et une grande pénétration de regard ; il l'a épuisée. Il en a si bien vu le fond que c'est chez lui-même que ceux qui n'aiment point ce principe peuvent aller chercher des arguments à le ruiner ; il n'y a que les théoriciens très complets et très logiques qui peuvent suffire comme terrain d'opération à leurs adversaires.

Cette idée, elle était en germe au fond de son caractère comme sont toujours nos idées maîtresses ; égoïste inconséquent et maladroit, ce qui lui fait honneur, dans sa conduite, il a fait du libéralisme un égoïsme intelligent, du sentiment religieux une religion intérieure où le croyant, le prêtre et peut-être le Dieu risque de se confondre en une trinité intime. On peut craindre qu'il y ait en tout cela un sentiment insuffisant de la solidarité humaine. Mais ceux qui prêchent la solidarité tombent si souvent dans l'inconséquence de la comprendre à leur profit, et la transforment si volontiers en un égoïsme absorbant, qu'on finit par trouver presque la générosité à un égoïsme plus solitaire.

Et puis, bonne ou mauvaise, salutaire ou périlleuse, cette idée était bien celle du siècle. Déclin des forces de cohésion, mise en liberté des forces individuelles, allègement du joug de l'État, relâchement du lien religieux, carrière ouverte à l'initiative de chacun, c'était le grand fait de l'âge nouveau. Constant n'a que présenté un fait sous la forme d'une idée ; mais précisément c'est son mérite et le service qu'il a rendu ; car d'abord il est très probable que nous ne faisons jamais qu'habiller en idées les grands faits qui nous enveloppent et nous entraînent, et, par exemple, la révolution française n'est qu'un fait ; mais elle est devenue une idée plus tard ; ensuite, il est très bon de transformer un fait en idée : il n'en est ni plus ni moins ; mais à le spiritualiser on peut le rendre moins brutal. Le despotisme de Louis XIV devient nécessairement quelque chose de plus noble dans la *Politique tirée de l'Écriture sainte* qu'il n'est dans la réalité, et de ce qu'il est devenu dans la théorie, quelque chose peut en retourner dans la pratique et l'améliorer. De même, aux hommes affranchis présenter l'affranchissement comme un principe, c'est lui donner la dignité d'une chose morale, et tel qui dans le fait ne verrait qu'une bonne occasion dans l'idée peut trouver un titre de noblesse dont il s'inquiète de se montrer digne. L'homme sanctifie les choses en les pensant, et du fait le plus grossier, qu'il spiritualise, peut finir par faire une religion. Constant a rendu ce service de consacrer la liberté par la théorie qu'il en a faite.

Même en choses religieuses, il est au moins honorable pour Constant d'avoir parlé sur ce sujet avec gravité. Qu'il n'eût pas le sentiment religieux, il est possible ; mais il avait ce commencement de religion qui consiste à considérer la religion comme chose sérieuse. Au sortir du XVIII° siècle, c'était un mérite. Il a laissé un livre dont les conclusions sont discutables, mais dont l'esprit est élevé. Après Dupuis et Volney, en face de Chateaubriand trop étourdi par son imagination et qui ne s'aperçoit pas qu'il lui arrive d'être catholique jusqu'à en être un peu païen, Constant introduisait dans la pensée française un élément qui lui manquait tout à fait, c'est à savoir un peu, — je dis un peu — d'esprit protestant. Nous avions eu du catholicisme, du jansénisme, du mysticisme, de l'irréligion violente. Une manière grave, un peu froide, mais consciencieuse, d'examiner l'instinct religieux, avec le souci de le rattacher toujours à la loi morale et d'en faire un soutien intérieur, un viatique du cœur plutôt qu'un enchantement de l'imagination, ou une discipline imposée, c'était chose nouvelle chez nous, qui a reparu après Constant, mieux comprise par d'autres que par lui, qui a eu sa part dans l'histoire des idées du XIX° siècle, son influence réelle, encore que limitée, et qu'il me semble qu'il est le premier, quoique insuffisamment convaincu et pénétré, à avoir montrée.

Pour toutes ces raisons, c'est un initiateur, c'est un esprit original, c'est un homme qui n'est pas au-dessous, chose rare, des idées qu'il expose. On n'a pas écrit *Adolphe* sans être presque un grand artiste, ni inventé le libéralisme sans être presque un grand esprit.

ROYER-COLLARD

Royer-Collard écrivait le 19 septembre 1833 à M. de Barante : « Je n'avais de vocation libérale qu'avec la légitimité. » Il s'est fort bien défini ce jour-là. Un légitimiste libéral, c'est tout Royer-Collard. Il n'est libéral qu'en tant que légitimiste, et légitimiste qu'en tant que libéral, et il ne veut ni de la légitimité sans liberté, ni de la liberté sans légitimité. — « Séparez la liberté de la légitimité, vous allez à la barbarie ; séparez la légitimité de la liberté, vous ramenez ces horribles combats où elles ont succombé l'une et l'autre. » — Il ne veut de la légitimité qu'avec la liberté, parce que, sans liberté, la légitimité, c'est non seulement le despotisme, mais l'anarchie morale, une sorte de folie des grandeurs héréditaire, traditionnelle, consacrée par le temps et illustrée par l'histoire. Il ne veut de liberté qu'avec la légitimité, parce que la liberté pour lui n'est qu'une borne, une frontière où s'arrête le pouvoir et qui consacre le droit du pouvoir en le limitant. Si donc elle ne borne plus un pouvoir légitime, de borne elle devient pouvoir elle-même, pouvoir arbitraire, capricieux, indéfini et illimité, autre forme d'anarchie et de désordre civil et moral.

Légitimiste donc avec obstination, et libéral avec entêtement, il l'a été, d'une suite et d'une constance parfaites, jusqu'à la fin.

Son caractère comportait ce système et l'y retenait. Il y a des gens qui sont libéraux par libéralisme, et il y en a qui sont libéraux parce qu'ils sont autoritaires. Royer-Collard était de ces derniers. Sévère, sinon austère, ce qui peut-être serait trop dire, un peu dur même pour ne rien cacher, à l'égard des siens, dans la vie privée, très orgueilleux et très tranchant, ayant eu de très bonne heure un tempérament de procureur général et l'ayant toujours gardé, « dictateur », comme a très bien dit M. Taine, il n'était nullement légitimiste par sentiment de fierté et d'amour. Il n'avait aucunement l'âme royaliste. Un état politique dans lequel lui, ou, si l'on veut, un homme comme lui, eût une part d'influence respectée, consacrée et inattaquable, où nulle puissance ne pût le toucher dans sa chaire de professeur, sur son banc de député, ou sur son siège de magistrat inamovible, c'était ce que son caractère exigeait. — Et, d'autre part, assez paresseux, fuyant les tracas et les responsabilités du pouvoir avec un soin extrême, ce n'était point par la participation à la puissance exécutive qu'il pouvait songer à satisfaire ses instincts de commandement. Restait donc bien qu'il fût un « parlementaire », un homme qui veut non pas le grand pouvoir du ministre dirigeant, mais le pouvoir, plus restreint en son action, aussi absolu et plus absolu dans sa sphère étroite, du magistrat, du député inviolable, que sais-je? de l'homme qu'un droit, inscrit dans la constitution, protège, défend, et maintient dans l'exercice d'une certaine autorité. Si quelqu'un a dû rêver de l'institution des sénateurs inamovibles et désiré y figurer, c'est bien lui.

Voilà pour son libéralisme et pour sa manière de comprendre le mot liberté. Pour ce qui est de son légitimisme, il vient de la même source. Si les libertés sont droits constitutionnels dont profitent certaines classes de citoyens pour exercer un certain pouvoir, il est bien sûr que ces droits ne seront véritablement et efficacement garantis que par un droit aussi, un droit supérieur et unanimement respecté, dont la présence, le passé surtout, et la longue autorité traditionnelle, habituent la nation à vénérer et à maintenir par son respect même les droits inférieurs et de second ordre. — Si la royauté est une délégation populaire, à plus forte raison tous les pouvoirs et toutes les autorités le sont aussi ; si la royauté est l'effet d'un coup de fortune, et le trophée d'un soldat heureux, ou le butin d'un intrigant habile, elle n'est plus qu'une aventure, et tous les pouvoirs et autorités d'ordre inférieur sont des accidents.

Un état, donc, où la royauté soit un droit, et ne soit pas le seul droit, pour qu'il y ait des droits pour d'autres ; — soit un pouvoir, et ne soit pas le seul pouvoir, pour qu'on puisse être puissant au-dessous d'elle, sans la courtiser : c'est l'état social où Royer-Collard aime à vivre.

I

CONCEPTION GÉNÉRALE DE ROYER-COLLARD.

On dit qu'il trouva un jour un volume de Thomas Reid sur les quais, et qu'en l'ouvrant il vit que sa philosophie était dans ce livre-là. Il en a trouvé un autre, en 1815, où il vit que toute sa politique était renfermée, à le bien traduire ; et ce livre, c'était la Charte. Royer-Collard, comme a très bien dit Rémusat, « a fondé la philosophie de la Charte. » C'est là qu'il a trouvé écrit ce qu'il avait dans l'esprit à l'état de système, et dans sa complexion intime à l'état de besoin, l'union de la légitimité et de la liberté : « La Charte n'est autre chose que cette alliance indissoluble du pouvoir légitime dont elle émane avec les libertés nationales qu'elle consacre. C'est là son caractère ; c'est par là qu'elle est forte comme la nécessité. »

Royer-Collard s'est aperçu en 1815 que, depuis environ soixante ans, les Français n'avaient qu'une question à se poser les uns aux autres quand ils s'entretenaient de politique : Où est la souveraineté ? Est-elle dans le roi ? Est-elle dans le peuple ? Est-elle dans le roi en tant que délégué du peuple ? Est-elle dans le roi en tant que délégué de Dieu ? Est-elle dans le peuple d'une manière immanente et inaliénable ? Est-elle dans le peuple représenté par des délégués qui se réuniront autour du roi, ou sans roi ? — Royer-Collard a répondu : « La question est mal posée, pour cette bonne raison qu'elle ne doit pas être posée. On dit : où est la souveraineté ? Je dis : *il n'y a pas de souveraineté*. Dès qu'il y a une souveraineté, il y a despotisme, dès qu'il y a despotisme, il y a, sinon mort sociale (et encore souvent il s'en faut de peu que cela soit), du moins désordre organique profond. Demander où est la souveraineté c'est être despotiste, et déclarer qu'on l'est. C'est n'avoir pas même le soupçon, le sens et l'instinct de ce qu'est la liberté. »

Il n'y a pas de souveraineté, voilà tout l'esprit politique de Royer-Collard. Successivement il s'est tourné vers tous les pouvoirs sociaux, anciens, nouveaux, ou à naître, et à chacun il a dit: vous n'êtes pas souverain.

Il a eu à faire. Car au temps où il vivait, tout le monde, chacun à son moment, ayant été souverain, et tout le monde aspirant à le redevenir, il avait à parler à beaucoup de gens.

Il disait au roi : Vous n'êtes pas souverain ; vous êtes gouvernement, ce qui est très différent.

Il disait au peuple : Vous n'êtes pas souverain ; vous êtes la force, ce qui est autre chose.

Il disait aux membres du parlement : Vous n'êtes pas souverains ; vous êtes législateurs, ce qui n'est pas la même affaire.

Le secret, facile, certes, à démêler, de ses variations, ou plutôt de ses changements d'attitude, est tout entier là. En 1816, il est avec le gouvernement contre la chambre; et je le crois bien, car la chambre de 1816 n'est pas autre chose, en ses intentions et son esprit, qu'une Convention. Elle prétend gouverner, elle prétend être souveraine : Vous n'êtes pas souverains ! — En 1828, il est avec la chambre contre le gouvernement ; et je le crois bien, car le gouvernement de 1828 prétend être Louis XIV : Vous n'êtes pas souverain ! — Il répète toujours la même chose, il tient toujours le même langage. Seulement il le tient à différentes personnes selon différents temps. Il n'y a rien tant que cela qui vous donne l'air d'être extrêmement versatile.

Et cette théorie ferme et constante, c'est dans la charte qu'il la trouve, ou croit la trouver. C'est la charte, suivant lui, qui a dit qu'il n'y a pas de souveraineté. Elle a institué un pouvoir anonyme et impersonnel qui est la loi, et voulu que personne en vérité ne fît la loi, tant seraient nombreuses, diverses et séparées les puissances dont l'accord serait nécessaire pour qu'elle fût faite. La loi, selon la charte, n'est point faite par le peuple, point par le roi, point par l'aristocratie, point par les élus du peuple. Elle est faite par le roi, les pairs et la délégation du peuple, quand tout ce monde est tombé d'accord, ce qui revient à dire, et ce n'est pas là une simple subtilité de langage, qu'elle n'est point faite *par* le roi, les pairs et les députés, mais que, quand roi, pairs et députés consentent, elle se trouve faite. La source de la loi reste mystique, tant sont multiples les éléments de sa formation ; et, en définitive, seule elle est souveraine ; et nul ne saurait dire qui l'a conçue et produite ; et *quelque chose* est souveraineté, et *personne* n'est souverain.

Voilà le sens de la charte, voilà son esprit. Tout vient d'elle. C'est elle qui nous institue en nos droits, en nos autorités, en nos puissances. Tout pouvoir vient d'elle et n'est que par elle, précisément pour que personne dans le pays ne soit puissant de par soi. C'est elle qui nous fait roi, pair, député, éligible ou électeur. Si tout le monde n'est pas électeur, par exemple, des esprits pratiques et positifs pourront dire que c'est parce que la compétence est chose où il faut avoir égard même quand il s'agit du salut du pays, et que pour faire un métier il faut savoir le faire ; et ils n'auront sans doute pas tort ; — mais c'est surtout pour qu'il soit bien marqué qu'on n'est pas électeur de par un droit naturel, mais de par un droit qui vous est constitué par la charte, qui vient tout d'elle, qui naît avec la désignation qu'elle fait de vous, et qui, avant qu'elle existât, n'existait pas.

Pour donner à la constitution une telle autorité, pour la douer d'une telle toute-puissance et lui attribuer une telle vertu, il faut la rehausser autant qu'il se peut dans l'estime des hommes. C'est à quoi Royer-Collard ne manque point et il s'efforce de la confondre, comme nous avons déjà vu, avec la « nécessité », entendant par là la nécessité historique. La charte c'est l'histoire de France. Ses premiers « linéaments » sont visibles au temps de Louis le Gros. Elle n'est pas d'hier ; d'hier seulement le papier où on l'a écrite. En dépendant d'elle, c'est de notre histoire que nous dépendons. C'est la France éternelle qui oblige le Français d'un moment ; et c'est elle aussi qui lui donne ses droits, qui, après l'avoir créé comme homme, le crée, — est-ce plus étrange ? — comme citoyen, magistrat, législateur, ou roi.

Dans cette conception, Royer-Collard est très à l'aise. En faisant la constitution aussi ancienne que la monarchie, il peut se permettre d'être aussi constitutionnel que royaliste, et libéral tout autant que légitimiste, comme du même sentiment et de la même pensée. Charte et royauté sont deux faces du même droit, et ce droit à double aspect a toujours existé en France et confond ses origines avec celles du pays. Légitimité et charte, en histoire, même destinée ; en raison, même sens et même esprit. L'une et l'autre sont pour que là où il y aurait la force, ou une aventure, il y ait un droit. Légitimité, pour qu'un avènement ne soit pas un accident et un règne une circonstance. Charte, pour que la loi ne soit pas un coup de force, une pesée du plus grand nombre sur le plus petit et d'un chiffre sur un chiffre un peu plus faible. Toutes les deux ingénieuses et salutaires substitutions d'un droit à la force, de quelque chose de spirituel à quelque chose de matériel et de grossier ; toutes les deux formes, et produits,

et soutiens de la civilisation parmi les hommes ; car
le seul concours, ou le seul jeu, pour faire l'histoire humaine, de la force et des circonstances, c'est la définition même de la barbarie.

II

LA POLITIQUE DE ROYER-COLLARD.

Fort de cette conception générale, Royer-Collard se place, et très fermement, et avec un coup d'œil très sûr et très juste, dans le temps où il vit, qu'il comprend très bien et pénètre avec une véritable perspicacité d'homme d'État; et il remarque que la France en 1810 est entre deux « souverainetés », l'une dans le passé, l'autre dans l'avenir. La souveraineté d'autrefois, c'était la monarchie *presque* absolue ; la souveraineté à venir, c'est la souveraineté du peuple absolue.

La souveraineté d'autrefois, c'était la monarchie presque absolue. — Elle l'était, quoi que Royer-Collard ait dit de la double continuité de la légitimité et de la charte. Il sait bien qu'en ce qui concerne la charte, ce qu'il en a dit était pour la théorie, mais que, dans la réalité des choses, de ces deux droits éternels, l'un était très fort et l'autre au moins très languissant. Il faut bien avouer qu'avant 1789 il y avait une souveraineté. Cependant, elle n'était vraiment que *presque* absolue. Il y avait des droits en France, à côté, au-dessous, si l'on veut, du droit du roi. Il y avait des puissances qui n'étaient pas dérivées du pouvoir royal, il y avait des autorités et des magistratures qui relevaient d'elles-mêmes, il y avait des fonctions qui étaient des propriétés. La France fut longtemps « hérissée », elle fut toujours pleine « non seulement d'ordres, de seigneuries, de communes, mais d'une foule de corporations avec leurs magistratures domestiques... Le *droit* est partout... C'étaient là comme des faisceaux puissants de droits privés, vraies républiques dans la monarchie. Ces institutions ne partageaient pas, il est vrai, la souveraineté ; mais elles lui opposaient partout des limites que l'honneur défendait avec opiniâtreté. » — Tout ceci a disparu. La Révolution, qui a cru fonder la liberté, n'a fait que déplacer la souveraineté, tout en la faisant, de presque absolue qu'elle devenait, absolue sans aucune restriction. « La Révolution n'a laissé debout que des individus. » Actuellement, en 1816, nous sommes centralisés, ce qui veut dire isolés les uns par rapport aux autres, centralisés par la prise directe et sans intermédiaire de l'État sur chacun. « La servitude publique... voilà l'héritage que Louis XVIII a recueilli » de ceux dont il n'était pas l'héritier. Nous ne sommes pas des citoyens, nous le sommes moins qu'avant l'invention de ce mot, « nous sommes des administrés ». La souveraineté nous submerge ; nous sommes noyés dans la souveraineté ; « ce sont des délégués de la souveraineté qui nettoient nos rues et allument nos réverbères. »

Dans cet état, nous sommes sur un chemin qui mène de l'ancienne souveraineté presque absolue à une nouvelle souveraineté qui sera littéralement écrasante. Nous sommes tout préparés à tomber sous le joug de l'absolue souveraineté populaire. Nous l'avons subie à l'état d'accident ; nous allons la subir demain à l'état régulier et permanent. Encore quelques années et c'est chose faite, encore quelques années et « la démocratie coule à pleins bords. »

Que faire pour empêcher cette souveraineté future et prochaine de s'établir? D'abord maintenir la légitimité. Certes, il le faut. Dans cette France égalisée et centralisée, des *choses de droit* et non de force, qui étaient si nombreuses autrefois, c'est la seule qui reste ; et, sans doute, du moment que c'est la seule qui reste, on peut me dire que c'est comme s'il n'en restait pas; un droit, quand il devient unique et n'est plus limité par aucun autre, devenant une simple force oppressive. Mais encore c'est un droit, en ce sens, si vous voulez, que c'en a été un; il garde ce caractère, au moins honorable, vénérable et peut-être de bon exemple ; et à ce titre il vaut mieux qu'une force pure et simple, qui n'aurait pas même ceci d'un droit, de l'avoir été.

De plus, puisque rien ne reste des droits anciens, il en faut créer. Il faut que certaines choses en France soient établies à l'état d'institutions indépendantes et inviolables que ne pourra toucher la souveraineté, ni celle toute relative, puisque la charte existe, qui existe en ce moment, ni celle, absolue à cette fois, que nous aurons probablement demain et qui s'appellera la souveraineté du peuple. — Et, dès lors, remarquez que la légitimité, seulement souvenir d'un droit, quand elle était tenue pour droit unique, redevient un droit véritablement dès qu'il y en a d'autres, et que je la légitime pour ainsi dire en la limitant.

Quels sont ces droits nouveaux qu'il faut consacrer pour remplacer les anciens qu'on a laissé prescrire et qu'on a fini, formellement, par effacer?

Ces droits devront être des droits *généraux*, c'est-à-dire des libertés, au lieu d'être, comme autrefois, des droits particuliers, c'est-à-dire des privilèges. C'est en cela, c'est en observant cette différence entre le passé et le présent qu'il convient d'être démocrate et qu'il convient d'accepter la Révolution. Un droit de classe, un droit de corporation, un droit de commune, un droit personnel, c'est une liberté, ne nous y trompons point; car est une liberté, et profit indirect de tous, quoique propriété d'un seul, tout ce qui limite, arrête ou contrebalance le pouvoir absolu ou d'un maître ou de tout le monde ; mais encore c'est une liberté, générale sans doute en son dernier effet, particulière pourtant, privée et comme « domestique » en sa nature et en son essence. Ce que, d'abord, le monde moderne peut comprendre, et, ensuite, ce qui est pratique et possible, c'est, non plus des libertés particulières, qui, étant des exceptions, au point qu'elles paraissent des abus, ne peuvent être instituées que par le temps ; mais des libertés générales, des libertés qui, certes, ne seront point à l'usage de tout le monde, n'y comptez pas, des libertés qui deviendront parfaitement, comme les anciennes, et forcément, le privilège de quelques-uns, mais enfin des libertés générales en ce sens que, comme aux « fonctions publiques », tous les Français y seront admissibles, et, sinon aptes, du moins conviés.

En ce sens, elles auront un caractère un peu trompeur, soit, mais spécieux et séduisant, de généralité, qui satisfera l'instinct démocratique et égalitaire ; et, aux yeux du penseur sérieux, elles auront le même office et le même effet que les anciennes, ni plus ni moins, et c'est assez : elles empêcheront qu'*il y ait une souveraineté*.

Ces libertés générales, destinées à remplacer les libertés particulières, quelles seront-elles ?

Ce seront liberté de la presse, liberté des cultes, inamovibilité de la magistrature, gouvernement parlementaire.

La liberté de la presse n'est pas, comme on l'a dit, la garantie, la sauvegarde des autres libertés. Elle n'en est pas le gardien jaloux ; car elle n'en a souci, n'ayant cure que de soi-même. Ce que veut la presse, c'est exister et persister et se développer, être puissante, et rien de plus. Elle ne se sent nullement solidaire des autres libertés, et elle a raison ; car elle ne l'est pas. Au contraire, elle se sent plus considérable, et elle l'est, quand le parlement est paralysé et la magistrature asservie ; car alors l'opinion, dont elle vit, est toute avec elle. Elle a donc un caractère tout égoïste, peu généreux, et volontiers assez malfaisant, qui ne vaut pas qu'on ait pour elle une vénération singulière. Mais remarquez qu'elle est, de sa nature, un peu plus que les autres libertés, une liberté populaire. Ces petites libertés populaires et droits « domestiques » d'autrefois, qui n'existent plus, c'est elle qui les remplace, à peu près. Il sera toujours facile, relativement, à n'importe qui, de faire connaître sa plainte et de produire sa réclamation par l'imprimé. De ce fait la souveraineté est bornée ; car la vraie souveraineté est faite surtout du silence des gouvernés. — Ce qu'on reproche à la presse, et ce dont elle se vante, c'est d'être un « troisième » ou un « quatrième pouvoir ». C'est pour cela qu'il faut qu'elle soit. Ce sont des pouvoirs qu'il faut élever, ou dont il faut permettre la formation autour du Pouvoir proprement dit. Ce qu'il faut, c'est qu'il ne soit pas seul, c'est qu'il n'absorbe pas la somme totale des forces sociales. La presse est un des pouvoirs limitateurs ; et celui-ci a pour lui qu'il est, sinon aux mains, du moins, un peu, à la disposition des petits. C'est leur arme ; mettons que ce soit leur consolation. Il est d'hygiène sociale qu'ils en aient, ou qu'ils croient en avoir une.

— Et cette liberté deviendra un privilège ! — Sans aucun doute. Toute chose qui est liberté en théorie devient privilège en pratique. La presse, à le bien prendre, sera un pouvoir aux mains de certaines gens, dont ne profitera guère et dont pâtira plutôt le particulier (sur quoi il faudra même prendre certaines précautions). Mais encore c'est une liberté en ce sens que c'est un pouvoir limitateur de la souveraineté. — Pourquoi s'intéresser à celui-là plutôt qu'à un autre ? Parce que nous n'avons plus beaucoup de choix. Ces pouvoirs limitateurs que Montesquieu appelait « pouvoirs intermédiaires », et qui étaient si nombreux dans l'ancienne France, encore que, sur la fin, languissants, ils sont très peu nombreux aujourd'hui. Le nivellement s'est fait ; le rouleau a passé. Je cherche les barrières à opposer à l'absolutisme. Je trouve celle-ci. Elle n'est pas sans inconvénient. Elle a des avantages. Tout compte fait, je la garde.

La liberté des cultes est un pouvoir limitateur, et elle seule a ce caractère de ne pouvoir aucunement devenir un privilège. Elle est exceptionnelle à cet égard. C'est un pouvoir limitateur qui n'a de force qu'en tant que limite, et, pour en parler mieux, c'est une limite qui n'est pas un pouvoir. Cela vient de ce qu'elle se détruit comme puissance en s'établissant comme liberté. Une Église est une puissance, une Église privilégiée est un joug, et une Église confondue avec l'État est un despotisme, le plus complet des despotismes. Des Églises libres sont des libertés.

rien que des libertés, et des enseignements perpétuels de liberté. Elles apprennent au citoyen, continuellement, qu'il n'appartient pas tout entier à l'État, qu'il a une partie de lui-même, intime et sacrée, où l'État n'a rien à voir, et dont l'homme dispose pleinement à son gré, pouvant l'associer spontanément ou à telle communion ou à telle autre. Ce sont, en cela, des pouvoirs limitateurs, mais ce sont des limites toutes morales. Ce sont des âmes affranchies ; ce sont des consciences, qui se saisissent d'elles-mêmes et s'aperçoivent qu'elles sont des consciences, et, du moment qu'elles s'en aperçoivent, le deviennent, au lieu de n'être que des soumissions. La liberté de conscience est création de consciences. Il n'y a pas ferment d'individualisme plus puissant au monde.

C'est précisément au temps où monarchie presque absolue, démocratie égalitaire, empire, tous renchérissant l'un sur l'autre, ont nivelé, centralisé, et *socialisé* la nation au point que voilà l'État, c'est-à-dire en pratique le gouvernement, qui est tout, qu'il convient plus que jamais qu'il y ait au moins une chose individuelle qui soit la conscience, et des associations libres de consciences qui soient les Églises. « De petites républiques dans la monarchie », nous avons vu qu'autrefois il y en avait ; de petites républiques aujourd'hui dans la monarchie, demain, dans la démocratie autoritaire, il n'y en aura pas, si ce n'est les Églises. Une Église d'État est un danger formidable pour la liberté aujourd'hui plus que jamais ; car dans l'ancienne monarchie, l'Église officielle n'était pas Église d'État : elle était un corps de l'État, c'est-à-dire pouvoir limitateur de la souveraineté ; désormais, agrégée à l'État, soudée à lui, vivant de lui, elle lui serait non plus une limite, mais un surcroît d'autorité et de force ; elle serait l'État religieux renforçant l'État civil, une aggravation de centralisation, de compression et de despotisme. Le despotisme absolu, c'est l'État-Église. L'école de la liberté, c'est l'Église libre.

L'inamovibilité de la magistrature, c'est un pouvoir limitateur plus matériel et plus palpable, aussi nécessaire. C'est l'État reconnaissant, non plus qu'il peut y avoir une conscience en dehors de lui, mais qu'il peut y avoir une justice *contre* lui, c'est l'État reconnaissant que dans un démêlé avec un citoyen, il peut être condamné, et qu'il est d'utilité sociale qu'il puisse l'être ; c'est l'État reconnaissant qu'il ne peut pas être juge, parce qu'il lui peut arriver d'être juge et partie. La liberté civile et la sécurité du citoyen honnête, et partant la sécurité sociale tout entière, reposent sur ce sacrifice nécessaire.

Que dit l'État au juge en l'installant? n'importe quel État ; car on est toujours juste en principe, et ce n'est que les occasions qui vous sollicitent plus tard à l'être moins. « Il lui dit : Soyez impassible. N'ayez ni crainte ni espérance. Si mes propres erreurs, si les influences qui m'assiègent m'arrachent des commandements injustes, désobéissez-moi. — Le juge répond : Je ne suis qu'un homme... Vous êtes trop fort et je suis trop faible. Je succomberai... Je ne puis m'élever, toujours au-dessus de moi-même, si vous ne me protégez à la fois et contre moi et contre vous. Secourez ma faiblesse. Affranchissez-moi de la crainte et de l'espérance. »

Voilà ce que seul peut faire, non pas même l'État, mais le principe de l'inamovibilité. La justice ne peut être juste que si la fonction de juger est la propriété du juge. Elle l'était autrefois. Cette vénalité des charges, née de la plus basse origine, du besoin d'argent d'un roi, n'en a pas moins fondé la justice en France. Elle a fait des juges qui ne craignaient pas d'être destitués, une magistrature qui ne redoutait pas une épuration périodique. — Un temps viendra peut-être (ce n'est plus Royer-Collard qui parle) où le besoin d'argent rétablira la vénalité des charges, et ce sera un scandale dans l'opinion publique, et ce sera un progrès social, malgré le sentiment populaire, et malgré la bassesse de l'expédient d'où elle renaîtra ; car ce n'est pas la vénalité des charges qui est un malheur, c'est la vénalité du juge. — Un autre temps viendra peut-être, dans une république de Salente, où la magistrature, qui ne sera composée ni d'acheteurs, ni d'héritiers, ni de fonctionnaires, sera un corps de l'État se recrutant lui-même parmi les juristes, aura sa pleine autonomie et sera aussi indépendante du pouvoir exécutif qu'elle l'est maintenant de la puissance législative, et pour les mêmes raisons... En attendant, l'inamovibilité, qui n'empêche point l'ambition, mais qui rassure la timidité, est un minimum de garantie qui peut suffire, à la condition qu'il soit tenu pour un principe constitutionnel inattaquable... et qu'on ne le viole que tous les trente ans.

— Et voilà encore un privilège qui unit. — Soyez-en sûrs, et que les abstractions en politique ne peuvent point ne pas devenir des réalités. De même que l'État, en théorie, c'est tout le monde, ce tout le monde qui ne peut pas être oppresseur, comme nous l'enseigne Rousseau, mais en pratique c'est toujours le gouvernement, lequel trouve le moyen d'être oppresseur non seulement de la minorité, mais assez souvent de la majorité elle-même ; tout aussi bien la liberté en théorie c'est la liberté, mot sous lequel chacun entend toutes les choses qu'il estime les plus belles ; mais en pratique la liberté c'est toujours une liberté, c'est-à-dire un droit qui appartient à quelqu'un et qui limite le droit de l'État ; c'est-à-dire (sous peine de n'être qu'un droit théorique, à savoir un mot) une quantité de pouvoir donné à quelqu'un ; c'est-à-dire un privilège.

Oui, la magistrature inamovible, c'est un privilège, c'est le privilège, singulier au premier abord, d'être salarié de l'État sans être un fonctionnaire du gouvernement, et d'être payé sans être tenu d'être obéissant. C'est un privilège ; mais entendez bien que la liberté générale ne sera constituée que par l'établissement d'un certain nombre de privilèges raisonnables. — Privilèges établis par le temps et constituant une certaine somme de libertés, c'était l'ancien régime ; privilèges, au défaut des anciens, établis par la raison, c'est le régime nouveau. « L'esprit moderne » doit trouver sa satisfaction à ceci qu'au moins ce ne sont pas les mêmes.

Enfin, le gouvernement parlementaire est la plus grande garantie de liberté et le plus puissant pouvoir limitateur, et aussi le plus considérable « privilège » des temps nouveaux. A la rigueur, comme garantie de liberté, il suffirait. Un peuple libre est un peuple qui ne paie que l'impôt qu'il vote. Un peuple libre est un peuple qui a un conseil d'administration des finances nommé par lui. — Cela constitue, à la vérité, une manière de liberté un peu grossière, pour ainsi parler, et brutale et violente, le peuple n'ayant qu'un moyen, et qu'un moyen formidable de « limiter » et de réduire son gouvernement, pour répondre aux mille petits moyens d'oppression continuelle dont le gouvernement dispose. Quand il n'a que cette liberté-là, il ne peut, s'il est mal administré, que refuser l'impôt ; s'il est mal jugé, que refuser l'impôt ; s'il est engagé dans une mauvaise voie diplomatique, que refuser l'impôt; si ses réverbères sont mal allumés par « les délégués de la souveraineté », que refuser l'impôt. C'est pour cela que cette garantie de liberté a quelque chose d'élémentaire, de grossier et de violent. Ce n'est guère qu'une organisation pacifique de l'insurrection. Mais enfin c'est une puissante et même énorme garantie qui constitue la liberté politique à elle seule, et si elle est colossale, aussi est-elle essentielle. Personne, du reste, ne songe à en attaquer le principe. Ce qu'il faut, c'est en comprendre la nature, en bien voir les limites et en conjurer les dangers.

Le gouvernement parlementaire est une liberté, c'est un pouvoir limitateur, et par conséquent c'est un privilège. Seulement, celui-ci, c'est un si grand pouvoir limitateur qu'il risque d'absorber ce qu'il limite, et c'est un si grand privilège qu'il risque de devenir une omnipotence. Ce qui est inventé pour fonder ou maintenir la liberté, cette fois peut la détruire. Le parlement a une tendance invincible à faire ce pour quoi il est le moins fait, à gouverner ; d'abord parce que c'est un penchant naturel aux hommes de vouloir être ce à quoi leur nature ne les destine point, ensuite parce que gouverner est toujours ce que tout homme ou toute corporation désire le plus.

Le parlement ne peut pas gouverner, et il ne le doit pas.

Il ne le peut pas, parce qu'il est un corps. L'action demande toujours un chef unique. Un parlement ne gouverne, quand il gouverne, que par un homme qu'il a investi de sa confiance ; ce qui revient à dire que tant s'en faut qu'il puisse gouverner, qu'il ne gouverne que quand il abdique.

Le parlement ne doit pas gouverner, parce qu'il gouvernerait sans rapidité, sans secret et sans suite. Tout au plus une aristocratie très forte, très vigoureuse et très rigoureuse, concentrée en un conseil héréditaire et peu nombreux, a-t-elle pu, quelquefois dans l'histoire, mener un peuple. Un parlement moderne, c'est-à-dire plus ou moins démocratique, et tellement responsable devant le peuple, qu'il est toujours mené par lui, loin qu'il le mène, ne gouvernera jamais. Il s'accommodera, il imaginera non une politique, mais une série d'expédients; il subira, peut-être adroitement, l'histoire ; il ne la fera pas. — Le parlement ne doit pas gouverner. Pourtant il voudra prendre le pouvoir, et il pourra le prendre. Dès qu'il y a eu un parlement en France, la première chose qu'il ait faite a été de prendre le gouvernement ; la seconde, de subir celui de la foule. Vouloir gouverner, se résigner à être gouverné, c'est l'histoire du gouvernement parlementaire. Comment, en conjurant le premier de ces malheurs, empêcher les deux ?

D'abord il faut tâcher d'ôter ses prétendus titres au gouvernement parlementaire. Les députés croient toujours qu'ils sont les représentants du peuple souverain, et par conséquent souverains eux-mêmes. Ils disent couramment, ce qui est significatif : « Gouvernement parlementaire, gouvernement représentatif. » Ce sont des mots impropres, et c'est une idée fausse. Les députés *ne sont pas* les mandataires de la nation ; ils sont les représentants des intérêts de la nation, ce qui est très différent. S'ils étaient les mandataires de la nation, d'abord nous serions en république; ensuite ils représenteraient quoi ? des hommes, des hommes tout entiers, avec leurs passions, leurs désirs, leurs penchants, c'est-à-dire qu'ils représenteraient des forces. Mais la force ne se délègue pas. Elle est où elle est. Dès qu'il est établi que le député représente des citoyens, des hommes, un total d'hommes, il devient un contre-sens. Il ne devrait pas exister. Les hommes, au lieu de se faire représenter par lui, devraient se compter, et dire : « Nous sommes trois millions à avoir telle passion, vous êtes deux millions à avoir la passion contraire. C'est la nôtre qui va être loi. » Le gouvernement représentatif, suivant sa propre logique, doit se transformer en gouvernement direct, c'est-à-dire ne plus être.

Mais cette logique et cette doctrine n'est pas la nôtre. Dans la doctrine de la charte, il n'y a pas de représentant des droits du peuple. Les droits du peuple sont reconnus, ils sont proclamés, ils sont respectés, ils ne sont pas *représentés*. Les députés ne sont pas représentants du peuple, ils sont dépositaires des intérêts du peuple ; ils ne sont pas mandataires du peuple, ils sont mandataires de la Charte. C'est la Charte qui les crée, qui les fait, comme elle maintient le roi, comme elle fait les pairs, comme elle fait les magistrats, comme elle fait les électeurs, et, pour la même raison, — parce qu'elle en a besoin.

Elle a besoin que les divers, et très divers, intérêts de la nation soient gardés et défendus. La nation a intérêt à une certaine continuité et unité traditionnelle dans son existence : pour cet intérêt, la charte maintient le roi. Les hautes classes, pensantes, intellectuelles, à grandes entreprises, à longs desseins, ont des intérêts particuliers qu'il est d'utilité générale qui soient protégés : pour elle la charte crée les pairs. Le peuple a ses intérêts, ses besoins et ses souffrances : pour lui la charte fait les députés. Elle ne les fait pas directement, il est vrai ; elle nomme des électeurs pour les faire. Mais les électeurs ne sont pas autre chose que des fonctionnaires de la Charte. — C'est bien évident. Si les députés étaient représentants du peuple, c'est le peuple qui devrait les nommer. Le suffrage universel serait rationnellement inévitable. La charte ne l'admet pas. Elle dit : « Les citoyens dans telles conditions de cens nommeront les députés. » C'est dire : « Je nomme électeurs les citoyens tels et tels. Je leur suppose une aptitude, et je leur donne un office. » L'électorat est une fonction.

Et la députation en est une autre, comme la pairie, comme la royauté. Un gouvernement composé de trois fonctions gouvernementales est organisé par la Charte pour garder, protéger et défendre les différents intérêts de la nation. La chambre des députés est une de ces trois fonctions, et rien de plus. Quand elle prétend prendre le gouvernement, elle renverse la constitution tout entière, d'abord ; de plus, des trois grands intérêts du pays elle en ruine deux.

Donc, avant tout, tâchons d'établir fermement ce principe que le gouvernement du pays par les députés est inconstitutionnel, est irrationnel, et est funeste. — Ensuite opposons aux empiètements du « gouvernement parlementaire » des barrières autres que des raisonnements.

C'est une « souveraineté » qui nous menace. Traitons-la comme nous faisons toute « souveraineté ». Disons d'abord qu'il n'y a pas de souveraineté ; — ensuite brisons celle-ci, comme nous faisons les autres, en la divisant. Rien que pour cette raison, sans plus nous occuper de la diversité des intérêts, il faudrait deux chambres. La dualité parlementaire est l'idée à laquelle les libéraux tiennent le plus, et à laquelle, pour ainsi dire, on les reconnait, parce que c'est la dualité parlementaire seule, absolument seule, qui empêche que le parlement ne soit une souveraineté absolue. Ils y tiennent encore plus en république qu'en royauté sans doute, parce qu'en république, à cette souveraineté parlementaire il y a une limite de moins ; mais ils y tiennent toujours essentiellement, parce qu'il faut diviser toute souveraineté pour l'atténuer, et que, de toutes les souverainetés possibles, sans qu'il y paraisse au premier regard, la souveraineté parlementaire est la plus oppressive.

Elle est plus oppressive qu'un peuple, elle est plus oppressive qu'un roi ; plus oppressive que le gouvernement démocratique direct, plus oppressive que le gouvernement personnel absolu. Le gouvernement direct serait absurde en ce qu'il ne gouvernerait pas du tout; mais, à supposer qu'il pût fonctionner, il ne serait pas minutieusement et subtilement oppresseur. Il ne tiendrait qu'à deux ou trois grandes mesures radicales, par exemple à ce qu'il n'y eût plus d'impôt, ni plus d'armée ; mais il n'aurait nullement le tempérament tyrannique, il laisserait très bien vivre chacun à sa guise ; et, pour en parler un instant sérieusement, il se transformerait très vite en une fédération vague de cent mille petites républiques agricoles ou industrielles. Ce n'est pas la liberté qui y périrait. — Il est vrai que ce serait la nation.

La souveraineté parlementaire est plus oppressive qu'un roi absolu, parce que l'isolement est une responsabilité qu'il est rare qu'un roi ne sente pas. Un roi est très en vue, étant tout seul l'autorité. A chaque mesure injuste, ou seulement rude, il sait vers qui les yeux se tournent, les plaintes montent, les bras, suppliants ou menaçants, se tendent. Ce qui est beaucoup plus rare qu'on ne pense, c'est qu'un roi gouverne contre l'opinion, du moins d'une façon continue. — Il est vrai qu'il fait de temps en temps, et le plus souvent d'accord avec l'opinion, une bévue énorme, qu'en ses lentes délibérations un parlement, surtout divisé, n'aurait pas faite, et qui ruine un grand peuple en une minute.

Le parlement, lui, est oppresseur d'une manière continue, de sa nature même. Il est oppresseur parce qu'il se sent relativement irresponsable, relativement irresponsable parce qu'il est anonyme, anonyme parce qu'il est collectif. Les mesures qu'il prend ne sont signées de personne, sauf des ministres, qu'il rend irresponsables en les faisant dépendants de lui, et qu'il couvre en les absorbant. Il gouverne sans qu'on sache qui gouverne, et à qui précisément il faut s'en prendre. Ce gouvernement, si manifeste et en plein jour quant à ses opérations, est occulte quant à sa responsabilité.

De plus, il est comme mieux situé qu'un autre pour empiéter sur des pouvoirs qui ne sont pas les siens. Faisant la loi, il peut et il veut toujours la diriger et la tourner au bénéfice de son autorité. Il fait des lois qui lui assurent plus ou moins complètement le pouvoir exécutif ; il fait des lois qui diminuent, comme pouvoir d'État, le pouvoir judiciaire ; il fait des lois qui diminuent ou suppriment le « pouvoir » de la presse ; il fait des lois qui diminuent ou suppriment tous les droits qu'il tient pour des pouvoirs, en ce qu'ils lui sont des limites ; et rien n'est plus difficile, et c'est où s'épuise toute l'imagination ingénieuse des libéraux, que de soustraire à la prise du pouvoir législatif en les plaçant dans une forteresse qu'on appelle constitution, les droits auxquels on veut que le pouvoir législatif ne touche pas, et que de tracer la limite assez nette et que de creuser le fossé assez profond entre la loi proprement dite que le pouvoir législatif doit faire, et la loi constitutionnelle qu'il doit respecter.

Pour ces raisons, c'est autour de lui qu'il faut tracer des limites, autant qu'on le pourra, mais c'est surtout par lui-même qu'il le faut limiter. Il faut deux chambres de droits égaux, chacune impuissante, puissantes à elles deux seulement quand elles sont d'accord. Ainsi partagé, le parlement ne gouvernera pas. Comme il ne peut gouverner qu'en se concentrant, qu'en se sublimant, qu'en ramassant sa force active dans un comité, qui lui-même condense la sienne en un chef, ce comité et ce chef, dans le cas de deux chambres, appartiendront toujours à l'une d'elles, et l'autre, se trouvant écartée du gouvernement, deviendra immédiatement opposition, résistance, limite, frein. La seule conviction, la sensation continue, pour mieux dire, dans chacune des deux assemblées, que les choses iront ainsi dès qu'une des assemblées voudra gouverner, empêchera perpétuellement qu'aucune y tâche. Elles se résoudront toutes deux, d'une part à faire la loi, ce qui est leur office, et d'autre part à avoir contrôle sur le gouvernement, et, par le contrôle, influence indirecte, ce qui est légitime et salutaire. Nous avons, ici encore, où c'était plus difficile qu'ailleurs, empêché qu'il y eût une souveraineté.

Ce n'est pas tout. De souveraineté permanente, dans le système que nous venons d'exposer, il n'y en a nulle part. De souveraineté intermittente, pour ainsi dire, et éruptive, si l'on nous passe le mot, il serait bon qu'il n'y en eût pas davantage. En langue technique, cela signifie qu'il ne faut pas de plébiscite. Le plébiscite c'est la souveraineté du peuple intervenant de temps en temps, brusquement. C'est le *gouvernement direct* accidentel, c'est-à-dire quelque chose de beaucoup plus mauvais que le gouvernement direct ; car le gouvernement direct, s'il était possible de l'organiser dans une grande nation, aurait encore, peut-être, à s'exercer constamment, une certaine suite. Mais le plébiscite, c'est le gouvernement direct appelé un jour, subitement et par hasard, à s'exercer. C'est la plus aventureuse des aventures. Il ne peut être, par définition, que l'expression d'un caprice. — Il ressemble à un homme qui pointerait au hasard une date dans son calendrier et se dirait : « L'humeur dont je serai ce jour-là en me levant, j'en ferai mon principe de conduite, ma loi, ma morale, ma religion pour toute ma vie, ou pour dix ans. » Et, si cet homme était d'une merveilleuse égalité d'humeur il ne ferait pas là une folie, étant sûr à l'avance que son humeur de tel jour à venir serait son humeur habituelle ; mais il est rare qu'on soit si constant, et encore mieux vaut-il composer sa loi d'une série de consultations sur soi-même finissant par donner une moyenne qui a des chances d'être raisonnable.

Il ne faut donc pas de plébiscite, d'abord, pour remonter à nos principes, parce qu'un plébiscite suppose la souveraineté du peuple, et qu'il n'y a pas plus de souveraineté populaire que d'autre souveraineté. Le peuple n'est par la souveraineté, il est la force. Se gouverner autrement que par le pur emploi et exercice de la force, il est probable que c'est le désir, l'effort et l'invention de la civilisation tout entière. Substituer la raison à la force, c'est le travail de l'humanité se dégageant de la barbarie. Le peuple n'a pas plus la souveraineté que ne l'a le parlement ou le roi. Il est fonction dans l'État, simplement, comme le roi, le parlement ou la magistrature.

C'est pour cela qu'il ne vote pas quand il veut, toutes les fois qu'il veut, selon son caprice, comme fait une insurrection, qui, elle, est la force pure et simple. Il vote quand la constitution lui dit de voter ; en d'autres termes, il y a des moments où la constitution lui donne une fonction, le fait fonctionnaire pour un temps, l'institue fonctionnaire-électeur pour le service de l'État.

C'est pour cela qu'il ne vote pas tout entier, nulle part, les enfants, les adolescents et les femmes étant partout exclus du vote ; ce qui veut dire que c'est bien la constitution qui choisit, qui nomme dans le peuple un certain nombre d'hommes pour être électeurs, en raison, non de leur existence, car d'autres existent, non d'un droit, car pourquoi l'auraient-ils à l'exclusion des autres? mais en raison d'une aptitude qu'elle leur suppose. — Même en pays de prétendu « suffrage universel », la souveraineté du peuple n'est donc pas reconnue par l'État, et n'existe, en pratique et réellement, que les jours d'insurrection. — Sous le régime de la charte de 1815 la chose est, non pas plus nette, mais plus stricte, puisque la constitution, ne reconnaissant pour électeurs qu'un nombre limité de citoyens, fait bien formellement de l'électorat une fonction, loin qu'elle le reconnaisse comme un droit de l'homme, ou qu'elle le subisse comme une force.

Donc, nier la souveraineté du peuple et maintenir soigneusement cette négation dans la charte, voilà le premier point ; mais, admet-on la souveraineté du peuple, ne pas permettre qu'elle s'exerce par plébiscite, c'est-à-dire capricieusement, aventureusement et par une sorte d'explosion inattendue, comme si l'on faisait du tremblement de terre de Lisbonne un article constitutionnel, voilà le second.

C'est pour cela qu'il ne faut pas de renouvellement intégral de la chambre éligible. Le renouvellement intégral, de quelque euphémisme qu'il vous plaise de le désigner, c'est le plébiscite. Dans un pays où une seule chambre gouverne, le renouvellement intégral de cette chambre, c'est : hier tout, aujourd'hui rien, ce soir tout, de nouveau. Voilà de bien rudes secousses. Dans un pays où le parlement ne gouverne pas et où il y a deux chambres, c'est encore trop d'instabilité, d'inconnu, trop d'anxiété pendant toute l'année qui précède les élections et toute celle qui les suit.

A la vérité, on sait quand les élections doivent avoir lieu. La belle assurance ! On sait quand aura lieu l'éruption. On sait quand se déclarera la crise. Mais à prévoir l'état violent on y est déjà. « Le renouvellement intégral, c'est la périodicité de la tempête. »

Et c'est surtout le plébiscite reconnu par la constitution. La constitution ne doit pas reconnaître le plébiscite même indirect; en d'autres termes l'État ne doit pas admettre qu'il soit lui-même mis en question. Il l'est quand on dit au peuple, ou seulement quand on semble lui dire : « Ceux qui font la loi n'existent plus. Désignez-en d'autres. » Le peuple traduit par : « Il n'y a plus rien ; et tout est à faire ; et c'est moi qui fais tout. » — Vous donnez ainsi à la souveraineté je ne sais quelle consécration formidable; à l'exercice de la souveraineté, je ne sais quelle forme solennelle et quel appareil terrifiant. Vous exaltez la souveraineté. Et elle n'existe pas ; et elle existerait, qu'il ne faudrait pas trop la reconnaître. Les députés sortis de ces grandes assises du peuple croient toujours être au commencement du monde et avoir tout à organiser. — Et en vérité leur illusion est naturelle. C'est le « contrat social » qui vient de se renouveler. Chaque renouvellement intégral, c'est la prétendue origine des temps qui se produit, c'est l'état de société abolie pour permettre à l'état de société de renaître de l'état de nature. — Ce sont jeux dangereux, tout au moins, et qui interrompent et brisent toute tradition. Épargnez à la chambre élective cette période d'audacieuse inexpérience, cette adolescence factice où elle retombe tous les cinq ans. Ne lui donnez pas périodiquement, en face des autres pouvoirs de l'État, cette illusion qu'elle est tout, et qu'elle vient de ramasser en elle tout droit et toute légitimité. — Un parlement partagé en deux chambres, dont chacune sera lentement et progressivement renouvelée, n'aura ni la souveraineté, ni l'illusion, déjà dangereuse, qu'il est souverain. Il fera honnêtement et patiemment son métier de législateur, le seul où il soit propre.

Voilà l'ensemble des idées de Royer-Collard, tel qu'on peut le tirer des nombreux discours, sur diverses questions, qu'il a prononcés de 1815 à 1840. La « souveraineté » nulle part ; le gouvernement partagé en divers pouvoirs, qui se limitent à la fois et se contrebalancent et s'aident l'un l'autre contre la « souveraineté » toujours menaçante, qu'elle vienne de la monarchie réparée ou de l'omniarchie victorieuse ; au lieu des privilèges particuliers d'autrefois, des privilèges généraux, qui s'appelleront, en langue courante, des libertés publiques ; tout cela présenté, non comme théorie d'un penseur isolé, mais comme défini, édicté et proclamé par la constitution de 1815 et formant *la philosophie de la charte :* voilà le système politique de Royer-Collard.

III

REMARQUES SUR CE SYSTÈME.

Il faut remarquer d'abord que ce système est tout politique et historique. Il n'est nullement métaphysique. Royer-Collard n'a nullement cherché le principe ou les principes sur lesquels il établissait sa doctrine. Il n'a pas, comme Benjamin Constant, constitué un dogme du libéralisme ; il n'a pas, comme de Maistre ou de Bonald, constitué un dogme de l'autorité. Ce libéral n'a jamais défini la liberté, dit ce qu'elle était en son essence, en sa nature propre. — Il n'a pas dit : c'est un droit de l'homme fondé sur ce que l'homme est un être moral, est une conscience. Le mot de droit de l'homme est même absolument inconnu à Royer-Collard, et très probablement lui répugne. — Il n'a pas non plus rattaché la liberté au sentiment que doit avoir l'homme de la dignité de son semblable et au respect de cette dignité. Il n'en a pas fait une forme de la fraternité, de la charité. Il n'est pas assez homme de sentiment pour cela. — Il ne la regarde jamais que comme une négation, que comme un *veto*, que comme une barrière et un *halte-là !* Elle n'est jamais pour lui, sous quelque forme qu'elle se présente à ses yeux, qu'un pouvoir limitateur. Il a dit formellement : « Les libertés sont des résistances. » — Il doit y avoir liberté, pour qu'il n'y ait pas souveraineté ; c'est toute sa pensée sur ce point, et il n'en sort jamais. Il est homme d'opposition, d'opposition conservatrice, certes, et d'opposition patriotique, mais d'opposition. Il dit toujours à quelqu'un : « Vous n'irez pas plus loin » ; et à un certain moment c'est au pouvoir, et à un autre c'est à la chambre, et toujours c'est à la foule ; mais sa fonction est d'être opposant et limitateur ; ce n'est peut-être pas d'être fondateur.

C'est pourquoi ses « libertés » ont quelque chose de si arbitraire en leur institution, et de si flottant en leur définition et en leurs limites.

Ses libertés, elles sont quatre : de presse, de culte, de parlement, de magistrature. Pourquoi quatre, et non trois ou cinq ? Pourquoi celles-là et non d'autres ? Pourquoi, par exemple, de liberté individuelle, personnelle, domestique, Royer-Collard ne parle-t-il pas ? Je crois bien le voir : c'est parce que, pour Royer-Collard, une liberté n'est pas, à proprement parler, une liberté, c'est un pouvoir. Quelque chose qui puisse arrêter la souveraineté, la faire reculer, empêcher qu'elle soit, voilà, pour Royer-Collard, une liberté. Voyez-vous bien le caractère tout pratique, nullement philosophique, nullement général, et on croit pouvoir le dire, nullement élevé de ce libéralisme ? Il croit, et ce n'est pas une vue fausse, que toute liberté deviendra un privilège ; mais c'est un peu parce qu'il ne compte, ne reconnaît et ne consacre comme liberté que ce qui déjà est un privilège. Il y a un esprit singulièrement autoritaire (et, en effet, le tempérament de Royer-Collard était très autoritaire) dans ce libéralisme-là.

Il y a surtout, et c'est un peu la même chose, un esprit de défiance et comme de désillusion préalable et préventive. « Confiance ! confiance ! » n'est pas le mot de Royer-Collard. Il a toujours cru que tout allait sombrer. Il a toujours dit : « Nous allons être submergés, par ceci, par cela, par la royauté oppressive, par la chambre envahissante, par la démocratie débordante, et après ce débordement-là, il n'y a plus rien. Des limites, des barrières, des digues ! » Ce n'est pas une mauvaise disposition d'esprit, et l'homme d'État ne doit pas être un homme confiant et rassuré ; mais, chez Royer-Collard, elle est un peu inquiète, morose et chagrine. Il était homme d'ancien régime par toute une partie de son caractère et par tout un côté de son esprit. Il avait bien raison de dire qu'il n'avait « de vocation libérale qu'avec la légitimité » ; il n'avait de vocation libérale qu'avec la légitimité, pour la restreindre, pour la gêner, et, il faut le reconnaître, pour la guider, et il faut lui rendre cet hommage, pour la sauver. Il avait un libéralisme de vieux parlementaire attaché aux grandes institutions françaises, et en acceptant quelques-unes de nouvelles, et voyant, avec raison, dans les unes et les autres, des garanties de liberté, mais y voyant toute la liberté, et ne concevant point et n'aimant point à entendre dire qu'elle fût ailleurs.

C'est pour cela, comme je l'ai dit, qu'il ne cherche jamais, pour y rattacher sa doctrine libérale, un principe philosophique ou moral, et aussi que ses « libertés » ont quelque chose d'indéterminé, de mal délimité et de flottant. Il a pu varier singulièrement, quelquefois, sur la part à faire à une de ces libertés publiques, sans être inconséquent, pour cette raison. Par exemple, il se montre très coercitif à l'égard de la presse au début de la Restauration, et très libéral à son endroit vers la fin du règne de Charles X. C'est que, pour lui, la liberté de la presse n'est pas un droit, rattaché, je suppose, à la liberté de penser, à la liberté de croire, à la liberté d'être un être intelligent ; ce n'est pas un droit, c'est un pouvoir ; c'est une force, tout simplement, qui se trouve là, à la place de quoi il pourrait y en avoir une autre, mais qui est là, et dont il peut être bon, dont il est bon de se servir pour limiter la souveraineté du monarque ou la souveraineté du parlement. Si elle n'est que cela, certes, elle est considérable, et il y tient ; mais elle n'est pas sacrée, et il a, selon les circonstances, en considération du bien général de l'État, le droit de lui laisser toute sa puissance, ou de lui en ôter, s'il le peut.

Ces systèmes tout pratiques sont tout simplement des systèmes de circonstance, et ce n'est point, tant s'en faut, pour les mépriser que je leur donne ce nom, surtout quand ce que j'appelle une circonstance est une période de l'histoire d'une trentaine d'années. Il convient de louer, au contraire, Royer-Collard d'avoir, il me semble, plus précisément et avec plus de pénétration que personne, vu juste ce qu'il fallait croire et dire en politique de 1815 à 1840. L'immense autorité qu'il a possédée en ce temps-là tient principalement à cette cause. — Il est homme d'ancien régime et de légitimité d'une manière très intelligente, et homme de liberté d'une manière très sagace, avec beaucoup de mesure et de tact. Au fond, ou plutôt par l'ensemble de sa doctrine, sinon par le fond de son caractère, Royer-Collard est un Bonald qui, parce qu'il n'est point passionné, raisonne et conclut mieux que Bonald. J'ai fait remarquer que Bonald, autoritaire (Royer-Collard l'est aussi), légitimiste (Royer-Collard l'est aussi), n'ayant point une « philosophie libérale » (Royer-Collard non plus), avait toujours raisonné de la façon suivante : Je suis homme d'ancien régime ; — il y avait mille fois plus de libertés sous l'ancien régime que sous le nouveau ; — je ne veux d'aucune liberté. — Royer-Collard reprend le raisonnement, et conclut d'une manière moins inattendue. Il dit : il y avait toutes sortes de libertés sous l'ancien régime, j'entends toutes sortes de pouvoirs particuliers, très forts, très nombreux surtout, qui limitaient l'omnipotence centrale (quand il les énumère, complaisamment, on croit s'être trompé de volume et lire une page de Bonald, plus brillante et plus oratoire qu'à l'ordinaire) ; il n'y en a plus : la révolution a sinon fait, du moins consommé le despotisme. Il faut qu'il y en ait. Je conserve ceux dont il reste au moins un vague souvenir, pairie, magistrature, sinon autonome, du moins inamovible ; je donne force de pouvoirs à de nouvelles institutions qui se sont élevées, assemblée bourgeoise, presse, et je trouve les anciennes libertés à peu près remplacées par les nouvelles. Je trouve du moins qu'il y a des garanties ; et j'estime que mieux vaut accepter celles-là que de dire : il y en avait, je les admire, je les crois nécessaires, et je n'en veux plus.

Ajoutons que ces nouveaux pouvoirs, comme nous l'avons noté, il leur donnait un certain caractère de généralité qui faisait qu'au lieu de libertés qui étaient des privilèges, comme la France ancienne, la France nouvelle avait des libertés plus accessibles, au moins en apparence, à tout le monde, des libertés qui, tout en étant très susceptibles de se tourner en privilèges à leur tour, avaient au moins l'air de l'exercice d'un droit, et par là quelque chose de plus accommodé à l'esprit moderne. C'est ce que Bonald appelait avec mépris : « Installer la révolution sur la base de la légitimité. » Ce n'était pas cela précisément ; c'était vouloir le pouvoir légitime limité, comme il l'avait toujours été, au moins en principe, et limité après la révolution par les barrières qui seules, après la révolution, étaient possibles.

C'était donc là un système, ou plutôt un ensemble d'idées très juste et très judicieux pour le temps où il a été exposé. Il est certain qu'il a quelque chose d'un peu étroit. Il convient à son temps et, trop modestement ou trop obstinément, n'est fait que pour lui. Il n'est pas transportable (sauf une partie, très importante) d'une époque à une autre. Les hommes du temps de Charles X, ou même de Louis-Philippe, en peuvent tirer profit. Le temps suivant, il le prévoit, certes, mais il ne veut pas le prévoir. Il se contente de le mépriser. Royer-Collard semble dire : « Je nie la souveraineté du peuple, comme toute autre. — Mais quand elle existera ? — On aura eu tort de la faire ! — Mais encore ? — Tout sera perdu ! — Mais encore ? Le moyen de vivre avec elle ? — Dieu merci, je serai mort ! » — Sa fameuse boutade : « Nous périrons ; c'est une solution ! » est plus qu'une boutade, c'est bien un trait de son caractère. Il était l'homme d'un système juste et peu flexible, dont il ne sortait point et dont il n'admettait pas qu'on pût sortir sans succomber. Montesquieu, qui est son maître, et il s'est assez souvent réclamé de lui avec raison, était capable et d'avoir un système, et de montrer tout ce qu'il y avait de praticable, et dans quelles conditions, dans les systèmes qui n'étaient pas le sien. — Royer-Collard n'a pas cette largeur de vues et cette souplesse d'intelligence politique. C'est pour cela qu'il a un libéralisme si conditionnel et si conditionné, si facile à placer, si l'on me permet l'expression, et qui, en dehors de la légitimité, ne sait plus où se prendre.

C'est que sa conception de la liberté est étroite et incomplète. Il est très vrai que des pouvoirs intermédiaires, comme dit Montesquieu, ou des pouvoirs limitatifs, comme dit Royer-Collard, sont garanties de la liberté ; il est très vrai qu'ils en sont comme les organes, à ce point que, là où ils n'existent pas, la liberté court risque, et grand risque, de n'être plus ; mais ils ne sont pas la liberté elle-même. — Et aussi, et pour dire à peu près la même chose à l'inverse, il est très vrai que toute liberté devient aux mains de ceux qui savent s'en servir, à l'exclusion de ceux qui s'en passent, une sorte de propriété, de privilège, dont il ne faut pas avoir peur, et au contraire, car ce privilège c'est la liberté pratiquée, au lieu de rester théorie, c'est la liberté devenue droit possédé, au lieu de rester droit à prendre, et c'est la preuve que la liberté a existé et qu'on s'en est servi, et qu'elle continue d'exister et qu'on s'en sert ; et seulement il faut empêcher que tel de ses privilèges finisse par devenir une puissance oppressive ; finisse, selon le cours de beaucoup de choses humaines, par s'exagérer jusqu'à devenir le contraire de ce qu'il était en son principe, et par détruire ce dont il est né. — Oui, cette conception aristocratique de la liberté, est vraie, elle est historique, elle voit les choses telles qu'elles sont, et telles qu'elles se sont toujours passées. Mais elle est incomplète ; elle appelle liberté ce qui n'en est que le résultat, la preuve et le signe, le résultat heureux et respectable, la preuve éclatante, le signe certain, mais seulement le signe, la preuve et le résultat. Aussi ces pouvoirs limitateurs nés jadis de la liberté, les conserver c'est excellent ; ces pouvoirs limitateurs qui commencent à naître de la liberté, les consacrer dans la constitution, c'est très judicieux, et l'on ne saurait trop louer Royer-Collard de l'avoir fait avec décision ; mais croire que ces pouvoirs soient toute la liberté possible, et que s'ils disparaissaient, il n'y aurait plus qu'à désespérer, c'est désespérer trop vite. Croire que, si la démocratie s'établissait, non seulement la liberté périrait, mais encore qu'elle ne pourrait plus renaître, c'est avoir une idée et une définition trop étroite de la liberté elle-même.

La démocratie a une tendance incontestable et inévitable au despotisme ; mais elle ne le constitue pas. Elle ne peut aimer la liberté, mais elle ne peut pas non plus à coup sûr l'empêcher d'être. La démocratie est un fait historique, analogue à la monarchie absolue, et c'est précisément pour cela que, la liberté ayant trouvé sa voie à travers le despotisme monarchique, elle peut la trouver aussi à travers le despotisme de l'omniarchie.

Sous la monarchie absolue, ou qui voulait l'être, la liberté s'établissait grâce aux faiblesses du gouvernement, par les énergies des communes, des corporations, des classes, énergies devenant peu à peu des libertés, et de libertés prises devenant privilèges consacrés. Mais si la monarchie a ses faiblesses, la démocratie aussi a les siennes, et elle a ses limites dans ses faiblesses mêmes. C'est l'erreur et de Rousseau, et (je dirai presque conséquemment) de ses adversaires, d'avoir cru que la démocratie, et pour parler plus clair, qu'un peuple disposant de soi et appelé à se gouverner lui-même, saurait ce qu'il veut, se conduirait comme un seul homme, par conséquent ne songerait qu'à être oppresseur, qu'à faire de sa volonté, de son goût, de sa croyance, de sa morale, de sa conception des choses, la loi, le décret, l'ordonnance, le règlement de police, et qu'à plier sous ce niveau toutes les façons de penser et d'agir des particuliers isolés. La démocratie poursuit continuellement ce but, cela est certain, et, de l'anxiété que cette perspective donne à tout homme qui aime à avoir une pensée à soi, tout ce qu'on appelle libéralisme est sorti ; mais elle n'y réussit presque jamais.

Cette communauté et cet accord dans une pensée oppressive déterminée ne se rencontrent presque jamais en un grand peuple. Il est d'accord pour vouloir que sa volonté soit la seule, mais il n'est pas d'accord sur ce qu'il veut. L'instinct de combativité l'emporte sur l'instinct tyrannique, ou tout au moins le contrebalance. Une élection, un plébiscite même, est une occasion pour un peuple, d'abord d'imposer ses goûts aux individualités solitaires, sans doute, mais ensuite de se disputer et de se battre ; et à ceci il tient encore plus qu'à cela. C'est à ce point que, s'il était et se sentait unanime, ou presque unanime, il est probable qu'il ne voterait pas du tout. Mais il est toujours, par seul instinct de lutte, et éternel besoin de l'homme d'en venir aux coups, partagé en deux ou trois grands partis dont les élections ne sont pas autre chose que le champ de bataille, où triomphe la haine. Si une majorité est trop grosse, tenez pour certain qu'elle se divisera pour former deux factions considérables qui se combattront avec acharnement l'une l'autre.

Dans ces conditions, qui sont constantes, il arrive que

la démocratie veut toujours gouverner et ne gouverne presque jamais. Elle n'est limitée par rien, et elle se limite intérieurement elle-même par ses divisions. Grâce à cela, la liberté trouve sa voie et s'établit insensiblement, ce qui est sa manière, et la seule sûre pour elle, de s'établir. Il arrive qu'un grand effort d'un parti victorieux pour détruire une liberté qu'il n'aime point, n'aboutit qu'à la suspendre un temps, par la gêner quelque temps encore, et en dernier lieu qu'à la laisser renaître, pendant que les partis se battent sur une autre affaire.

Il est donc bon, si l'on peut, de limiter extérieurement la démocratie, de soustraire à sa prise certains droits généraux qu'on dépose dans une constitution comme dans un fort ; mais cette précaution, quoique étant sage, ne laissant pas d'être un peu illusoire, il faut surtout compter sur l'aptitude de la démocratie à cultiver et à perfectionner son impuissance. — C'est sur quoi Royer-Collard ne compte pas du tout, et de là cette certitude du déluge après lui, qui ne me paraît être qu'une demi-sagacité. On peut servir et véritablement contribuer à fonder la liberté sous tous les régimes. Sous la monarchie et l'omniarchie, *en étant quelque chose*, en se distinguant, classe, corporation, compagnie, groupe, ou même particulier, par une pensée, un dessein, une volonté suivie, un but précis, une œuvre bien conduite. Dans ces conditions on devient une force sociale qui acquiert un droit à durer, par simple prescription. Ces forces sociales munies d'un droit, Royer-Collard l'a vu, comme elles sont les résultats de la liberté, en deviennent les soutiens, parce qu'elles deviennent peu à peu pouvoirs limitateurs, étant des pouvoirs ; et il a très énergiquement affirmé que c'était sauver la liberté que les défendre. Seulement il faut tenir compte de celles qui naissent et qui peuvent naître autant que de celles qu'on trouve adultes et toutes grandes ; et croire que, les anciennes venant à disparaître, c'est un malheur, non un désastre ; et qu'il n'y a qu'à recommencer ; et qu'on peut toujours recommencer.

Défendre les pouvoirs limitateurs existants, c'est d'un bon libéral conservateur ; aider à naître les pouvoirs limitateurs à venir, c'est d'un bon libéral progressiste. C'est les deux parties de la tâche, dont on ne devrait jamais abandonner ni l'une ni l'autre ; car le pouvoir limitateur existant c'est de la liberté acquise, et elle fait tradition, et elle fait assise, et elle fait clé de voûte : elle maintient ; — et le pouvoir limitateur futur c'est de la liberté qui s'organise, qui s'efforce, qui se fait, c'est une énergie : elle continue. — Surtout c'est probablement une erreur de croire que, les conquêtes libérales du passé disparaissant, l'énergie libérale actuelle est impuissante à reconstituer son œuvre, différente de l'autre, équivalente pourtant. Des deux parties de la tâche, Royer-Collard a trop borné à une seule son activité, et attaché à une seule sa foi.

A la vérité, celle à laquelle il s'est appliqué, il l'a menée avec une singulière force de volonté, et une belle netteté d'intelligence. C'est surtout à la théorie et à l'analyse du gouvernement parlementaire qu'il s'est consacré. De tous les pouvoirs limitateurs, c'est celui-là qu'il s'est obstiné et à maintenir, et à bien comprendre, et à délimiter sûrement. C'était voir et toucher le point juste. Car si les craintes de Royer-Collard sur l'avenir de la liberté en France, et sa quasi-désespérance à cet égard, sans pouvoir être admises, à mon avis du moins, auraient une forte apparence d'être justes et trouveraient un fondement, ce serait bien dans le cas où le gouvernement parlementaire disparaîtrait, et même dans le cas où le gouvernement parlementaire, changeant de nature en changeant de forme, serait constitué d'une manière définitivement très différente de celle dont Royer-Collard voulait qu'il le fût. — La plus pénétrante, solide et prévoyante doctrine sur le gouvernement parlementaire, c'est bien dans Royer-Collard qu'il faut la chercher.

Mieux que personne, il a bien vu que le gouvernement parlementaire est la plus solide garantie de liberté qu'un peuple puisse avoir ; et que le gouvernement parlementaire peut devenir, à n'être pas constitué d'une manière normale, un despotisme aussi rude que tout autre ; et la manière enfin dont il faut qu'il soit organisé pour remplir sa fonction et ne pas dégénérer en son contraire. — Il a montré que tout gouvernement qui n'est pas sincèrement parlementaire ne peut être que despotisme, par une sorte de fatalité, eût-il les meilleures intentions de ne l'être point, et que c'est le pire des sophismes que d'opposer le parlement au peuple en persuadant à celui-ci qu'il peut exprimer son vœu, manifester sa volonté et la réaliser autrement que par celui-là. Il a, sinon détruit, du moins poussé à bout la chimère du gouvernement direct et du régime plébiscitaire, aussi vaine qu'elle peut paraître logique, et montré que ce régime ne peut être, ou que la soumission continue à un pouvoir qui feint d'être contrôlé, et par conséquent un despotisme hypocrite, ou que la violence dans l'instabilité, et par conséquent l'anarchie.

Et, d'autre part, personne n'a mieux vu, en un

temps où le despotisme paraissait ne pouvoir venir que du silence des assemblées et non de leur existence, que le gouvernement parlementaire peut, lui aussi, devenir un despotisme, qui, pour n'être pas monarchique, n'en serait ni moins inique ni moins pesant. Il a voulu deux chambres, très différentes de nature et d'origine, d'abord pour que jamais l'une ne pût, en l'absence de toute force égale à elle, concentrer tout pouvoir social, se considérer comme la nation, dire : « L'État c'est moi » ; l'être, en effet, à vrai dire, contre toute vérité et toute raison ; être une espèce de pays légal, c'est-à-dire une fiction aussi étrange, au moins, et aussi dangereuse, et plus encore, qu'un roi-État ; — ensuite pour que la loi faite par deux assemblées différentes et rivales ne fût jamais l'intérêt ou l'ambition de l'une d'elles travestie en volonté législatrice, mais en réalité ne fût pas faite par les assemblées, ne vînt pas d'elles, fût quelque chose d'impersonnel, comme elle doit l'être, fût seulement ou la nécessité des choses s'imposant aux assemblées et reconnue par elles, ou l'utilité générale consentie par les assemblées et devenant loi, moins parce qu'elles la veulent que parce qu'elles tombent d'accord à s'y soumettre. La loi devient ainsi, comme elle doit l'être, quelque chose de supérieur à ceux qui paraissent la faire, puisqu'elle n'est pas ce qu'ils auraient fait s'ils avaient été abandonnés à la liberté de leurs caprices et de leurs passions, mais qu'ils la font par une sorte d'accord, de transaction, de soumission, donc d'adhésion au raisonnable et au nécessaire.

Il a bien aussi insisté sur une fiction qui est une vérité, comme on sait qu'il arrive souvent en science politique, sur cette idée qu'il ne faut pas considérer l'électorat comme un droit, mais comme une fonction. Et, en effet, dans « les pays constitués », pour nous servir de la formule de Bonald, par définition même les droits ne sont pas défendus par ceux qui les possèdent. C'est dans l'état de barbarie que chacun défend, maintient, fait respecter son droit. Dans l'État constitué, c'est tout le monde qui défend le droit de chacun, interdiction faite à chacun de défendre le sien lui-même. Dans l'État constitué il est interdit de se rendre justice à soi-même, parce qu'il y a une justice d'État constituée pour tous. Dans l'État constitué, il n'est permis qu'au défaut de la force publique, et en l'attendant, c'est-à-dire dans un cas où il y a absence momentanée de l'État (en d'autres termes renaissance momentanée de la vie barbare), de défendre soi-même sa propriété, parce qu'il y a une force d'État constituée pour la défendre. Ainsi de suite. — Tout de même, le *droit de gouverner* n'existe pas en tant que droit personnel. Personne ne gouverne, pas même tout le monde. C'est la loi qui gouverne. Pour qu'elle existe, l'État vous charge d'élire des législateurs. Il vous nomme électeurs ; c'est une fonction que l'État vous donne, non un droit que vous exercez. C'est une magistrature que vous remplissez.

Ceci n'est pas une subtilité vaine. Si l'électorat était un droit, il faudrait que tout le monde en fût investi, et que personne n'en fût exclu. Il faudrait que chacun eût le droit de voter, comme il a droit à la liberté, à la propriété. Et nous voilà au suffrage universel, tel que certains peuples le pratiquent, mais au suffrage absolument universel, au suffrage des femmes, des enfants, des adolescents et des étrangers ; et non pas seulement au suffrage absolument universel, mais au suffrage absolument universel continuellement pratiqué et gouvernant directement, c'est-à-dire que nous voilà au « gouvernement direct » et au plébiscite quotidien.

Non, il y a des droits du citoyen, que la constitution, que l'État constitué proclame, et qui ne sont susceptibles, ni d'exception, ni de prescription, ni d'interruption. Et ces droits, (liberté, sûreté, propriété, etc.) sont protégés et sont défendus par l'État; et ne doivent pas l'être par le particulier. — Et il y a des fonctions qui sont exercées par les particuliers, et qui sont leurs devoirs et non pas leurs droits. Si l'électorat est exercé par le citoyen, c'est donc un signe précisément qu'il n'est pas un droit, mais une fonction et un devoir. Et non seulement il y aurait confusion et contre-sens, mais il y aurait péril social à l'entendre autrement.

Considérations qui s'appliquent du reste aux députés comme aux électeurs. Le député, lui aussi, n'est point portion de souverain, fragment de souverain, exerçant pour sa part un droit de gouverner. Il est un magistrat. Il est un homme chargé, avec d'autres, par l'État constitué, de faire la loi qui, seule, est le souverain. Dès qu'il se considère comme exerçant un droit, il empiète, il est usurpateur ; car il se croit souverain ; il croit que l'assemblée dont il fait partie peut s'attribuer et exercer l'omnipotence, et cela est le contraire même, et est la ruine de l'esprit du gouvernement parlementaire.

Toute cette partie de l'œuvre de Royer-Collard est si solide qu'elle reste vraie, et précieuse, et féconde en enseignements, même pour un état politique tout différent de celui qu'il s'appliquait à analyser, à définir, à enseigner. Il est le vrai maître non seulement en « gouvernement selon la charte », mais en gouvernement parlementaire, et même en démocratie, pour tout le temps où la démocratie se gouvernera par le moyen de parlements. Il n'a pas seulement fondé « la philosophie de la charte » ; il a fondé et il a exposé avec profondeur et avec une admirable clarté la philosophie du gouvernement représentatif.

IV

Toutes ces idées il les a soutenues avec éloquence, avec une puissance de dialectique incomparable, qui du reste serait de nul effet aujourd'hui, mais qui faisait une impression profonde dans le temps où il y avait des auditoires capables de suivre une argumentation ; avec une clarté dans la subtilité qui a quelque chose de miraculeux, surtout avec une *autorité* que personne peut-être au monde n'a eue comme lui. Il semblait être l'autorité personnifiée. C'est que de cette puissance si difficile à définir qui s'appelle l'autorité, il avait tous les éléments connus, sans qu'il en manquât un. Il avait l'aspect extérieur, la haute taille, la tête énergique, la face pleine, les grands traits largement taillés, nullement affinés, mais vigoureux et impérieux. Il avait le débit lent, égal, sans hésitation, ferme et comme martelé. Du mouvement tranquille et sûr de son balancier il frappait et laissait tomber à ses pieds ses formules et ses aphorismes nets et d'un relief tranchant comme les médailles neuves. Il avait la conviction pleine, absolue, superbe et imperturbable d'un olympien, que dis-je? du destin lui-même, car il ne se donnait même pas la peine de tonner. Il avait ce parfait mépris de ceux à qui il parlait, qui est la moitié du génie oratoire, à la condition qu'on ait l'antre. Il avait la gravité naturelle et constitutionnelle, non pas celle qui est apprise, et qui trahit la timidité qu'elle veut cacher.

Et, ce qui achevait de la rendre redoutable, cette gravité n'était pas « un mystère du corps inventé pour dissimuler les défauts de l'esprit » et le manque d'esprit ; il était spirituel et caustique à faire frémir ses ennemis, ses adversaires, ses alliés et ses amis intimes. On le sentait toujours prêt à vous transpercer, avec un sérieux magistral, d'un javelot à triple dard trempé dans un venin subtil comme sa dialectique. Ses mots sont célèbres et sont devenus classiques. Je cite les moins connus. On vantait devant lui un homme charmant, d'une séduction irrésistible, peut-être un peu gâté sous son élégance : « Oui, c'est la fleur des drôles, » disait tranquillement Royer-Collard. — Il rencontrait un de ses collègues récemment honoré de je ne sais quelle distinction très recherchée : « Mes compliments, Monsieur... — Oh!... — Si! si! mes compliments... Cela ne vous diminue pas. » — Rencontrant Odilon Barrot après un discours de celui-ci : « Vous m'intéressez, monsieur... — Vraiment ? — Beaucoup. Il y a du reste très longtemps que je vous suis. Très longtemps. Dans ce temps-là vous vous appeliez Pétion. »

Il allait ainsi, entre deux discours, promenant autour de lui une petite terreur à son usage, qui est celle devant laquelle les Français tremblent le plus. Quelquefois, très rarement, ces boutades, il les apportait à la tribune ramassées et serrées en un faisceau solide, et c'était comme une haie de dards qu'il portait devant en marchant sur l'adversaire. C'était alors un grand spectacle, et quelque chose d'aussi terrible et

de plus continu, de plus obstiné, de plus cruellement
acharné, toujours dans une gravité parfaite, que les
coups de hure de Mirabeau. S'agissait-il de traduire à
la barre de la chambre l'éditeur du *Journal du Commerce*, qui avait fait remarquer qu'il y avait dans la
chambre beaucoup d'émigrés et beaucoup de fonctionnaires, ce qui expliquait peut-être l'indemnité aux
émigrés et le zèle gouvernemental de la chambre?
Voyez cet homme au visage imperturbable et au maintien imposant monter lentement à la tribune, et écoutez-le :

« ... De ce qu'il y a beaucoup d'émigrés dans notre
assemblée, le journaliste conclut que l'indemnité a été
votée dans des intérêts personnels ; et de ce qu'il y a
beaucoup de fonctionnaires il conclut que la chambre
protège beaucoup les commis... Je crois, moi, que les
émigrés qui siègent dans cette chambre ont été mus par
des considérations supérieures à leur intérêt personnel.
Il me plait ou il m'appartient de le croire ; mais ni la
raison ni la morale ne m'en font un devoir. De même
je crois que les fonctionnaires conservent leur indépendance dans cette chambre ; mais je ne suis obligé ni de
le croire ni de le dire... La prudence commune, cette
prudence aussi ancienne que le genre humain, enseigne
que la situation particulière des hommes détermine leurs
intérêts, et qu'il faut s'attendre trop souvent que leurs
intérêts déterminent leurs actions. Là où le contraire
arrive, il y a vertu ; la vertu seule opère ce miracle.
Je le dis donc hautement, je le dis avec l'autorité
de l'expérience universelle, il a fallu de la vertu aux
émigrés pour se préserver de leur intérêt personnel
dans le vote de l'indemnité ; il faut de la vertu aux fonctionnaires, et une vertu sans cesse renaissante, pour

rester indépendants dans la chambre. — Quel est maintenant le crime du *Journal du Commerce* ? C'est uniquement d'avoir jugé la chambre sur les apparences comme juge la prudence, comme juge l'histoire ; c'est d'avoir cherché et trouvé l'esprit qui l'anime dans la loi ordinaire du cœur humain plutôt que dans la loi extraordinaire de la vertu... Je vous demande, messieurs, si un peuple peut être condamné à ne jamais trouver que de la vertu dans ceux qui le gouvernent. » — Royer-Collard avait pour les *Pensées* de Pascal la plus profonde admiration ; il est à croire qu'il ne négligeait pas les *Provinciales*.

Instinctivement ce qu'on approuve et ce qu'on aime dans les institutions politiques et, en général, dans les établissements humains, c'est ce que d'une certaine façon on est soi-même, c'est ce dont on a en soi le caractère : Royer-Collard a aimé et il a curieusement cherché partout des pouvoirs limitateurs, parce qu'il était un pouvoir limitateur lui-même, à lui tout seul, et qu'il se sentait tel. Peu fait pour le gouvernement, et évitant soigneusement d'en faire partie, il était tour à tour contre les empiétements du gouvernement, de la chambre, de la foule, une barrière solide, monumentale et terriblement hérissée. Il a rempli cet office, qui est utile et nécessaire dans toute société organisée selon le système représentatif, et même dans toute société, avec vigueur, avec âpreté, avec entêtement, avec dignité.

Et peu à peu, et même assez vite, parce qu'il avait l'esprit systématique, de cette série de polémiques est sortie, sinon une doctrine, du moins une *méthode*, une sorte de grammaire politique très nette, très précise et un peu subtile. Il a été un défenseur des libertés nécessaires, — puis un professeur de gouvernement libre. Je me le représente très souvent comme un disciple d'un grand philosophe, qui de l'œuvre vaste et touffue de son maître retient un point essentiel, s'y retranche et s'y confine, et sur ce point est plus précis, plus lumineux, plus explicite et plus complet que son inspirateur ; qui, de la pensée puissante, libre, parfois un peu vagabonde de son maître, retient une idée, et, il se peut bien, l'idée essentielle, la creuse, la pénètre, la suit en ses conséquences et applications, et en fait un livre solide, plein, certain, à lire avec assurance, non plus un livre excitant et suggestif, mais un bon livre de vérité acquise et d'enseignement. Il a été l'élève de Montesquieu. A Montesquieu, il a pris la théorie de la division des pouvoirs, et de cette théorie il a fait sa pensée tout entière son enseignement, sa prédication, son apostolat et sa polémique.

Mais, et c'est en cela qu'il est considérable, d'une part il a analysé plus profondément que Montesquieu non seulement la théorie des trois pouvoirs, mais la théorie de tous les pouvoirs dont à la fois la concurrence et le concours font la société libre sans que le gouvernement soit rendu faible ; d'autre part, vivant dans un commencement de pratique et dans un essai à peu près loyal des institutions conçues par Montesquieu, il a pu contrôler par les faits et accommoder aux faits la théorie de Montesquieu ; et il a vu, ou cru voir (conviction qui, émanant d'un si grand esprit, est au moins en faveur du système une présomption à laquelle on ne saurait rester indifférent), que la doctrine de Montesquieu donnait satisfaction aux plus impérieux besoins, très divers, de la société moderne, et en même temps aux émancipations, très exigeantes aussi, de l'esprit public nouveau.

Et il a professé sa science politique avec une certaine hauteur qui était de trop, et aussi avec une certaine recherche de déduction déliée, un certain raffinement de finesse qui ne laisse pas d'être un peu ardu. C'est le docteur superbe et c'est le docteur subtil de la philosophie politique. On sent en lui l'ancien professeur de philosophie. Le mot qui courut sur lui, ou à propos de lui, ou en souvenir de lui : « Le doctrinaire est un être insolent et abstrait, » n'est pas sans quelque justesse dans beaucoup d'irrévérence.

La superbe était inutile, n'eût été qu'elle ajoutait beaucoup à son autorité. La subtilité était inévitable. La science politique est une science. Toute science n'est simple, et accessible de plain-pied au sens commun, qu'*avant* d'être constituée, c'est-à-dire tant qu'elle n'est pas scientifique. Quand elle est devenue une science véritable, elle est infiniment complexe et a besoin de toutes les ressources de l'esprit pour être comprise, pour être pénétrée et pour être enseignée. Cela ne l'empêche nullement d'être pratique. Elle est pratique par ses résultats et ses applications. Elle livre à ceux qui n'ont pas le temps de l'étudier des formules qu'ils n'ont qu'à tenir pour acquises, qu'à respecter et qu'à employer. Il en est en politique comme dans toute autre science, avec cette différence, je ne sais pourquoi, que la foule, qui des autres sciences accepte très pieusement les formules et les applique avec confiance sans prétendre pénétrer la science elle-même, n'a nullement en politique la même docilité, et prétend se connaître en politique directement et immédiatement, soit qu'elle nie que la politique soit une science, soit qu'elle se croie par privilège pourvue naturellement de celle-ci. — En conséquence, elle reproche aux professeurs de science politique d'être complexes, d'être abstraits, de se livrer à des analyses laborieuses, et, en un mot, d'être des savants. — Royer-Collard traitait, comme Montesquieu, la politique en science très difficile et très délicate. Il savait, en particulier, comme Montesquieu, que la science de la liberté est, entre toutes, infiniment compliquée ; car la liberté n'est et ne peut être autre chose qu'un équilibre très difficile à atteindre et à maintenir, et toujours menacé, entre les différentes formes de despotisme ; le despotisme, sous une forme ou sous une autre, étant l'état naturel de la société humaine. La liberté est une réussite, comme la civilisation, dont, aussi bien, la liberté est une forme. Il n'y a donc rien d'étonnant à ce que la science de la liberté soit chose subtile, et que, pour *gagner la partie* et apprendre aux autres à la gagner, il faille être un expert aux règles du jeu.

Royer-Collard connaissait presque tous les secrets de cette science, comme presque toutes les ressources de cet art. Il n'a mis qu'un peu d'affectation peut-être et coquetterie de fin professeur dans les leçons qu'il en donnait. Son enseignement, dont toute une partie reste solide, forte, essentielle, doit être l'objet, encore aujourd'hui, de nos méditations. Sa bonne vieille grammaire politique, comme les ouvrages d'éducation de ce Port-Royal qu'il aimait tant, doit être consultée par nous avec attention, et ne peut l'être qu'avec profit.

GUIZOT

Guizot a inventé le parti, le gouvernement et la doctrine du juste milieu. — On n'invente pas ; on s'exprime dans ses œuvres et dans ses actes, plus ou moins clairement, plus ou moins heureusement. Guizot, de tournure d'esprit, de tempérament intellectuel, de conception générale des choses, était juste milieu, dès ses commencements, dès l'âge où c'est plus naturellement vers les extrêmes, et même vers les extrêmes contradictoires que l'on tend, et, chose remarquable, c'est plutôt en vieillissant qu'il a semblé, je dis semblé, se laisser emporter aux idées exclusives et aux partis pris.

Il était juste milieu très judicieusement et fermement, par conviction que la vérité humaine est une moyenne, une ligne centrale à égale distance des opinions hasardées et aventureuses de droite et de gauche, un « entredeux » auquel il faut croire et se tenir, le reste devant seulement être connu et compris. Il imaginait l'esprit humain comme capable, précisément, de voir vite tous les points de la circonférence, mais pour en trouver le centre et pour s'y porter, et pour y rester. Il croyait que savoir, penser, réfléchir, raisonner ne sont que des moyens de trouver avec plus de précision, de sûreté et de certitude cette région moyenne qui est le séjour naturel et sain d'un esprit bien fait. L'originalité lui était suspecte, comme dangereuse, mal sûre et décevante, du moins à y rester et à la chérir. Bossuet ne s'est pas défié plus que lui des opinions particulières. Les opinions particulières étaient, pour lui, choses à connaître, à permettre et à éviter ; régions périlleuses et confuses où il faut pousser des reconnaissances, pour en rapporter des notions et des renseignements utiles, mais où il ne faut pas faire d'établissements.

Et les esprits de cet ordre sont d'ordinaire inconstants, flottants, mal liés et d'une molle étreinte. Ils ont quelque chose d'hétérogène. L'étoffe est faite de pièces diverses. Ils ont des opinions contraires, mal conciliées. Ils ont pour l'affirmative dans une certaine mesure, pour la négative jusqu'à un certain point. Leur moyenne est un à peu près, et leur modération une incertitude. — Ou bien leur vie intellectuelle est une suite de variations, et ils compensent un pas de trop fait à gauche par un pas de trop fait à droite. — Le modéré, d'ordinaire, est un indécis, qui, seulement parce qu'il est indécis, est modéré. Il déguise, s'il est médiocre, il transforme, s'il est intelligent, une faiblesse de caractère en bonne tenue apparente de pensée.

Ce n'est pas du tout le cas de Guizot.

La modération de sa pensée s'unissait à une vigueur rude et impérieuse de caractère, ce qui fait qu'il apportait la certitude dans la modération. Certain, nul ne l'était plus que lui. Il était la certitude même. Il croyait en lui intrépidement, et franchement, et loyalement, loyauté infiniment rare en nos temps modernes. Personne ne pousse le scepticisme jusqu'au doute sur soi-même, et n'est sceptique à ce point de devenir modeste. Mais d'autre part, presque personne ne pousse la certitude jusqu'à une manière d'immodestie. La loyauté absolue le voudrait pourtant, et c'est cette loyauté que Guizot osait avoir et ne marchandait pas à montrer. « Je déteste par-dessus tout, disait-il, l'hypocrisie et la subtilité. » — Il détestait l'hypocrisie qui consiste à ne pas se donner hautement raison quand on est persuadé qu'on a raison, et cette subtilité qui consiste à se donner raison par des détours et à surprendre l'approbation, au lieu de la réclamer ou de la conquérir. Il était aussi loin que possible de cet état d'esprit. Il était capable, non seulement de certitude, mais de foi. Une idée vraie, si de plus elle lui semblait de grande « importance pratique », était pour lui objet de certitude et matière de foi ; c'est-à-dire et qu'il y croyait et qu'il l'embrassait de toutes les ardeurs les plus intimes de son âme : « Une idée qui se présenterait à l'homme comme vraie, mais sans le frapper en même temps par l'étendue ou la gravité de ses conséquences, produirait la certitude ; la foi ne naîtrait pas. — De même le mérite pratique, l'utilité d'une idée ne peut suffire à enfanter la foi ; il faut qu'elle attire aussi l'attention par la beauté pure de la vérité... La beauté intellectuelle et l'importance pratique, tels paraissent donc les caractères des idées propres à devenir matière de foi. »

Il était croyant jusqu'à ne pas détester d'être impopulaire, ce qui est le signe. Le goût de l'impopularité est le commencement du goût du martyre. Il a dit qu'il ne recherchait point l'impopularité, qu'il se contentait de n'en avoir aucun souci. En vérité, il y avait plus ; il n'en haïssait pas la saveur amère. Elle lui donnait du ton. Il n'est jamais plus beau que quand, sans la provoquer, du moins il lui dit : « A votre aise ! » Il assure

« qu'il ne connaît pas l'embarras et qu'il ne craint pas la responsabilité. » Vous pouvez l'en croire, et que non seulement il ne craint pas la responsabilité, mais il l'assume avec empressement. « ... Cette politique, disait-il en pleine chambre, j'en ai ma part, je n'en réclame que ma part ; mais si la responsabilité en paraissait trop pesante à quelqu'un, je suis prêt à accepter aussi toute la part dont d'autres ne voudraient pas. »

Tel il était en 1838 ; tel dès 1812. Il s'agissait alors de mettre un mot de convenance à l'adresse de l'empereur dans une leçon d'ouverture à la Sorbonne. Fontanes priait : « Faites cela pour moi. » Le jeune homme s'obstina. Il fallut se passer du compliment. C'était le jeune Guizot qui faisait ses exercices. Il s'exerçait à ne pas plier. — Cette certitude, cette solidité, cette assiette ferme de caractère paraît dans ses répugnances comme dans ses actes. Il est stupéfait en face de Chateaubriand. Celui-ci allait répétant : « Mon défaut capital est l'ennui, le dégoût de tout, le doute perpétuel. » Et Guizot s'écrie : « Étranges dispositions dans un homme voué à restaurer la religion et la monarchie ! » Guizot, lui, ne s'ennuie pas et ne doute pas. Il est né pour la certitude et pour l'action.

Cette modération d'esprit et cette fermeté de caractère font l'originalité de Guizot. C'est un modéré impérieux. Ce qu'il voudra, ce seront « des mesures modérées appliquées par des hommes énergiques. » Où les autres apportent, à l'ordinaire, ou des faiblesses, ou des nonchalances, ou des indécisions, faisant de leurs faiblesses des tempéraments, de leurs nonchalances des compromis, et de leurs indécisions des moyens termes, il apportera une complexion de radical au service d'idées conciliatrices, et sera quelque chose comme un intransigeant du centre.

Et ces idées de juste milieu et ce tempérament d'avant-garde, et leur union indissoluble, et leur conbinaison et ses effets, et ce que dans la pratique a produit leur concours, c'est ce que nous allons étudier.

I

LE JUSTE MILIEU PHILOSOPHIQUE.

Remarquons d'abord que, si le juste milieu était sa nature, comme je le crois, il était aussi son habitude d'esprit; prise de très bonne heure sous l'influence des circonstances et de ces premiers enseignements que nous donne notre vie de jeunesse. Guizot n'est pas, comme d'autres, et comme on pourrait croire qu'il est, un professeur arrivé tard à la vie politique, un théoricien placé, à quarante ans, en face des choses à manier et à conduire. Il a été tout d'abord et un homme d'études et un homme d'action en même temps. S'il est professeur d'histoire à vingt-cinq ans, à vingt-huit il est négociateur politique à Gand, et quelque chose, auprès de Louis XVIII, comme Benjamin Constant auprès de Napoléon, une sorte d'inspirateur de l'acte additionnel aux constitutions de la royauté. Et désormais, pendant toute la restauration, il est historien et homme politique concurremment, l'un inspirant l'autre, l'un par l'autre contenu, guidé ou réglé, la théorie dérivant de la pratique, la pratique se conformant à la théorie, toutes deux liées, ayant parentage, ou voisi-

nage au moins, et ne se perdant pas de vue. Il ne se
peut que le juste milieu ne soit point le rendez-vous
naturel de ce commerce, et que les idées moyennes ne
s'imposent point à l'esprit de notre historien homme
d'État, parce que les idées moyennes sont avant tout
des idées pratiques. Aussi, toutes les idées générales
de Guizot sont-elles des idées de juste milieu, des
idées complexes et composites quant à leur essence,
applicables et d'usage quant à leur but ; des idées,
d'une part, formées d'éléments très divers qui se conci-
lient, ou plutôt qui s'arrangent entre eux du mieux
qu'ils peuvent ; des idées, d'autre part, qui se prêtent
à un emploi immédiat ; des idées dont on peut vivre,
et qui sont un aliment tout prêt pour l'activité humaine
sensée et prudente.

Il a un juste milieu philosophique et religieux, — un
juste milieu politique, — et ses études d'histoire sont
la production des titres historiques du juste milieu. —
On sent tout de suite que celui-là n'est pas un homme
qui fait de la politique à l'usage de la France dans un
palais de Saint-Pétersbourg.

Sa philosophie religieuse, qu'on peut trouver superficielle, mais qui est d'une courageuse et ardente bonne
volonté, n'est qu'un effort honnête, généreux et obstiné de conciliation. Il voudrait une philosophie très
chrétienne et un christianisme dont le philosophe pût
aisément s'accommoder. Il ne désespère pas du succès
de cette tentative, tant il croit qu'au succès il y aurait
profit moral et profit pratique. Et ce n'est point, en
cette affaire, parce qu'il est superficiel qu'il est conciliateur ; c'est plutôt parce qu'il est conciliateur qu'il
reste superficiel, sachant bien que c'est ici, surtout,
qu'à creuser on se sépare. Il demande à chacun une

concession légère, ou qu'il lui semble qui est légère et s'en contente ; et il cherche à réduire chacun au minimum de sa croyance. De ces croyances dépouillées de leur surcroît gênant, il espère faire une croyance générale, et de ces concessions des liens, des attaches, des points de contact au moins, à unir et souder le tout.

Il demande au philosophe de croire un peu au surnaturel, de l'admettre au moins comme ne répugnant pas nécessairement à la raison. Qu'on n'en fasse point abus, soit, et c'est de mettre le surnaturel partout et d'en être pour ainsi dire entêté (comme de Bonald) qui l'a discrédité parmi les hommes. « Qu'on ne l'introduise pas si souvent à tort dans notre monde et dans notre histoire ; » mais qu'on le laisse dans la *Création*. Voilà le minimum. Un acte surnaturel au commencement des choses supposant une puissance surnaturelle au-dessus des choses, voilà la concession demandée au philosophe.

Elle ne doit pas lui répugner ; car le surnaturel, remarquez-le, est mal nommé, et son nom lui fait tort. Le surnaturel est essentiellement naturel à l'homme. Il y croit toujours. C'est un besoin et une nécessité de sa nature. Il est aussi instinctif en l'homme que la confiance dans la perception extérieure. Et que le besoin senti par nous ne démontre point la réalité de son objet, que le caractère instinctif, naturel et universel d'une croyance ne prouve rien sinon la nécessité d'une illusion ; que, de ce que nous voyons le monde autour de nous, il ne s'ensuive point qu'il existe ; que, tout de même, de ce que nous croyons invinciblement au surnaturel, il ne s'en s'ensuive point que le surnaturel soit, on en tombe d'accord ; mais les choses au moins sont égales ; la croyance de l'homme au surnaturel ne démontre pas plus la réalité du surnaturel que la perception extérieure ne démontre la réalité des choses, mais ni plus ni moins ; et, de même qu'on reconnaît qu'on n'arrachera jamais à l'homme sa confiance au témoignage de ses yeux, nous demandons que l'on confesse que rien ne dépouillera l'homme de ses penchants mystiques, non moins universels, traditionnels, impérieux et nécessaires ; nous demandons qu'on accepte le surnaturel comme condition de la vie humaine, au même titre que la conviction aussi profonde, aussi perpétuelle, tout aussi injustifiable par démonstration, tout aussi rationnellement illégitime, qui nous fait dire qu'il y a de la terre, des rochers, des arbres et des fleurs ; nous demandons que le surnaturel soit tenu pour aussi naturel que toutes les choses que nous ne pouvons ni prouver, ni ne pas croire.

Cette concession obtenue, ou tenue pour faite, Guizot a cause gagnée, puisqu'il se contente, non pour lui, mais pour tout le monde, d'un minimum de religion, et dès lors il s'adresse tour à tour aux catholiques et aux protestants pour leur demander, non pas une entente, mais une sympathie réciproque et une marche parallèle vers un but commun, qui est le maintien d'une certaine quantité d'esprit religieux dans le monde. — C'est ici la grande affaire de Guizot dans l'ordre moral, son *affaire de la réunion*. Il ne songe pas à la « réunion » proprement dite, et se sent trop loin du temps de Leibniz et de Bossuet pour cela ; mais il voudrait au moins une manière d'union libre, une alliance défensive, un *modus vivendi* plein de déférence et d'estime cordiale, sinon de concorde. Il voit, salue et chérit la renaissance religieuse *générale*, et sans acception d'Église, qui s'est produite depuis le commencement du XIXᵉ siècle, et qui a duré, qui a été comme la marque de ce siècle, marque bien superficielle, je crois, et destinée à s'effacer vite, mais que personne n'a pu nier. Il la voit dans l'Église catholique, dans l'Église protestante et dans la philosophie indépendante. Il l'encourage partout ; et il dit : « On peut s'entendre, ou du moins on peut ne pas se combattre ». Il tend la main d'une part au catholicisme libéral et d'autre part au protestantisme orthodoxe, comme relativement voisins l'un de l'autre, et pouvant plus que d'autres groupes, sinon s'unir, du moins se supporter. Il tente là une sorte de conjonction des centres.

Cela dès 1838. C'est alors qu'il écrivait : « Qu'ils écartent la controverse ; qu'ils s'occupent peu l'un de l'autre et beaucoup d'eux-mêmes et de leur tâche ; le catholicisme et le protestantisme vivront en paix, non seulement avec la société nouvelle, mais entre eux. Je sais que cette paix ne sera point l'unité spirituelle dont on a tant parlé... Mais l'harmonie dans la liberté, c'est la seule unité à laquelle ici-bas les hommes puissent prétendre ; ou plutôt c'est pour eux le meilleur, le seul moyen de s'élever de plus en plus vers l'unité vraie... L'harmonie dans la liberté, c'est l'esprit chrétien. » — Car, les Églises doivent y songer, à se combattre les unes les autres, c'est chacune soi-même qu'elles ruinent, c'est l'ennemi commun qu'elles soutiennent et qu'elles enrichissent : « Catholiques ou protestants, que les chrétiens en soient tous convaincus : ce que le catholicisme perdrait en crédit et en empire dans les sociétés catholiques, ce que le protestantisme perdrait en crédit et en empire dans les sociétés protestantes, ce ne serait pas le protestantisme ou le catholicisme qui le gagnerait ; ce serait l'impiété. C'est donc pour tous les chrétiens, quelles que soient leurs dissidences, un intérêt évident et un devoir impérieux de s'accepter et de se soutenir mutuellement, comme des alliés naturels, contre l'impiété antichrétienne. »

Il s'habitue à parler ainsi, comme un conciliateur impérieux, car impérieux, il l'est toujours, qui voudrait embrasser, pour la resserrer en un faisceau puissant, la chrétienté tout entière : « C'est à l'Église chrétienne, à toute l'Église chrétienne que je pense. C'est de l'Église chrétienne, de toute l'Église chrétienne que je veux parler. »

Il en arrive à rêver un catholicisme libéral partant de Rome même, un *Syllabus* libéral, qui permettrait aux groupes divers de la société chrétienne de ne plus voir entre eux que des divergences, des nuances et des différences de degrés, et qui souffrirait, provoquerait presque entre eux, sinon une fusion, du moins une communication et une harmonie : « Je me représente quelquefois ce qui arriverait, si, un jour, le pouvoir suprême de l'Église catholique acceptait pleinement, hautement, le principe de la liberté religieuse... Personne ne saurait mesurer d'avance l'effet que produirait dans le monde civilisé la franche et ferme introduction de ce principe dans l'Église catholique... »

Attirer catholiques, protestants, et même simples philosophes spiritualistes, nullement à un *Credo* commun, mais à une commune direction générale de pensée, à un sentiment commun de l'importance de l'idée religieuse dans le monde, et à une attitude commune de combat, voilà sa pensée constante. — C'est le juste milieu philosophique et religieux ; c'est l'esprit politique cherchant dans les croyances comme centrales et mitoyennes de l'humanité le gros de l'armée, et le ramenant, le rassemblant, à l'exclusion des ailes extrêmes, des corps indisciplinables, et des soldats isolés, et s'efforçant de lui tracer la grande route, où, sans confusion, chaque division gardant ses insignes particuliers et ses distances, il pourra marcher.

Non point que, pour rendre plus facile cette « coalition », Guizot réduise ou permette qu'on réduise la religion au pur et au simple esprit religieux. Il est très loin, en cela, des idées de Benjamin Constant, et il est trop esprit organisateur pour y tendre. Il n'a rien de l'individualiste ombrageux et solitaire. Si, comme protestant, si, dans son église particulière, il a été « orthodoxe », c'est qu'il croit fermement qu'une religion est nécessairement et doit être un lien étroit entre les hommes, une manière de penser en commun, une communauté et une communion intellectuelle, un engagement, une adhésion de chacun au sentiment de l'association, doit par conséquent avoir ses dogmes arrêtés et sa discipline. « La religion n'est pas un fait purement individuel, c'est un puissant et fécond principe d'association... Des éléments mêmes de la religion naît la société religieuse. »

Donc, des religions qui soient des églises, et des églises qui soient des sociétés ; mais entre ces églises, et même de ces églises aux écoles philosophiques qui admettront le surnaturel, une communication constante, un courant de sympathie, un esprit d'alliance au moins défensive, et du tout une association générale dirigeant l'humanité, et la maintenant dans cette région morale tempérée où elle a toujours aimé habiter, dans cette atmosphère moyenne qui est faite d'un peu de surnaturel, d'un peu de foi, d'un peu de charité, et de beaucoup de bon sens.

Ce juste milieu philosophique et religieux est la conception la plus médiocre et en même temps la plus significative de toutes les conceptions de Guizot. Elle marque bien son peu de philosophie, ou plutôt son peu de souci de philosopher sérieusement; son esprit pratique qui cherche surtout parmi les idées celle qui est la plus propre à être appliquée, à peu près, dès demain, et qui peut servir à quelque chose; son goût d'organisation et de concentration, et son adresse à persuader aux hommes, pourvu qu'ils ne soient pas tout à fait des ennemis le couteau au poing, qu'ils sont faits pour s'entendre, à la condition de peu parler; son goût en même temps de discipline, de règle et d'obéissance dans le rang; son optimisme enfin, et cette conviction qu'il ne faut qu'un peu de bonne volonté pour que les plus grands désaccords intellectuels soient résolus, tout comme les plus grandes difficultés politiques; ce sentiment, bien hasardé, qu'on peut traiter les difficultés d'ordre moral comme les obstacles matériels, par l'énergie, le bon vouloir et de bonnes règles d'action.

Il aurait voulu diriger les âmes, comme un parti, comme deux ou trois partis unis par un programme commun et obéissant à un chef habile. Il croyait, ou bien plutôt il aimait à croire, qu'un système n'est pas chose très différente d'un programme, alors que ce sont choses d'essence et de nature infiniment dissemblables. Il faisait ou voulait faire de catholiques, protestants et philosophes spiritualistes, une coalition analogue à la coalition de 1838, composée de centre droit, centre gauche et gauche dynastique. Il croyait ou voulait croire qu'un mouvement religieux peut être une manœuvre. — Il était soutenu dans cette tentative, infiniment honorable et généreuse d'ailleurs, par cette idée, qui n'est à sa place qu'en politique, que la vérité est dans la moyenne, et que les solutions justes sont des moyens termes saisis par un esprit avisé. Il cherchait le juste milieu en choses de conscience. C'est ici qu'il n'y en a point, ou qu'il n'en est un, tout factice et artificiel, que dans une confusion où peut entrer beaucoup de bon vouloir, mais non beaucoup de sincérité.

II

JUSTE MILIEU POLITIQUE. — LA « CLASSE MOYENNE ».

Ses études historiques ont été tout entières inspirées, animées et dirigées par l'esprit de juste milieu. Le juste milieu en histoire, en choses de développement historique, ce sont les classes moyennes. Ce sont les classes moyennes qui doivent avoir raison, ce sont elles qui doivent avoir l'influence et la prépondérance dans une nation, ce sont elles, quand elles existent, qui font la stabilité, qui forment comme le lest d'un pays, c'est leur absence qui fait qu'un pays manque d'équilibre, une constitution de force, une histoire de suite, et qu'une nation, à travers mille révolutions, mille traverses et mille secousses, est ballottée du despotisme à l'anarchie.

Une classe moyenne, c'est, avant tout, une classe de citoyens qui ne sont absorbés, et comme engourdis, ni par l'excès de travail, ni par l'oisiveté ; qui ont des occupations et du loisir, la salutaire discipline du travail et la liberté de pensée que donne le relâche. — C'est ensuite une classe de citoyens qui ont de la fortune et qui n'ont pas trop de fortune. La pauvreté est un esclavage ; l'esclavage est servilité ou révolte. La richesse est une solitude ; elle fait l'homme si puissant qu'il n'a pas besoin des autres, et ne s'en inquiète point, sinon, s'il est orgueilleux, pour les asservir ou les humilier. Elle met l'homme hors de la nation par le peu de besoin qu'il a d'elle, et le peu de souci qu'il est amené à en prendre. — L'homme de moyen état, travaillant, sans travailler trop, possédant sans posséder trop, ayant besoin des autres d'une manière générale, sans avoir besoin de tel ou tel comme protecteur ou patron, doit être un homme bien équilibré. Il n'est ni maître indifférent ou dur, ni esclave servile ou révolté ; il est intéressé à la chose publique, sans pouvoir prétendre la diriger seul, sans être tenté d'en désespérer comme trop petit pour peser sur elle. Il a des idées générales et du temps pour les modifier et les plier aux nécessités des circonstances, ce que ne peut faire l'homme de labeur constant qui vit sur une grosse idée générale très simple adoptée une fois pour toutes et où il s'obstine et se rencogne, ni peut-être l'homme de caste, à qui sa caste fait des préjugés étroits d'où il met son amour-propre aristocratique à ne pas sortir. — L'homme des classes moyennes doit diriger la société.

La vérité même est qu'il la dirige, dès qu'il existe,

comme fatalement. La théorie est ici confirmée par le fait. L'homme des classes moyennes dirige la société, parce que c'est lui qui fait l'*opinion*.

L'opinion, *ce qu'on dit*, ce qu'on entend répéter partout, ce qu'on sent d'avance que l'homme que l'on rencontre va vous dire, ce qu'on va dire soi-même, sous forme de concession plus ou moins explicite, même quand on ne le pense pas, par une sorte de respect humain et de courtoisie à l'égard de la pensée générale ; l'*opinion* enfin, à tout moment de l'histoire, mais de plus en plus à mesure que les hommes ont plus de moyens de s'entendre parler, et où ce *qu'on dit* se répand plus vite et fait plus de bruit, a une puissance incalculable sur les décisions humaines. C'est le principe de sociabilité qui veut cela, et le désir de ne pas trop se disputer pour pouvoir vivre à peu près tranquillement sur cette terre. — Or, l'opinion, c'est précisément le juste milieu, le *milieu*, tout au moins, où, d'instinct, les hommes tendent et se ramènent.

Or, et c'est ici le point important, l'opinion n'est pas toujours la volonté générale ; tant s'en faut, et très souvent la volonté générale vient se briser, ou, pour mieux dire, s'émousser et s'amortir sur l'opinion. On sent cela dans les pays de suffrage universel ou de suffrage très étendu. Les élections ont un sens et l'opinion en a un autre. Les élections, par exemple, demandent une mesure très décisive, très radicale ; l'opinion demande, inspire, suggère, et, peu à peu, et même très vite, impose une mesure très modérée, dans les temps, au moins, de calme relatif et de vie nationale normale et régulière. — Et la volonté nationale s'accommode de cette sorte de déception ; elle ne proteste point avec véhémence, elle ne crée point par son mécontentement un malaise social ;

elle recommence, seulement aux élections suivantes ; et l'opinion recommence aussi. — L'opinion est ainsi, non point l'expression de la volonté générale, mais le modérateur de la volonté générale.

Cela tient à ce que l'opinion c'est ce *qu'on dit ;* et ce qu'on dit est déjà quelque chose de plus intellectuel que ce qu'on veut ; c'est déjà une pensée, sinon une idée, au lieu de n'être qu'un désir confus, une passion, une tendance ou une impatience. La volonté nationale exprimée par l'opinion, c'est la volonté nationale déjà épurée, spiritualisée et corrigée. Comme la pensée trouve dans le mot son expression, mais aussi, et peut-être encore plus, son correctif, de même la volonté populaire trouve dans l'opinion une voix, mais encore plus une interprétation discrète et relevée.

Cela tient encore à ce que l'opinion, étant ce qu'on dit, est essentiellement ce qu'on ose et ce qu'on peut avouer. Ce qu'il y a de malsain et de mauvais en nous, nous ne le disons point, ou nous le mettons dans des lettres anonymes ; ce qu'il y a de mauvais, de malsain ou d'odieux, dans la volonté populaire, l'opinion ne l'exprime pas. Elle n'exprime que des idées, et, relativement, des idées honnêtes. Elle a son hypocrisie, elle aussi, et souvent elle déguise en idées ce qui n'est que passions, avidités, colères et rancunes ; mais encore est-elle forcée de le déguiser en idées. Elle ne peut procéder que par pensées ; c'est son office et sa nature. — Ce que la volonté générale a de mauvais, elle pourra donc le mettre dans des bulletins de vote, qui sont les lettres anonymes de la vie sociale ; mais l'opinion ne l'exprimera pas ; elle exprimera quelque chose d'analogue, mais quelque chose qui sera déjà beaucoup plus noble, beaucoup plus désintéressé, beaucoup plus pur, au moins beaucoup plus avouable.

Pour ces raisons, il y a deux choses très différentes : la volonté générale, et l'opinion, celle-ci beaucoup plus rationnelle et beaucoup plus raisonnable que celle-là, beaucoup plus modérée et beaucoup plus apte aux tempéraments que celle-là, parce que, des deux, la première est l'état d'âme du peuple, et l'autre son état d'esprit ; et des deux, dans les pays de facile communication et de rapide information, c'est l'opinion qui, en tout temps non révolutionnaire, gouverne.

Or, l'opinion, c'est la classe moyenne qui la fait.

La raison en est très simple. L'opinion est ce qu'on dit, et c'est la classe moyenne qui parle. C'est la classe moyenne qui trouve le mot qui interprète, plus qu'il ne l'exprime, la volonté nationale. C'est la classe moyenne qui trouve l'expression modérée, épurée et corrigée des tendances populaires, et qui la répand, et qui impose à l'État la volonté générale, rien qu'à s'exprimer devenue, au moins un peu, idée, pensée, principe, chose intellectuelle, *opinion*. — Pourquoi est-ce la classe moyenne qui fait l'opinion, et non une autre classe ? Parce que la classe inférieure ne sait que sentir et ne sait point parler ; parce que la classe supérieure, qui saurait parler, est trop loin de tout le monde pour connaître ce qu'il veut et pour s'inspirer de ce qu'il sent. De la classe inférieure, toute sensitive, le défaut est de ne point penser, et de n'exprimer, ou plutôt de n'exhaler, que des désirs ou des plaintes ; de la classe supérieure, toute pensante, le défaut est de ne point sentir avec le peuple, de n'avoir pas de communication avec lui, de ne pouvoir point, quelle que soit sa bonne volonté, savoir distinctement ce dont il souffre, ce qu'il réclame, à quoi il répugne. Voilà pourquoi c'est la classe moyenne qui fait l'opinion.

Or l'opinion est la reine du monde, comme a dit Pascal ; elle gouverne dès qu'elle existe, quelle que soit la forme de l'État, et même sous les gouvernements despotiques comme sous les autres. La seule différence est dans la moindre ou plus grande facilité qu'elle trouve à gouverner. Richelieu réussit parce qu'il gouverne avec l'opinion ; Louis XIV de même, et, on le sait, même quand il révoque l'édit de Nantes ; car ce n'est pas à dire que l'opinion ait toujours raison ; et qu'elle gouverne toujours, plus ou moins aisément, c'est tout ce que nous affirmons.

Elle gouverne dès qu'elle existe ; mais il faut qu'elle existe, et elle n'existe pas toujours. Elle n'existe point, précisément quand il n'y a pas de classe moyenne, la classe moyenne, comme nous l'avons vu, étant nécessaire pour la produire. Il y a eu, il y a encore, des peuples qui n'ont point de classe moyenne, et où, partant, le gouvernement non seulement n'est pas, mais ne peut pas être un gouvernement d'opinion. L'antiquité n'a pas connu les classes moyennes. C'est pour cela que les peuples de l'antiquité tendaient au despotisme comme à leur fin naturelle. Les petites républiques grecques devaient s'absorber dans l'empire macédonien en très peu de temps, et tous les autres États de ce temps étaient des monarchies despotiques. — Quant à l'État romain, qui a si bien senti l'absence et la nécessité d'une classe moyenne qu'il en a créé une factice par l'institution des tribuns, chargés d'exprimer légalement l'opinion populaire et d'être les intermédiaires entre la foule et la classe dirigeante, ce n'en est pas moins par l'absence de classe moyenne, d'abord qu'il est tombé dans le despotisme impérial, plus tard qu'il a disparu.

Vers la fin il a voulu, par l'institution des *curiales*, créer quelque chose encore comme une classe moyenne, assurer, dans chaque municipe, le concours de la bourgeoisie aisée et indépendante à l'administration locale. Mais, d'une part, il a disposé et surtout pratiqué cette institution dans un esprit qui était le moins libéral du monde, prenant de telles précautions, que les curiales n'avaient que des devoirs sans avoir de vrais droits, et en arrivaient à n'être que des fonctionnaires gratuits; d'autre part, l'eût-il voulu, il ne pouvait pas *créer une classe*, une classe ne se créant point, ou plutôt se créant, et ne pouvant pas être créée. Ce qui manquait à l'empire romain, c'était justement la classe moyenne à l'état de classe, une classe moyenne étant un véritable corps organisé dans le vaste corps de l'État, étant quelque chose d'homogène, de lié, de vivant, qui se sent soi-même, qui prend et garde conscience de soi.

Une telle classe, il n'est pas commun qu'elle existe. Le peuple existe toujours, c'est tout le monde, c'est la foule. Il est seulement plus ou moins peuple et plus ou moins foule, selon sa valeur morale, et prend dans l'État une place plus ou moins grande, selon sa faculté plus ou moins forte de penser, d'exprimer sa pensée, d'avoir, déjà, une *opinion*. — La classe dirigeante existe toujours, ce sont les hommes qui ne sont pas forcés de travailler. Elle est seulement plus ou moins dirigeante, selon qu'elle est plus ou moins soucieuse et du bien public et de sa propre dignité, et il arrive quelquefois, ce qui est un grand mal, qu'elle n'a que ses défauts, sans ses qualité, et qu'alors elle ne dirige presque plus : elle préside. — La classe moyenne, elle, peut ne pas exister. Pour qu'elle soit, il faut que la fortune se soit disséminée et dispersée, que la propriété se soit divisée, ou que la richesse mobilière se soit créée, ou que ces deux phénomènes sociaux se soient produits.

Plus encore qu'une diffusion des richesses, il faut une diffusion des lumières; car une classe moyenne ignorante serait classe moyenne par sa fortune, et peuple par son état d'esprit, et ne ferait pas plus *l'opinion*, ce qui est son office, que le peuple ne peut la faire. Pour que cette diffusion des lumières existe et soit suffisante, il faut dans le pays de grandes facilités de communication et une grande rapidité d'information ; car les idées générales se font avec du savoir solitaire, mais *l'opinion* ne se fait qu'avec des renseignements rapides et continus et une communication constante.

Enfin, ce qui n'est pas moins important, il faut, pour que la classe moyenne existe, qu'elle se sente telle, qu'elle soit, sinon organisée, du moins cohérente, consciente et maîtresse de soi, ce qui ne se peut guère que quand elle a fait en commun une grande œuvre ou une série de longs efforts ; car les classes, comme les individus, ne se saisissent soi-même que dans ce qu'elles font. — Il faut toutes ces conditions, ou la plupart de ces conditions, pour qu'une classe moyenne existe efficacement et pour qu'un gouvernement d'opinion s'établisse et dure.

C'est précisément là l'histoire européenne depuis l'antiquité. Pour Guizot, l'histoire de l'Europe depuis l'antiquité n'est que la longue, lente et pénible élaboration de la classe moyenne, et, par suite, du gouvernement d'opinion, et par suite du gouvernement représentatif. « Le tiers état est un fait immense ; et non seulement il est immense, mais il est nouveau et sans autre exemple dans l'histoire du monde. » L'histoire entière tend vers lui, à travers la féodalité qui établit une hiérarchie dans la nation, la classe par degrés, et empêche que le fait de l'égalité sous un maître ne se prolonge et se perpétue dans l'humanité, à travers l'émancipation des communes, d'où la bourgeoisie doit sortir ; à travers, surtout, la royauté déjà « bourgeoise » du XVII° siècle ; et dès lors commerce, industrie, richesse mobilière d'une part, imprimerie, livres, journaux, vie de société, aller et venir faciles, information prompte et multipliée d'autre part, précipitent l'avènement de la classe qui se crée de tout cela, vit de tout cela, profite de tout cela pour l'augmenter et le développer encore, et de ce développement recevoir un surcroît de vie et de force.

Et enfin, si cette classe, déjà existante, déjà vivante et comme adulte, fait une grande œuvre comme la révolution française, se saisit dans cette œuvre, se resserre et se contracte à la faire, s'encourage à être en l'admirant, prend enfin conscience de soi-même dans l'ardeur de l'action et dans la contemplation de l'ouvrage, cette classe est formée, elle est dans toute la pleine force de sa maturité : — et l'histoire moderne est accomplie.

Cette conception historique est l'œuvre d'un historien bien plein de certitude, et d'une certitude impérieuse ; et, comme a dit très spirituellement M. Jules Simon, voilà qui est « discipliner l'histoire ». C'est l'histoire conçue par un homme d'État qui a besoin que l'histoire l'approuve. On conçoit l'histoire de cette manière, ou d'une manière très analogue à celle-ci, dès que l'on est un personnage historique, ou qu'on se sent en train de le devenir. Guizot traçait ainsi sa route et fixait son but à l'histoire humaine, entre 1815 et

1830, quand il avait été le conseiller d'un monarque, et quand il se préparait déjà à jouer un plus grand rôle encore dans les destinées de son pays. Il est bien rare que pour un homme politique l'histoire soit autre chose que de la politique rétrospective. Elle lui sert d'argument, de point de départ pour sa déduction, et de preuve à l'appui de ce qu'il veut lui faire dire. Elle est, à ses yeux, destinée à le justifier, à l'expliquer et à le préparer. Il est bien difficile que pour M. Guizot l'histoire universelle, ou au moins l'histoire moderne, ne soit pas une introduction au gouvernement de M. Guizot.

Il y a cependant cette idée très juste, ce nous semble, dans ces beaux livres, si pleins du reste d'une érudition minutieuse et solide, que dans les sociétés modernes il y a plus d'intérêts divers, plus de sources diverses de richesse, plus de besoins différents, et par suite plus de *classes*, que dans les sociétés antiques. La machine sociale s'est compliquée. Il y a plus de « mondes » différents dans une nation moderne que dans une nation antique. Il y a, du sommet à la base, plus de degrés nettement distincts et tranchés. Ce sont les degrés intermédiaires que Guizot appelle *la* classe moyenne. Il faudrait dire *les* classes moyennes. L'erreur a peut-être été de mettre un singulier collectif où il fallait un pluriel.

Ce n'est pas précisément une erreur grammaticale, c'est une erreur historique ; c'est une espèce d'anachronisme. Les classes moyennes, habituées à être désignées par un seul nom, celui de *tiers état*, ont cru qu'elles n'étaient en effet qu'une seule classe, comme elles l'avaient été à peu près aux temps lointains où le mot avait été inventé ; et elles se sont dit qu'une classe en remplaçait une autre depuis 1789, que c'était à la leur de gouverner désormais, moyennant quoi tout était conclu, et l'histoire aboutissait. Ce n'était peut-être pas la vérité.

La vérité était peut-être que les groupes sociaux se multiplient, à mesure qu'on avance, à mesure que se découvrent et s'établissent de plus nombreuses manières de s'élever, de s'instruire, de se développer, de s'enrichir, autrement dit de plus nombreuses manières d'être; qu'une telle complication ne permet pas de mettre simplement une classe à la place d'une autre, mais exigerait que, par un moyen à trouver, tous les groupes sociaux d'une certaine cohésion et d'une certaine force eussent leur action proportionnée à leur importance dans le gouvernement de l'État; que, devant la difficulté de ce mécanisme à établir tous reculant, les uns se réfugient dans une solution simple qui est le despotisme, les autres dans une solution aussi simple et brutale qui est l'égalité démocratique, et Guizot dans une solution à peu près aussi simple et aussi incomplète, qui est le pouvoir exercé par *un* des groupes sociaux à l'exclusion de tous les autres.

Cependant c'était beaucoup d'avoir bien compris au moins qu'entre la foule immense et l'élite très peu nombreuse, peu à peu, au cours de développement historique, quelque chose, qui autrefois n'existait pas, avait paru, et que ce quelque chose était un élément historique et politique d'une importance exceptionnelle. Ce quelque chose, Guizot l'a bien vu. Il l'a vu seulement doué d'une sorte d'unité qui était factice, qu'il lui attribuait, et dont l'illusion, peut-être, l'a trompé.

III

QUELLE DOIT ÊTRE LA POLITIQUE DE LA CLASSE MOYENNE?

Son juste milieu historique étant trouvé, son juste milieu politique l'était aussi. Sa politique, c'est que la classe moyenne doit gouverner. Elle doit gouverner par l'opinion d'abord, puisque c'est elle qui la fait, puis par une participation directe au maniement des affaires publiques. Gouvernement d'opinion, et gouvernement représentatif, voilà la double forme du gouvernement moderne, ou plutôt gouvernement d'opinion régularisé, rendu normal et précis par le gouvernement représentatif, voilà l'unique forme du gouvernement chez les modernes.

Mais encore comment, dans quel sens, dans quel esprit, par quels principes cette classe moyenne doit-elle gouverner? Elle est elle-même, elle est en soi le juste milieu national ; quel juste milieu de pensée générale et quel juste milieu de tempérament politique doit-elle adopter et maintenir ? — Elle doit être *raisonnable* et elle doit être *libérale*.

Elle doit être raisonnable, entendez par là qu'elle doit se souvenir que c'est à la raison de gouverner le monde, que c'est à la raison qu'appartient la souveraineté. A l'éternelle question : où est la souveraineté ? Guizot comme Royer-Collard, comme Constant, comme Montesquieu, répond : *il n'y a pas de souveraineté.* Il n'y a pas de souveraineté, parce qu'aucune volonté n'est légitime en tant que volonté. Il ne suffit pas de dire je veux, pour avoir raison, et pour sentir et convenir avec soi-même qu'on a raison. Nous avons tous le sentiment intime que notre volonté ne devient légitime que si elle se subordonne à une faculté qui est en nous, qui consiste à voir juste. De même ni un homme, ni une classe, ni tout le monde n'a le droit de vouloir sans autre autorité que sa volonté même. En d'autres termes, ni un homme, ni une classe, ni tout le monde n'est souverain. C'est un sentiment et préjugé aristocratique, et c'est *le même* sentiment et préjugé aristocratique qui revendique la souveraineté pour un homme, pour une classe, ou pour tout le monde. Dans les trois cas, ce qu'on proclame, c'est toujours la souveraineté par droit de naissance. C'est ou : « Je nais souverain parce que je nais prince, » ou : « Je nais souverain parce que je nais noble, » ou : « Je nais souverain parce que je nais homme. » Non plus l'une que l'autre de ces prétendues souverainetés n'existe en droit, en raison, en justice, en sens commun. Il n'y a qu'une souveraineté, c'est celle qui empêche qu'il y ait quelqu'un qui soit souverain ; c'est la souveraineté de la raison.

La raison doit être souveraine pour qu'il n'y ait pas une volonté, ou unique, ou multiple, ou très multiple, qui prétende l'être. La raison doit être souveraine encore, parce qu'elle est un principe d'unité, le seul principe d'unité que puisse trouver une nation en dehors de la monarchie exactement absolue. Pascal a dit : « La multitude qui ne se réduit pas à l'unité est confusion ; l'unité qui n'est pas multitude est tyrannie. » La tyrannie écartée, l'affaire est de réduire la multitude à l'unité, l'affaire est de ramener la multiplicité des sentiments à un jugement unique, c'est-à-dire à une idée claire, c'est-à-dire à la raison.

Extraire d'une nation la quantité de raison qu'elle contient, voilà l'office de la classe que sa compétence présumée a mise à la tête des affaires d'un pays. Nous disions plus haut que la classe moyenne devait diriger parce que c'est elle qui fait l'opinion. Il faut aller plus loin. Elle fait l'opinion, c'est sa nature ; elle a à faire la raison, c'est son devoir. Elle transforme, naturellement, le sentiment général en idées, c'est sa faculté propre ; elle doit transformer le sentiment général en idées justes, c'est son office. Elle doit d'abord suivre sa nature, ensuite s'appliquer à son emploi. Ainsi, dans les limites des forces humaines, sera réalisée la vérité politique, c'est à savoir la souveraineté de la raison ; le seul souverain légitime, celui qui est impersonnel, et qui ne permet à personne d'être souverain, sera établi.

Il est à remarquer ici que, dans sa recherche de l'application de la fameuse maxime : *il n'y a pas de souveraineté*, que, dans son effort à chercher le souverain impersonnel qui doit empêcher qu'il y en ait un autre, Guizot arrive à une autre théorie que celle où s'était arrêté Royer-Collard, son maître, et que, des deux, c'est Royer-Collard qui est plus historien et Guizot qui est plus philosophe. Royer-Collard disait : il n'y a pas de souveraineté ; personne n'est souverain ; le souverain c'est la charte ; c'est elle qui nous fait citoyens, électeurs, éligibles, députés, pairs ; pourquoi est-elle souverain ? parce qu'elle est l'histoire de France ; parce qu'elle a ses premières racines aux temps les plus éloignés de notre existence nationale ; elle est la France éternelle qui oblige le Français d'aujourd'hui. — Guizot dit : il n'y a pas de souveraineté, personne n'est souverain ; le souverain c'est la raison ; la raison gouverne, non de par un droit historique, mais de son droit ; elle est extraite de la masse confuse des sentiments populaires par ceux qui sont le mieux en situation de faire ce travail. — La théorie de Guizot est évidemment beaucoup plus philosophique, beaucoup plus abstraite, et je ne dis pas plus démocratique, mais, vraiment, plus républicaine que celle de Royer-Collard. Nous verrons, du reste, que nonobstant elle s'en rapproche par un détour.

Voilà donc l'office de la classe moyenne : tirer d'un peuple toute la somme de raison qu'il contient. Comment s'en acquittera-t-elle ? En se pénétrant des sentiments généralement répandus et en examinant ce qu'ils ont de légitime, comme tout gouvernement doit faire, mais avec cette compétence spéciale qui lui est propre, avec l'instinct démocratique d'une classe qui sort du peuple et qui reste voisine de lui, avec cette capacité des idées générales que le loisir, l'éducation, la vue plus étendue sur toutes choses, lui donnent.

D'une autre manière encore, qui complète celle-ci. La raison est légitime, la tradition l'est aussi. Elle l'est au même titre, par ce motif qu'elle est la même chose. La raison est le juste milieu intellectuel, la tradition est le juste milieu continu à travers l'histoire. La tradition est la raison persévérante, qui a duré parce qu'elle était la raison, et qui prouve qu'elle était la raison, par ce fait même qu'elle a duré. Il ne lui faut pas d'autre preuve, d'autre justification, ni d'autre titre. Durer c'est montrer son droit d'être : « Du seul fait de la durée on peut conclure qu'une société n'est pas complètement absurde, insensée, inique, qu'elle n'est pas absolument dépourvue de cet élément de raison, de vérité, de justice qui seul peut faire vivre les sociétés. Si, de plus, la société se développe, si elle devient plus forte, plus puissante, si l'état social est de jour en jour accepté par un plus grand nombre d'hommes, c'est qu'il s'y introduit par l'action du temps plus de raison, plus de justice, plus de droit ; c'est que les faits se règlent peu à peu suivant la véritable légitimité. »

Il y a donc deux choses légitimes en ce monde, qui sont la raison et l'histoire. Et il y a donc deux justes milieux que la classe moyenne, juste milieu elle-même, doit bien distinguer et bien saisir : c'est le juste milieu actuel, à savoir les sentiments diffus de la nation ramenés à une idée générale unique, et le juste milieu historique, à savoir ce qui, dans la nation, a eu assez de force, c'est-à-dire de bon organisme, c'est-à-dire d'ordre et de raison pour durer ; et encore entre ces deux justes milieux le gouvernant doit en trouver un troisième, ou, pour parler plus uniment, il doit tempérer l'un par l'autre, et concilier avec justesse d'esprit la tradition, raison de l'histoire, et l'esprit public, raison actuelle. En d'autres termes, la classe moyenne, devenue législateur, doit être un bon historien philosophe. — Il est assez rare que l'on conçoive le gouvernement idéal, voire même celui du ciel, autrement qu'à son image.

La classe moyenne doit être, avons-nous dit, *raisonnable* et *libérale*. La liberté telle que la comprend Guizot est chose intéressante à étudier. Très autoritaire, très persuadé, non seulement « qu'on ne gouverne que de haut en bas », mais encore que l'individualisme n'est qu'un égoïsme, et l'égoïsme qu'une impuissance, partant aussi peu individualiste que possible, et, sans l'avoir jamais dit formellement, évidemment très enclin à croire que l'homme ne vaut que groupé, qu'associé, que concourant, que par la tâche commune où il participe, jamais il n'a envisagé, même un instant, la liberté comme un droit personnel, inhérent à l'homme, consubstantiel à lui et étant parce que l'homme existe. Personne n'a plus ignoré que Guizot la *Déclaration des droits de l'homme*. Et, par conséquent, tout le *pourquoi* et le *comment* du libéralisme, et sur quoi se fonde le droit de l'homme à la liberté, et comment se tracent les limites où la liberté doit rester contenue, sont choses dont il s'est occupé moins encore. Et comme ces questions, même parmi les *doctrinaires*, quoique moins qu'ailleurs, étaient fort discutées autour de Guizot, de son silence sur ce point, c'est au mépris de ces questions et non à l'ignorance en cette matière qu'on doit conclure.

C'est que Guizot était aussi peu métaphysicien, dans le sens même populaire du mot, que possible. Au fond, c'est un esprit très positif, encore que très élevé. On l'a fort bien vu quand nous avons résumé sinon ses idées religieuses, à proprement parler, du moins ses idées sur les questions religieuses. En politique, il est le même. Le principe et le fondement rationnel des choses le sollicite fort peu. Ce n'est pas un théologien. La théologie politique d'un Benjamin Constant, comme celle d'un Bonald ou d'un de Maistre, lui paraissait sans doute un peu oiseuse, et s'il nous avait donné sa pensée sur ce point, nous saurions très probablement qu'il n'y voyait qu'un jeu d'esprit.

Aussi pour lui la liberté n'est autre chose que « la participation du citoyen à la chose publique ».

Et pourquoi le citoyen a-t-il le droit d'y participer? Parce que c'est une chose bonne et salutaire, et il n'y a pas d'autre raison, ou du moins Guizot n'en voit pas d'autre. La liberté, pour Guizot, c'est la liberté politique. Vous êtes libre dans un pays où vous n'êtes gouverné que par la loi et par une loi faite par des assemblées délibérantes. Vous êtes libre par votre attache à une association libre, et seulement par cette attache ; et tant s'en faut que la liberté soit chose personnelle, qu'au contraire c'est seulement comme membre d'une société organisée libéralement que vous êtes libre. — Les sociétés, en effet, commencent par l'anarchie, qui est si peu la liberté qu'elle en est le contraire ; continuent par le despotisme monarchique ou par le despotisme étroitement aristocratique ; finissent, après un long temps, par s'organiser en associations où le pouvoir est extrêmement divisé, et où, par suite, l'homme, le particulier, commence à respirer un peu ; mais il n'a respiré qu'à partir du moment où la société s'est organisée ainsi, et c'est donc comme membre de cette société ainsi faite, à ce titre seul, et pour cette seule cause, qu'il est libre.

C'est une illusion assez plaisante que celle de la liberté personnelle considérée comme un droit primitif, « imprescriptible, » longtemps prescrit, et enfin reconquis ; comme un droit sur lequel se fonde, doit se fonder la société civilisée. C'est l'inverse qui est vrai. C'est la société civilisée qui fonde la liberté personnelle, qui la fait plutôt, sans dessein, et sans s'en apercevoir, et crée ainsi une chose qui n'était pas un droit, mais qui le devient. Vous êtes donc libre par la société libre, par le jeu libre et facile de ses institutions, par elle et en elle, seulement par elle et seulement en elle, et plus ou moins selon qu'elle-même vit d'une vie plus aisée, plus pleine, plus intelligemment ordonnée et plus savamment harmonieuse. Il s'ensuit, dans la pratique, que la liberté n'est pas un droit, une propriété personnelle inviolable, une sorte d'idole devant laquelle l'État s'arrête avec une stupeur superstitieuse, un asile, un *sacrum*, je ne sais quel *bidental* consacré par la foudre ; c'est un moyen de gouvernement, sans autre mystère, c'est un excellent, honnête, généreux, habile et utile moyen de gouvernement.

Les sociétés, en durant, se compliquent. Leur administration devient une œuvre infiniment vaste, complexe et d'un énorme détail. Elle se compose de « grandes machines » aux rouages multipliés. Dans ces grandes machines faire pénétrer une certaine quantité, une grande quantité d'initiative individuelle, y amener, y faire entrer le citoyen avec son expérience propre, son savoir personnel, ses bonnes intentions, sa conscience, son inexpérience même, qui n'est pas un mauvais correctif de l'esprit de tradition et de routine ; c'est-à-dire associer de plus en plus l'individu au maniement de la société, par suite à l'esprit social, lui assurer une participation de plus en plus grande au gouvernement, voilà la liberté, la vraie liberté pour le citoyen ; et, pour l'État, voilà un précieux secours, une allégeance et un progrès.

Remarquez donc que le gouvernement représentatif, ou plutôt le gouvernement parlementaire, ou plutôt le gouvernement sollicitant l'assistance d'un parlement, n'est pas autre chose qu'un premier pas dans cette voie. — Le système parlementaire, c'est le gouvernement disant au citoyen : « Aidez-moi. La machine est trop compliquée. Elle passe mes forces. D'autre part, elle vous écrase, dites-vous. Entrez-y. Apportez-moi votre part et de lumières, et d'examen, et de contrôle, et d'invention, et de force, et d'autorité. Vous y gagnez d'être gouvernés, en une certaine mesure au moins, par vous-mêmes. J'y gagne d'être guidé, sans renoncer à continuer d'être guide ; j'y gagne d'être éclairé ; j'y gagne d'être déchargé de l'entière et absolue responsabilité ; j'y gagne surtout de ne pas laisser échapper et comme languir, parmi beaucoup de non-valeurs, certaines forces, inconnues hier, se révélant aujourd'hui, qui eussent été perdues pour le bien public et qui vont être tournées à son profit. »

Ce premier pas n'est qu'un premier pas, encore que de tous ceux qu'on peut faire il soit le plus considérable. C'est partout qu'il faut appliquer ce principe. Il faut que, partout, dans les grandes institutions administratives, une place soit faite au citoyen, une place de contrôleur, d'auxiliaire et de coopérateur, une place d'où il surveille, où il aide, où il participe à la responsabilité, surtout où il s'exerce et s'instruise. Il faut que le gouvernement soit pénétré partout par le gouverné. C'est là qu'est la vraie liberté du citoyen. Elle consiste à faire partie d'un gouvernement qui n'est pas fermé, muré et grillé. Elle consiste à voir de près les affaires publiques et à y mettre la main. Loin que la liberté soit entre le citoyen et l'État un fossé devant lequel l'État s'arrête, elle est entre le citoyen et l'État le fossé comblé, le pont-levis baissé et la libre et constante communication et pénétration rétablie. Il n'y a pas, comme certains disent, la liberté proprement dite, et puis la liberté politique. Il n'y a que la liberté politique. Il n'y a que l'homme, citoyen libre quand il participe à la chose publique ; esclave quand il n'y participe pas ; sécessionniste, c'est-à-dire tributaire, quand il fait consister sa liberté à se tenir à l'écart.

Tel est le rôle des classes moyennes. 1° Faire l'opinion ; — 2° gouverner selon la raison combinée avec la tradition ; — 3° gouverner libéralement, c'est-à-dire faire pénétrer dans le gouvernement le plus d'initiatives individuelles possible.

Cette théorie politique est excellente. Elle est d'un historien, d'un philosophe politique réaliste, et d'un homme d'État. Elle a quelque chose de large et en même temps de vigoureux et de puissant. Bien entendue, dans toute son ampleur, dans toute son extension, il me semble bien qu'elle tiendrait compte de tout et répondrait à tous les besoins vraiment légitimes des sociétés modernes. Elle est dédaigneuse, et peut-être un peu trop, des « chimères », comme a dit Guizot toute sa vie, avec une amertume toujours croissante, des pensées et des doctrines trop personnelles, et par conséquent un peu excentriques, de toutes les choses qui ne sont pas d'application et de pratique immédiates. Elle est dédaigneuse aussi, et beaucoup trop, du sentiment confus de la foule, que Guizot n'admet que devenu « opinion », que transformé en idées par une classe réfléchie et pensante ; de ce sentiment confus de la foule qui, sans doute, ne peut servir de guide, puisqu'il est confus d'abord, et puisque en outre il est de peu de suite, qu'on peut donc écarter, ajourner, faire attendre, renvoyer à une plus longue élaboration de lui-même et à une plus nette conscience de soi, mais qu'encore il est d'extrême importance de connaître, de suivre attentivement, de surveiller sans cesse, d'interroger même, et qu'il est d'extrême péril d'ignorer. — C'est une théorie trop *centrale*, pour ainsi parler, et trop juste milieu, qui prétend trop ne connaître et ne prendre que la grande route ; mais ce n'est pas une théorie de juste milieu étroit et aveugle. Elle est vaste, au contraire, très compréhensive, très libérale et très généreuse. Appliquée avec toute la largeur, toute l'ouverture d'esprit, toute la hardiesse même avec laquelle elle a été conçue, elle était peut-être la vraie solution.

Mais on n'applique point comme on conçoit. On en est empêché, ou l'on y est bien gêné, au moins, par les circonstances, par les autres, et par soi-même. — C'est peut-être ce que nous allons voir.

IV

QUELLE A ÉTÉ LA POLITIQUE DE GUIZOT ?

Guizot, comme tous ceux qui ont des idées, a voulu gouverner avec ses idées. Nous les connaissons ; nous savons ce qu'il a voulu faire. Il a voulu gouverner avec la classe moyenne ; — pour la raison, dans la mesure où l'opinion la pouvait admettre ; — pour la liberté, telle qu'il l'entendait, dans la mesure où la tradition n'en serait pas violemment rompue.

Pour ce qui est de la classe moyenne, quelque juste que pût être sa doctrine, il s'est trompé, avec tout son parti, sur l'application. Il a eu une erreur d'optique ; il a vu la classe moyenne où elle n'était pas, en

France, en 1830. Il a cru que la classe moyenne était la grande bourgeoisie. La grande bourgeoisie, dès 1830, et même depuis le commencement du siècle, n'était pas classe moyenne, elle était aristocratie. L'erreur avait pour principe l'idée que l'aristocratie ancienne existait encore, et, dès lors, que la classe placée immédiatement au-dessous était la classe moyenne. Mais l'aristocratie ancienne n'existait plus. Elle n'existait plus depuis la révolution ; même avant la révolution elle avait peut-être déjà cessé d'être. Ce qui était haute classe, c'était la grande bourgeoisie, dans laquelle, à tous égards, les restes de l'ancienne aristocratie s'étaient absorbés et fondus. De ce que l'ancienne aristocratie, par le prestige des noms et des titres, par les souvenirs historiques, par la valeur personnelle, aussi, de quelques-uns de ses représentants, mais ceci est en dehors de la question, faisait encore grande figure, il n'en fallait pas conclure qu'elle fût encore une *classe*, et, sur cette idée, chercher la classe moyenne *au-dessous* d'elle. — La vérité était qu'on avait affaire, malgré quelques apparences, à une nation où il n'y avait d'autre différence marquée entre les hommes, considérés par groupes, que l'argent. Une classe d'hommes possédant beaucoup, une autre en train d'acquérir, une autre ne possédant rien, c'était la France dans sa classification générale, la France par grandes catégories bien distinctes, abstraction faite des exceptions qui tiennent au mérite personnel, quand il est éclatant.

Si donc il était vrai que le gouvernement rationnel et naturel dût appartenir à la classe moyenne ; si donc il était vrai que ce fût la classe moyenne qui fît l'opinion ; si donc il était vrai que l'aristocratie fût trop loin du peuple pour bien comprendre le sentiment général de la nation; si donc toute la théorie de Guizot était juste; ce n'était pas dans la grande bourgeoisie qu'était l'axe politique, c'était au-dessous. — D'où nous sommes, toute la politique de Guizot paraît une théorie des classes moyennes au service d'une politique aristocratique.

C'est qu'en partie la théorie était fausse, pour être incomplète; — en partie, l'application était erronée.

En partie la théorie était fausse, parce que ce n'est pas la classe moyenne, à l'exclusion absolue de ce qui est au-dessus d'elle et de ce qui est au-dessous, qui doit gouverner, mais c'est la nation entière, chaque classe selon sa compétence, qui devrait avoir part au gouvernement, la classe moyenne gardant, si l'on veut, et j'en suis d'avis, le caractère et l'office de régulateur. En partie l'application était erronée, parce que Guizot et son parti, moitié fausse vue historique, moitié par grande admiration pour la classe moyenne, croyaient l'être, tandis qu'ils étaient l'aristocratie de leur temps. Cela a été une erreur de grande conséquence, parce que, malgré leur intelligence politique, leur savoir, leur grande information et une habileté dans la pratique du gouvernement qui ne me semble guère avoir été égalée, Guizot et son parti ont eu, plus qu'une aristocratie, le défaut d'une aristocratie, pour cette raison précisément qu'ils ne croyaient pas en être une. Une aristocratie avérée, si on me passe le mot, sent qu'elle est une aristocratie, et, quelquefois du moins, quand elle a des traditions d'intelligence et de prudence politique, est surveillée par ce sentiment même, fait attention à l'opinion publique, avec cet instinct que ce n'est pas en se consultant soi-même qu'elle la peut trouver, réagit contre cette confiance en sa propre infaillibilité, qui est notre défaut naturel à tous. Guizot et son parti n'avaient pas les mêmes raisons de se défier d'eux-mêmes, et ils étaient trop entraînés par leur doctrine à se dire : « Nous ne sommes pas une aristocratie ; nous sommes la classe moyenne ; nous ne pouvons guère nous tromper. » — C'est là l'erreur capitale de Guizot considéré comme homme politique.

A cette erreur ou à cette insuffisante notion des choses, tout le menait naturellement. Sa certitude d'abord, sa pleine et vigoureuse confiance en soi : il a commencé par l'assurance, il a continué par la certitude, et il a fini par l'infaillibilité ; — ses idées ensuite, autant que son caractère, puisque ses idées le conduisaient à attribuer la quasi-infaillibilité au juste milieu, qu'il était, et à la classe moyenne, qu'il croyait être. — Or la certitude exagérée est cause d'erreur, en politique particulièrement, moins que l'indécision, mais presque autant. Surtout elle donne à la raison l'apparence d'avoir tort. Elle lui donne de la vigueur et lui ôte de l'autorité. Guizot au gouvernement avait des attitudes de combat plus que de gouvernement. Il avait l'air moins d'un premier ministre que d'un homme qui faisait de l'opposition à l'opposition. On le suivait à l'assaut plus qu'on ne le soutenait contre les assaillants. Le gouvernement parlementaire en était véritablement un peu faussé, sinon dans son esprit général, du moins en sa forme, en son aspect et en son allure, choses qui ont encore leur importance.

A la vérité, cet homme de combat a admirablement discipliné son armée et l'a tenue ferme en sa main pendant huit ans avec une admirable suite et dans un ordre excellent. Cela se comprend fort bien. A ces hommes du centre, qui d'ordinaire sont hommes du centre parce qu'ils sont indécis, il apportait précisément ce qui leur manquait : la vigueur du caractère et du tempérament. Il se trouvait être l'homme si rare, qui unit l'énergie du caractère à la modération des idées. Il était le tribun de la modération ; il devait être le dictateur du centre. — Il le fut. On le suivit, on se serra autour de lui avec admiration, avec dévouement et avec constance. Il se mêlait à l'acquiescement qu'on lui accordait une manière de reconnaissance ; on savait gré d'être modéré à un homme qui avait une complexion à ne l'être pas ; on le remerciait secrètement de mettre de si belles facultés d'assaillant au service de la résistance ; on était étonné et charmé d'avoir pour chef du centre un si beau chef d'opposition.

Quant à la tâche qu'il s'était assignée, il ne l'a pas remplie, ce qui est assez commun, mais il ne l'a point désertée, et sauf sa grave faute de conduite dans l'affaire de la « coalition » de 1838, il ne l'a jamais perdue de vue. Elle était double : maintenir la tradition, développer la « liberté » dans le sens que nous avons vu qu'il donnait à ce mot, c'est-à-dire donner de l'extension à la liberté politique. Cela faisait comme deux politiques à mener parallèlement, l'une de « résistance », l'autre d'émancipation progressive, ou plutôt de coopération de plus en plus grande à donner aux citoyens dans les affaires publiques. La « résistance » était nécessaire. La « résistance » n'était autre chose que la politique conservatrice, essentielle toujours, devenant fatalement politique de résistance au lendemain (qui dure dix ans) d'une révolution, alors que tous les éléments de transformation sont dans le pays en un état de bouillonnement et d'effervescence, et, pour que la tradition soit maintenue ou renouée, ont besoin d'être non seulement contenus, mais réprimés. D'un coup d'œil très assuré, Guizot a vu dès 1830, et surtout en 1830, que c'était là la première tâche, et la plus nécessaire, comme aussi la plus rude. Il a été, dès 1830, un premier Casimir Périer, un Casimir Périer avant la lettre. Il est vrai que j'aurai à dire que, dans la suite, il a été un Casimir Périer en retard.

Il n'a pas été moins dévoué à l'autre partie de sa mission, à sa politique de liberté. La liberté consistait pour lui, comme nous l'avons vu, à faire pénétrer dans les choses d'État une certaine mesure, et une mesure de plus en plus grande d'initiative privée, à ouvrir l'État trop fermé, et d'une ouverture de plus en plus large.

C'est comme un système de ventilation et d'aération progressives. Il est excellent. Il est à la fois attentif à la tradition et réellement libéral. Il ne donne au citoyen une augmentation de liberté qu'avec une augmentation de responsabilité, ce qui est dire qu'il le contient en même temps qu'il l'émancipe, et par le mode même d'émancipation. Vingt fois Guizot a montré combien, de 1816 à 1848, le parti conservateur libéral, sans se hâter, mais sans reculer après avoir avancé, a suivi avec constance ce système : « Toutes les grandes institutions de la Révolution et de l'Empire,... quelque éloignées qu'elles aient été à leur origine des principes et des vœux de la liberté, peuvent les admettre... Oui, la liberté peut entrer dans toutes ces grandes machines créées par l'Empire pour la défense et la restauration du pouvoir... Est-ce qu'il y avait rien de plus spécialement institué pour le pouvoir que notre régime administratif, la Constitution de l'an VIII, l'administration préfectorale, les conseils de préfecture, le conseil d'État ? Eh bien ! nous avons fait entrer la liberté dans notre grand régime administratif. Les conseils généraux élus, les conseils municipaux élus, toutes ces institutions très réelles et très vivantes sont venues s'adapter au régime administratif que nous tenions de l'Empire. La liberté y est entrée *avec succès pour elle-même et avec succès pour le pouvoir.* »

Voilà la tâche libérale. Elle ne consiste pas à détacher le citoyen de l'État, mais à l'y rattacher au contraire ; seulement il s'agit de l'y rattacher, non par un joug qu'il en reçoit, mais par des services qu'il lui rend, de l'y rattacher, non en faisant peser l'État sur lui, mais en le faisant peser dans une certaine mesure sur l'État. A cela servent conseils municipaux élus, conseils généraux élus, maires choisis parmi les conseillers municipaux, commissions consultatives associées au travail de l'administration, enquêtes sur les grandes questions économiques, industrielles ou agricoles, etc. — Régulariser la liberté, voilà le but. Cette agitation perpétuelle qui est dans une nation, agitation faite de besoins, de désirs, de souffrances, d'idées, de rêveries et de chimères, le tout mêlé, ce qu'il faut, ce n'est pas la réprimer, ce n'est pas même la laisser avec dédain s'exprimer et s'exhaler dans les discours populaires et dans les déclamations de la presse, c'est lui donner et une issue légale et une forme régulière, c'est, en lui permettant de s'exprimer régulièrement, la solliciter à s'exprimer avec calme. Toute la méthode consiste et tend à ramener la liberté de l'état violent à l'état normal, et, par conséquent, ou, du moins, il y a lieu de l'espérer, de la stérilité à la fécondité.

On voit comment Guizot cherche à résoudre la question pour ce qui est des choses d'administration proprement dite. Pour les choses d'enseignement, plus délicates, il cherche à la résoudre d'une manière analogue en s'appuyant sur les mêmes principes. L'enseignement est une chose d'État. C'est une de ces « grandes machines » que l'Empire nous a léguées. Il convient qu'il reste tel. Ce n'est pas en peu de temps que l'initiative privée peut remplacer une si vaste et si minutieuse organisation. Remarquez qu'ici le « juste milieu » exige aussi que l'enseignement reste chose d'État. L'initiative privée ne trouve force, cohésion et ressources qu'en se subordonnant aux grands « partis » qui divisent la nation ; c'est son mode d'organisation naturel et presque nécessaire et fatal. L'enseignement privé sera donc un enseignement inspiré par l'esprit de parti ; en ôtant aux mots leur sens injurieux et violent, on doit convenir que l'enseignement privé sera un enseignement factieux. Il aura donc pour caractère une extrême et infinie diversité de tendances ; il instruira la nation en la divisant. — Ce n'est pas si mauvais ; ce n'est pas chose devant quoi l'on doive reculer avec horreur ou effroi ; l'uniformité dans l'enseignement n'est point l'idéal ; c'est même la langueur et la torpeur, et ce finirait par être la mort, en une chose qui doit être plus que toutes animée et vivante. Mais enfin, si l'absolue uniformité est un grand péril, on conviendra que l'infinie diversité est un grave inconvénient.

Il convient donc que l'État donne l'enseignement, pour que l'enseignement ne soit pas œuvre de parti, et de partis, par suite excessivement divers, par suite élément sécessionniste dans le pays.

A la vérité, l'État dans la pratique étant le gouvernement, l'État aussi est un parti. C'est incontestable.

Il ne peut pas être autre chose. Il est un parti, qui, ayant la majorité, a le pouvoir. Mais on confessera que, du moins, il est un parti *central*. Il n'est pas, il ne peut pas être un parti extrême. Même quand, ce qui est rare, même quand, par un hasard, il l'était avant de prendre le pouvoir, dès qu'il l'a pris, il l'est moins. Ajoutez que le corps qui sera chargé de l'enseignement aura aussi ses traditions, son assiette, sa stabilité, plus encore, aura avec la classe moyenne de la nation, à laquelle il sera constamment mêlé, des rapports quotidiens qui l'inclineront de plus en plus à une habitude et à une attitude de juste milieu.

Pour toutes ces raisons la tradition, la stabilité, le juste milieu, le bon sens même et la raison pratique veulent que l'enseignement soit chose d'État. Mais la liberté, dans l'intérêt même de l'État, a cependant, ici aussi, ses exigences. De ces grandes machines administratives dont nous parlions, l'enseignement serait-il la seule qui fût fermée, qui n'admit point le concours ou au moins l'approche de l'initiative privée ? La chose d'État certainement la plus facilement oppressive, puisque c'est sur des intelligences et des consciences qu'elle s'exerce, et sur des intelligences et des consciences tendres encore et ployables, serait-elle la seule où l'État fût tout-puissant et sans rien qui le tempère, comme dans l'armée ?

Il semble bien que cela soit nécessaire ; car ici il est difficile de faire intervenir conseils et commissions électifs. L'école ne doit pas être murée, elle doit même être largement ouverte et ne pas éviter l'œil du père de famille ; mais elle ne peut dépendre de lui. Elle doit obéir, du plus haut au plus bas degré, à une pensée générale, à un unique dessein, lequel ne peut

être conçu qu'en haut. Puisqu'elle a pour but
« d'élever » la nation, de la tirer, plus ou moins, et
autant que possible, vers le point où les plus hautes
intelligences du pays ont atteint, c'est à un plan d'ensemble
médité et tracé par les esprits et les expériences
les plus haut situés qu'elle doit se conformer et se
plier. — Tout au plus dirai-je, d'accord en ceci avec les
principes généraux de Guizot, que *tout en haut*, dans
un conseil supérieur présidant aux destinées de l'enseignement
et surveillant ses démarches, pourraient avec
profit venir délibérer, exposer des idées, des désirs et
des regrets, s'éclairer aussi et se rendre compte, renseigner
et se renseigner, des pères de famille choisis par le
corps des pères de famille de la nation. — Mais ceci
même ne donnerait point satisfaction au principe et au
besoin de liberté. La liberté, en fait d'enseignement,
ne peut donc pas s'organiser *intérieurement*, pour ainsi
parler, s'organiser dans la chose d'État elle-même. Reste
qu'elle s'organise en dehors de l'État. C'est où il
faut se résigner, et c'est à quoi Guizot s'est rangé avec
beaucoup de franchise et de courage.

La liberté d'enseignement était inscrite dans la
charte de 1830. En 1833, il l'a fondée dans l'enseignement
primaire. A plusieurs reprises il a ramené
cette question dans les discussions parlementaires, au
point de vue des autres degrés d'enseignement. En
1836, en 1841, en 1844, en 1846 il a ou soutenu ou
proposé, selon qu'il était ministre ou député, cette
grande et délicate réforme, et toujours avec ces mêmes
arguments que nous connaissons, toujours en se plaçant
au point de vue de l'État et de l'intérêt de l'État,
plutôt qu'au point de vue du principe libéral abstrait
et d'un droit de l'homme, toujours considérant la li-

berté comme un élément de progrès pour l'État lui-même, toujours disant : la liberté ce n'est que la quantité d'initiative personnelle qui serait perdue pour l'État dans le système purement autoritaire, que nous forçons, en lui permettant d'être, de revenir, même involontairement, au profit de l'État, en ses derniers effets ; et, par exemple, dans l'espèce où nous sommes, disant : « Le régime de la concurrence, le spectacle de la liberté tourneront au profit de l'État, au profit des établissements de l'État, au profit même du gouvernement qui les dirige. »

De ce système futur d'enseignement national, avec l'État au centre, donnant l'enseignement tel que le conçoit la partie centrale du pays, avec la liberté d'enseignement à l'aile gauche et à l'aile droite, surveillée encore par l'État, et tenue à respecter la morale publique, la constitution et ses lois, il avait donné comme l'image réduite et le premier crayon dans son admirable loi de 1833 sur l'enseignement primaire, qui a réellement fondé l'enseignement primaire en France.

L'enseignement primaire libre ; pouvant être donné par tout homme qui justifie d'une instruction suffisante pour le donner ; répandu ainsi sur toute la surface du pays par tous les hommes de bonne volonté ; surveillé par l'État seulement au point de vue du respect de la morale et des lois ; — au milieu, en quelque sorte, de cet enseignement, un enseignement donné par l'État pour servir de modèle, de guide et d'exemple, ne gênant point l'initiative privée, ne la faisant pas reculer devant lui, vivant sans hostilité à côté d'elle, mais destiné surtout à pénétrer jusqu'où elle n'a pas le courage ou la force d'aller ; — cet enseignement, quoique donné par le gouvernement qui est un parti, n'ayant rien, mettant toute sa vigilance à n'avoir rien d'un enseignement de parti ; recevant l'expresse recommandation de ne blesser aucune opinion, et, pour n'en blesser aucune, de ne toucher à aucune question actuelle et à aucun point en discussion ; — cet enseignement représentant plutôt l'État que le gouvernement, et, en tant qu'image, en quelque manière, et représentation de l'État, ayant, d'une part, avec des pouvoirs populaires (maires, conseils communaux) des rapports définis, d'autre part avec les Églises des espèces de *concordats* qui leur permettent de pénétrer en lui pour enseigner leurs doctrines, sans leur permettre de l'envahir ; — cet enseignement enfin, si mêlé qu'il soit à dessein à la nation, si bien plongé qu'il soit en elle, sachant cependant qu'il trouvera toujours protection et défense du pouvoir, si ces relations si multiples et si délicates avec ce qui l'entoure rencontraient des difficultés et des heurts : — voilà les lignes principales de cette loi de 1833 conçue dans l'esprit le plus généreux, le plus libéral, je dirai le plus optimiste ; inspirée par une confiance dans le bon sens national et même populaire, que Guizot a été souvent loin d'avoir ; inspirée par un esprit de paix civile et religieuse, de tolérance et de liberté, qui fait le plus grand honneur à son auteur ; œuvre, du reste, qui a duré, qui a prouvé par son succès le bon sens, la fermeté et la mesure de l'esprit qui l'avait conçue, et œuvre qui suffirait, à défaut de toute autre, à garder le nom de Guizot contre l'oubli.

Voilà ce que nous appelions la politique libérale de Guizot et de son parti. Elle a été grande et bonne, et nous avons vu, par la date de 1846, que, jusqu'à la fin, il n'a jamais songé à abandonner cette partie de sa tâche. Il a fini cependant par être presque absorbé par l'autre, par la politique de résistance, et la politique de résistance est restée ce qui le caractérise devant l'histoire.

Il y a à cela bien des raisons. Guizot représentait la politique du juste milieu précisément à l'époque de l'histoire contemporaine où le juste milieu était le plus difficile à trouver et à garder, et où il y avait le moins d'appuis et de soutiens dans le pays pour cette politique. Il est malaisé à un gouvernement issu d'une révolution de n'être pas dans l'extrême du laisser-aller ou dans l'extrême de la résistance. La révolution d'où il sort, pèse sur lui et le force soit à suivre le mouvement, soit à montrer une extrême vigueur de réaction à n'y point céder. Ce qu'il a devant lui, c'est le droit révolutionnaire qui vient de renaître ou de se raviver dans une grande manifestation et un grand acte.

Dès les premiers mois d'existence du gouvernement de Juillet, Guizot a très heureusement et spirituellement défini cet état de choses. Il a dit : le gouvernement de Juillet a son article 14. La charte de 1815 avait un article 14 qui, un peu indiscrètement interprété, annulait tous les autres, en permettant de les violer. Le gouvernement de Juillet a son article 14. Il a sa charte, sa constitution, son établissement régulier et normal, voilà qui est bien. Et puis, il a en face de lui le droit populaire, le droit révolutionnaire, qui vient de s'exercer, qui prétend ne pas s'être épuisé en s'exerçant, qui a fait ou admis la charte de 1830, qui l'a acclamée et qui prétend tous les jours ne la tenir pour quelque chose qu'autant qu'il lui plaira. Charte *octroyée* par le roi, c'était 1815 ; charte *octroyée* par le peuple, on affirme que c'est 1830. Pouvoir antérieur et supérieur pesant sur la charte de 1815 et la menaçant, et, à la menacer, la ruinant, c'était la restauration; pouvoir antérieur et supérieur pesant sur la charte de 1830 et l'ébranlant sans cesse, c'est l'institution de juillet. Dans les deux cas, c'est donner et retenir, qui ne vaut, mais qui est une chose bien naturelle, celui qui prétend avoir donné croyant toujours avoir un droit de reprise sur le don.

C'était une difficulté, en effet, d'où il était bien vrai qu'on ne pouvait sortir que par une attitude de résistance beaucoup plus énergique que celle dont a besoin un gouvernement ancien et aux origines confuses et oubliées. Le « qui t'a fait roi ? » n'a d'importance et n'est même sérieux que dit à un roi de la veille. — A la vérité, au point de vue pratique, ce vice originel est un pur rien. Un gouvernement est un fait historique. Il puise sa légitimité dans le bien qu'il fait, dans le mérite qu'il montre, dans la manière dont il s'acquitte de sa tâche. Mais dans la discussion, dans les discours, dans les pamphlets et journaux, dans toute la matière oratoire, ce défaut originel a une importance extraordinaire, tant il est aliment facile et entretien copieux de raisonnements et d'argumentations. — D'où il suivrait qu'un gouvernement issu d'une révolution ne peut pas être un gouvernement de discussion. C'est la vérité, et les personnages qui font des coups d'État le savent parfaitement. C'est une preuve à l'appui de cette idée générale que les révolutions sont ce qu'il y a de plus impropre à fonder un régime libéral. — Le gouvernement de Juillet était donc condamné, comme tout autre à l'issue d'une révolution, à n'être pas un gouvernement de discussion. Mais, ce qui est à son grand honneur, il voulait l'être ; et de là précisément naissait la difficulté, et de là naissait la nécessité pour lui, tout en étant un régime de discussion, d'être un régime très hérissé, très ferme et très « résistant ».

Ces choses, Guizot les avait vues dès le commencement, et, malgré son libéralisme, ne pouvait pas cesser de les voir. Il avait bien compris qu'étant donnée cette situation, ce qu'il fallait c'était, au milieu et comme au centre du régime de discussion, créer un groupe compact, solide et résolu, qui disputât peu, et ne se laissât guère entamer par les disputeurs. Discipliner le parti du centre, ce fut son œuvre, et il y réussit. Mais une grande faute, qu'il a reconnue lui-même (ou à peu près), ne laissa pas de compromettre cette œuvre utile et de lui ôter quelque chose de sa solidité. On a beau être un intransigeant du centre, on reste un intransigeant. On l'est de caractère ; on est entier, tranchant, altier, et, malgré un grand goût pour la discipline des autres, indiscipliné. Guizot le fut en 1838. Il quitta son parti pour suivre ses rancunes. Il donna à son groupe, pour renverser Molé, l'exemple de l'indiscipline, qu'il n'admettait pas contre lui-même. Il s'agrégea à une coalition parlementaire dont les suites, à la vérité, le ramenèrent au pouvoir en 1840, mais qui, sans aucun doute, avait, en déconcertant l'opinion conservatrice, ébranlé la base même du régime. En 1840, il retrouvait sous sa main son parti, et fidèle encore, mais qui avait passé par une trop rude secousse pour avoir gardé toute sa cohésion ; et dès lors le fondement où il s'appuyait était à la fois et moins ferme et plus étroit.

Cela au moment où, aux difficultés premières, indiquées plus haut, des difficultés nouvelles, ou les mêmes prenant un caractère nouveau et plus grave, venaient s'ajouter. C'était une époque plus divertissante pour l'observateur ou l'historien que pour l'homme d'Etat. Il n'y en a pas eu, je crois, où la France intellectuelle ait été plus divisée, plus dispersée, et, dans les directions différentes où elle s'élançait, plus ardente. Le xviii° siècle, avec ses deux grands partis très tranchés, dont l'un très faible, est moins agité ; la restauration, avec ses trois partis, mais partis presque exclusivement politiques, est moins violemment tirée en sens contraires. La multiplicité des opinions philosophiques, religieuses, politiques, économiques, « sociales, » et la contrariété extrême de ces opinions, et leur audace violente, caractérisent particulièrement le règne de Louis-Philippe, et plus précisément la période de 1838 à 1848. C'est ce que Guizot a appelé, d'un mot très juste, quoique véhément, selon la manière qui lui était trop accoutumée, « l'anarchie intellectuelle. »

Elle était incontestable. Nul temps où, à la lettre, tout ait été remis en question plus complètement. Il faut se figurer non pas mille petits Voltaire et petits Montesquieu, mais mille petits Rousseau, tous voulant, chacun dans son sens, refaire et refondre exactement la société tout entière et le monde entier. A cette époque, tout est parti extrême. Il y a là légitimistes, ultramontains, bonapartistes, républicains, socialistes, et socialistes de dix écoles différentes ; et tous sont immodérés, les légitimistes étant absolutistes, les ultramontains étant jésuites, les bonapartistes étant despotistes, les républicains étant radicaux, les socialistes étant chimériques ; et tous encore admettent les plus singuliers mélanges qui les défigurent sans les tempérer, les légitimistes réclamant le suffrage universel, et les ultramontains la liberté d'enseignement, les bonapartistes se réclamant de la révolution française, et les républicains professant, sous couleur de propagande démocratique, la politique de conquêtes. C'est une anarchie intellectuelle ; c'est surtout une cacophonie.

Au milieu de tout cela, on comprend que le juste milieu ait fort à faire. Rien que pour se trouver lui-même il est empêché, car parmi tant de contrariétés, il n'y a plus de juste milieu. Ajoutez que tous ces partis divers ont à leur service et l'éloquence et l'imagination, qualités littéraires et défauts politiques qui ont été développés jusqu'à l'excès par le romantisme, et un imposant et spécieux appareil philosophique. Ils ont profité du grand travail intellectuel et de la gymnastique raisonnante de deux siècles tout pleins de subtils et vigoureux disputeurs. Leurs facultés d'abstraction se sont développées à souhait. Ils s'appuient tous sur des principes et ils en tirent miraculeusement toutes les conséquences. Or le juste milieu n'a pas de principes et se défend d'en avoir. Il est un parti positif. Il cherche à connaître les faits et à en prendre la moyenne, pour gouverner selon ce qu'ils exigent ou comportent. C'est une grande infériorité dans la discussion ; et le régime d'alors est un régime de discussion. Le juste milieu paraît bien pâle, bien terne et bien mesquin au milieu de tant de belles et sublimes témérités. Dans de telles conditions, durer, et, pour durer, s'en tenir à la politique de résistance, s'en tenir à la politique négative, paraît tout ce qu'on peut faire. Le « parti des bornes » pourrait répondre : « Je tâche d'être le parti des digues. »

Il est très vrai, en thèse générale, qu'un gouvernement doit être une initiative et qu'il perd à ne pas l'être ; mais il est des cas où il lui est extrêmement difficile de prendre ce rôle. Un de ces cas, c'est quand l'initiative est prise, et avec éclat, par tout le monde et dans tous les sens. L'office du gouvernement est alors de dire, même avec une fermeté un peu impérieuse : « Commençons par tâcher de nous rasseoir. » Guizot, de 1840 à 1848, pouvait dire, comme Guillaume d'Orange : « Je maintiendrai ; » ou plutôt, ce qui n'était point déjà une si petite affaire : « Je retiens. » Tâche ingrate où il avait été forcé de se réduire et qu'il a accomplie avec conscience, avec courage et avec une éloquence qui, de plus en plus, devenait puissante, vigoureuse et éclatante.

A quoi il résistait le plus vivement, c'était à ce qu'il appelait « l'esprit de 91. » L'esprit de 91, c'était l'esprit révolutionnaire sous ses deux aspects, esprit d'agitation à l'intérieur, esprit d'intervention, de propagande et de guerre pour l'émancipation des peuples à l'extérieur. Il s'était formé, de 1820 à 1830, un sentiment assez singulier où l'amour-propre national trouvait son compte, et certaines dispositions mystiques un aliment. C'était une espèce de religion de la révolution française. Les hommes qui ont fait leur éducation d'esprit avant 1820 ne l'ont nullement. Ils voient la révolution française comme une période historique où il y a un grand nombre d'opinions, de tendances, d'idées et de systèmes très divers, et de ces systèmes ils en adoptent un, avec modifications et tempéraments, selon leur tour d'esprit. Mais à partir de 1825 l'habitude s'établit, dans beaucoup d'esprits, d'ailleurs distingués quelquefois, de prendre la révolution comme une pensée unique, comme quelque chose d'indivisible, et de l'aimer et vénérer d'ensemble, en bloc, sans choix, sans distinguer ni les époques, ni les systèmes divers, et même contraires.

Ce phénomène intellectuel, très bizarre, est fort commun. On rencontre des gens qui trouvent le moyen d'être partisans à la fois de Voltaire et de Rousseau. Tout de même, le culte révolutionnaire embrassait d'une même ardeur Mirabeau, les girondins et les montagnards. Un peu d'ignorance ne nuisait pas à cette disposition d'esprit, un peu de mysticisme y servait beaucoup. Quand une idée, et surtout quand ce qui n'a jamais été une idée devient un sentiment, les contraires peuvent y entrer sans s'exclure et sans se gêner. La révolution était devenue une religion.

Dès lors, tout ce qu'avaient fait les révolutionnaires était bien, et était à recommencer. Dans cette vision confuse de l'époque révolutionnaire, ce qu'on apercevait vaguement, c'est que la France y avait été très agitée au dedans et très guerroyante à l'extérieur. C'était là un idéal que, d'instinct, et les uns avec beaucoup de tempéraments, les autres avec un emportement déclamatoire, les autres sans conviction et par simple concession à l'opinion, tous les hommes qui avaient la prétention d'être « avancés » entretenaient plus ou moins, dans leur pensée de derrière la tête, et caressaient avec plus ou moins de complaisance. Ce qu'on répétait, c'était, pour ce qui regardait les affaires intérieures : « Nous ne faisons rien. Nous n'avançons pas. Nous ne remuons pas. La France s'ennuie ! » pour ce qui regardait l'extérieur : « La France n'est plus le peuple chef. Elle ne remue plus le monde. Elle n'effraie plus les rois. Elle n'inquiète plus l'Europe. »

Il y avait d'extrêmes dangers dans l'une et l'autre politique, très vagues, du reste, d'autant plus dangereuses, et que personne, à cette époque, n'a déterminées avec précision. L'une et l'autre étaient la préoccupation, l'effroi et l'embarras constant de Guizot, à cause même de ce qu'elles avaient d'inconsistant et de presque insaisissable. Il luttait là non contre des doctrines, mais contre un état d'esprit, ou plutôt un état d'âme, que seul le temps et nos malheurs pouvaient faire peu à peu, puis brusquement, disparaître. Pour combattre un ennemi de cette sorte, il se réfugiait dans la résistance tenace, morose et un peu hautaine, et, sauf l'âpreté du dédain, il ne pouvait guère faire autre chose.

Pour ce qui est de la résistance particulière qui a été la cause ou plutôt l'occasion de sa chute, pour ce qui est de son opposition à toute extension du droit de suffrage, il y a à examiner d'un peu près.

Deux extensions du droit de suffrage étaient possibles, étaient réclamées, avaient des partisans : l'une était le suffrage universel ; l'autre consistait dans l'abaissement du cens et l'adjonction des « capacités. » La première, il la repoussait absolument. Rien n'était plus contraire à toute sa pensée. Rien n'était plus contraire à ce système de direction du pays par la classe moyenne qui était le sien. Chose curieuse, qu'on peut maintenant remarquer après coup, et dont il ne se doutait pas, le suffrage universel ne lui aurait pas été contraire, à lui Guizot, ou à un homme comme lui, ou à une politique analogue à la sienne. Le suffrage universel français est très résolument conservateur et pacifique, comme était Guizot ; et la politique de conservation, et la politique de paix presque à tout prix, et la politique ennemie ou ignorante des abstractions et des chimères, et la politique positive et réaliste, qui était celle de Guizot, est celle de notre suffrage universel quand on le laisse à lui-même, quand on ne le trompe pas, ce que certes Guizot n'aurait pas fait.

Mais que le suffrage universel fût cela, ni Guizot ni personne ne le savait alors, ni ne le supposait. Le suffrage universel dont je viens de parler, c'est le paysan français, et tout le monde alors ignorait le paysan. On ne connaissait que la grande bourgeoisie, la petite bourgeoisie et le peuple des villes. Tous, amis et adversaires du suffrage universel, se le représentaient comme la France aux mains des ouvriers. Le mot « peuple » alors n'avait pas d'autre sens. C'est ce suffrage universel-là que Guizot a repoussé de toutes ses forces.

S'il a vu plus loin, ce que je ne crois pas, mais ce qui est possible, il a pu voir le paysan bien insuffisamment éclairé encore par sa loi de 1833 pour pouvoir gouverner le pays. Il a pu le croire sage, bien intentionné et conservateur, mais très capable d'être séduit et trompé par les apparences ; il a pu croire qu'avec un gouvernement comme celui de Guizot, de Molé, de Thiers ou de Lamartine, il ferait de bonne politique et même serait un admirable et invincible obstacle à l'esprit de chimère, de précipitation et d'aventures ; mais il a pu croire aussi qu'il soutiendrait par esprit de conservation tel gouvernement aussi chimérique et aventureux que possible ; il a pu prévoir l'Empire et tout ce qui s'en est suivi, auquel cas il est difficile de lui reprocher d'avoir repoussé le suffrage universel.

Et sans faire d'hypothèses, et à prendre les choses en gros, il a cru qu'il fallait marcher pas à pas, et que l'intervention brusque d'une force inconnue comme celle du suffrage universel ne pouvait être pour le pays qu'une secousse terrible, et que le suffrage universel en 1848, c'était vraiment trop tôt. — Il a pu croire encore, en se reportant à ses principes généraux, que, dût-on organiser le suffrage universel comme instrument politique, il ne faudrait pas lui donner tout. Le suffrage universel, du moins en France, à la condition qu'on ne le trompe pas, est, et surtout sera, à mesure qu'il sera plus malaisé de le séduire, élément de stabilité. Il n'est pas élément de progrès, d'innovation, d'invention et d'habileté. Il ne pense pas, et n'a pas le temps de penser. Il n'a pas d'idées. Il ne poursuit pas un but. Il n'a pas à proprement parler de volonté ; car il ne sait pas ce qu'il veut. Il sait ce qu'il ne veut pas. Ses décisions, on peut vérifier, ont toujours le caractère d'une protestation, d'un refus, d'un *halte-là*. C'est toujours, non pas quelque chose qu'il demande, mais quelque chose qu'il repousse ; ce n'est pas une voie qu'il ouvre, c'est un chemin où il refuse de s'engager.

C'est pour cela même qu'il est si essentiel de connaître son sentiment ; car savoir ce que ne veut pas le peuple est nécessaire pour éviter les explosions, ou seulement les grands malaises sociaux. Mais ce n'est pas ce qu'il veut qu'il faut lui demander ; car il n'en sait rien ; ce n'est pas à lui-même qu'il faut lui demander de se gouverner ; car il ne le sait pas. Dans une constitution bien faite, le peuple, par la Chambre qui le représenterait, devrait avoir le *veto*, et les classes pensantes, par la Chambre qui les représenterait, l'initiative. A tous les égards, le suffrage universel devait donc paraître à Guizot, comme évolution historique, prématuré, et, à le prendre rationnellement, imparfait.

Quant à l'extension limitée du droit de suffrage, quant à l'abaissement du cens et à l'adjonction des capacités, Guizot, avait des raisons très graves, quoique d'un caractère un peu personnel, pour repousser aussi cette réforme moins radicale. Cette opposition contre laquelle il combattait avec tant d'énergie, cette opposition remplie ou au moins touchée de « l'esprit de 91, » cette opposition qui ne détestait pas assez une certaine agitation à l'intérieur et une certaine propagande révolutionnaire à l'extérieur, d'où venait-elle, et qui l'envoyait à la Chambre? Précisément cette bourgeoisie du second degré, cette bourgeoisie des médiocres fortunes, et cette bourgeoisie des « capacités » qu'on voulait faire entrer à rangs plus pressés dans le corps électoral et dans le « pays légal, » comme on disait alors ; cette bourgeoisie du second degré, que Guizot trouvait bien complaisante, sinon bien ouverte, à « l'anarchie intellectuelle » ; cette bourgeoisie du second degré, que Guizot craignait, je ne dis pas plus que le suffrage universel, mais tout autant. — Et c'était justement la classe moyenne, que Guizot en théorie avait tant aimée, qu'en pratique, à cette époque, il jugeait bien imprudente et hantée d'idées hasardeuses. Son avènement eût désorganisé, selon lui, ce parti du centre, qu'il avait eu tant de peine à former et à discipliner, eût compromis toute son œuvre. Il résistait.

Il avait de bons arguments. Il faisait remarquer que l'extension graduelle du suffrage était dans ses idées et dans son programme, mais à la condition qu'elle fût graduelle ; or qu'en 1830 il n'y avait que 99,000 électeurs politiques et qu'en 1842 il y en avait 224,000, et que c'était déjà, en douze ans, aller assez vite. Il faisait remarquer que l'agitation pour l'extension du droit de suffrage semblait bien superficielle, et que le pays ne paraissait nullement demander cette réforme. Cela ne laissait pas d'être assez vrai ; car le langage même de l'opposition donnait raison à Guizot sur ce point. L'opposition reprochait au gouvernement « la torpeur » du pays ; c'était un des lieux communs oratoires du temps. Et en même temps, elle prétendait que le pays réclamait une plus grande coopération au gouvernement. Il ne la réclame pas bien énergiquement, répondait Guizot, puisque vous assurez qu'il dort, pour me reprocher de le laisser dormir. Est-ce à moi de lui donner cette agitation que vous déplorez qu'il n'ait pas ? — Il faisait remarquer surtout qu'il avait la majorité dans le parlement, qu'il se conformait à l'esprit de cette majorité, que quand la majorité serait convertie à la réforme, elle remplacerait M. Guizot par un autre, qui la ferait.

C'étaient de bons arguments plutôt que de bonnes raisons. En me défendant de juger par l'événement, ce qui est trop facile, et en m'efforçant loyalement de me placer en janvier 1848, je remarque qu'à la vérité l'agitation réformiste était superficielle et qu'un gouvernement plus rigoureux l'aurait réprimée bien facilement ; mais je remarque que l'*intention* réformiste, sous sa forme régulière et légale, était assez forte. La dernière fois que la question s'est posée, en février 1848 (amendement Sallandrouze), la « réforme » a eu 189 voix contre 222. Dans une Chambre où il y a des fonctionnaires, et où la majorité a été dressée et disciplinée par une main très ferme, trente voix de majorité, ce n'est qu'une majorité matérielle, et qu'une réforme importante ait 189 voix contre 222, cela prouve qu'elle est mûre.

Et je ne vois nullement pourquoi Guizot aurait cru devoir laisser à un autre le soin d'accomplir la réforme ainsi demandée. Il connaissait assez sa chère histoire d'Angleterre pour savoir que, bien des fois, un ministre dirigeant s'est mis à la tête de la réforme longtemps combattue par lui, une fois qu'il la jugeait nécessaire. C'était chose à tenter ; c'était chose où il y avait de l'honneur. — C'était chose aussi où il y avait des tracas, et je crois bien que c'est un peu pour cela que Guizot s'y est refusé. Qu'on ne s'étonne point de voir attribuer un tel motif à un homme si courageux. Guizot travaillait, et toujours avec de nouveaux redoublements d'ardeur, depuis trente-cinq ans, et depuis huit ans presque tout le poids du gouvernement, et encore plus presque tout le poids des discussions, était sur lui. Il me semble voir en lui, à cette époque, quelques traces de fatigue. La fatigue, chez les hommes énergiques, se manifeste par une certaine irritation et un certain entêtement.

Il résista. Certainement ce fut un malheur. Il aurait fallu, en France, ne pas arriver si vite à la démocratie pleine et entière. Il aurait peut-être fallu arriver à la république avant d'arriver à la démocratie. La France était beaucoup plus prête à celle-là qu'à celle-ci. Un pays est tout prêt à la république, et en vérité y est déjà, quand deux ou trois dynasties s'y disputent et y ont des partis considérables. Dans ce cas, la solution qui consiste dans l'exclusion de toutes les dynasties est bien près de s'imposer. A cet égard, la révolution de 1830, en créant une dynastie de plus, augmentait les chances de la république et en rapprochait l'échéance.

La France, à partir de 1830, était donc bien en chemin pour la république.

Elle y était aussi pour la démocratie, mais cela pouvait attendre, et devait attendre. L'extension graduelle du droit de suffrage était la marche naturelle, sûre, et la plus exempte de périls. La France, amenée peu à peu à une monarchie parlementaire très semblable à une république un peu aristocratique, ou, si les circonstances le voulaient, à une république parlementaire relativement aristocratique encore, c'était la transition évidemment naturelle et rationnelle entre la monarchie absolue d'autrefois et la démocratie pure vers laquelle le monde semble marcher.

A cette transition, Guizot pouvait aider, et la situation, même la situation parlementaire, semblait le lui prescrire. C'est un peu de sa faute (si tant est que, dans ce grand hasard de l'histoire, les fautes individuelles doivent entrer en ligne de compte), si l'inverse même de ce qui eût été bon s'est produit, si la France a été en démocratie avant d'être en république. La France, jetée en pleine démocratie en 1848, après quelques mois de gouvernement républicain ou plutôt de révolution, a été démocratie sans être république, pendant vingt et un ans, de 1849 à 1870, et n'est arrivée à la république qu'après vingt et un ans de démocratie non républicaine. Au lieu que ç'ait été la république qui ait fait l'éducation de la démocratie, c'est la démocratie non républicaine qui a fait l'éducation de la république. Les inconvénients s'en font sentir encore, et quelquefois d'une manière cruelle.

Il en est résulté particulièrement une chose sur laquelle Guizot, dans la retraite studieuse de sa vieillesse, a dû méditer. C'est que les classes moyennes, objet constant de la prédilection de Guizot, n'ont jamais gouverné en France. Elles n'ont pas gouverné avec lui, quoi qu'il en ait cru. Ce qu'il a pris pour elles était autre chose. La France a été gouvernée de 1815 à 1848 par une aristocratie.—Les classes moyennes n'ont pas gouverné non plus après Guizot, de quelque espoir qu'elles se soient flattées à cet égard en le renversant, ou plutôt en le voyant tomber. Elles ont été dépassées le même jour que lui. L'histoire a comme sauté par-dessus elles. 1848 a été pour la haute classe l'année des victimes, et, pour les classes moyennes, l'année des dupes. — Jamais le rêve politique de Guizot n'a été accompli. Il ne l'a pas réalisé en croyant le réaliser ; et, après être tombé, il ne l'a pas vu se réaliser malgré lui. Qu'eussent donné ces classes moyennes tant célébrées, on ne le sait. L'expérience n'a pas eu lieu ; la preuve par le fait n'a pas été faite.

Aujourd'hui même il ne faudrait pas croire que les classes moyennes soient arrivées par un détour à cette situation prépondérante. Elles ont une grande part dans le gouvernement de la nation, parce qu'il s'est trouvé que le suffrage universel français, en sa grande majorité, les a comme adoptées. Il y avait des affinités entre elles et le paysan. Mais ce n'est pas elles qui gouvernent, c'est le suffrage universel qui gouverne par elles. Elles gouvernent indirectement, en pliant leurs façons de voir à celles de la population rurale, et ainsi elles gouvernent avec une certaine gêne et gaucherie, et d'une manière qui n'est pas tout à fait conforme à leurs goûts et à leurs idées propres.

D'autre part, elles administrent le pays, les fonctionnaires sortant tous d'elles, et c'est un grand point ; mais encore administrer n'est pas gouverner ; on le voit assez à une légère mais réelle divergence qui existe entre l'esprit du gouvernement proprement dit et l'esprit de l'administration. L'esprit du gouvernement est celui des classes moyennes tenant compte des sentiments de la foule et toujours ramené à s'y plier ; l'esprit de l'administration est celui des classes moyennes indépendant de cette sujétion et relativement affranchi de ce souci ; et ainsi ni le gouvernement, quoique tiré des classes moyennes, ni les fonctionnaires, sortant aussi des classes moyennes, mais administrant, ne gouvernant pas, ne sont, dans le sens précis du mot, la classe moyenne gouvernant.—Non, l'expérience n'a pas été faite. Les idées de Guizot n'ont pas subi l'épreuve de la pratique. Ce que les classes moyennes auraient donné comme gouvernement, on ne le sait pas.

V

C'était un grand esprit rétréci par une grande volonté. Ce phénomène se produit souvent. Le caractère impérieux donne à l'intelligence, avec une force immense, une rectitude qu'on peut dire exagérée en ce sens qu'elle est un peu artificielle. Il semble toujours que la pensée de M. Guizot est plus grande qu'il ne lui permet de l'être. Il semble toujours qu'il serait un grand philosophe s'il ne ramenait sa philosophie à être pratique et immédiatement pratique ; grand historien, s'il forçait moins l'histoire à être une preuve de la nécessité de l'avènement des classes moyennes ; grand théoricien politique, s'il imposait moins à sa doctrine le devoir de soutenir son parti. Guizot est un penseur réprimé par un homme d'État. — Il a laissé des méditations philosophiques et religieuses volontairement très timides à force d'être prudentes, et qui ne captivent point les esprits, à force de s'adresser aux bonnes volontés. Il a laissé des considérations historiques d'une belle suite et d'un rigoureux enchaînement, mais qui donnent trop cette idée que c'est à leur but qu'elles sont enchaînées, et qu'elles ont trop pour cause unique leur cause finale.

Il a laissé moins une théorie politique, qu'une théorie de gouvernement; mais cette théorie de gouvernement est très belle, très élevée, très large et très pratique, et c'est un grand regret qu'on éprouve que l'homme qui l'a conçue, comme il arrive toujours, tant par sa faute que par celle de ses adversaires, et plus par celle de ses adversaires que par la sienne, l'ait mise en pratique surtout en ce qu'elle avait d'étroit.

Orateur qui a eu toutes les qualités oratoires, sauf la souplesse, comme aussi, sauf la souplesse, il avait toutes les qualités de caractère, il a, après tous les grands orateurs de l'époque révolutionnaire et de la restauration, augmenté la gloire de la tribune française. A la fois ample dans son exposition et serré dans sa dialectique, et bondissant magnifiquement sous l'interruption, il s'est montré dans les débats parlementaires puissant et redoutable, et beaucoup plus grand écrivain que dans ses écrits, trouvant à la tribune non seulement l'ampleur, la dignité et l'élévation, mais encore le relief, l'éclat et le mouvement qui ailleurs lui manquent. Le rôle qu'il a joué dans la politique active ne doit donc pas, au point de vue de la critique littéraire, donner du regret.

Cependant, si elle a ajouté par un endroit à sa gloire littéraire, par ailleurs elle lui a fait un peu tort. Trop absorbé, il l'a reconnu, par cette terrible vie parlementaire pendant dix-huit ans, il n'a étudié que d'un peu loin, et d'un peut haut, le mouvement intellectuel, si curieux, si passionnant, de ce siècle « le plus amusant de l'histoire, » comme a dit un maître railleur, qui peut se permettre de railler, parce qu'il est un maître. Ce mouvement des esprits, il l'a connu, il l'a mesuré, il l'a défini, brutalement, et non sans justesse, « anarchie intellectuelle ; » il ne l'a pas scruté et analysé. L'attente est trompée, il faut le dire, quand on lit les *Mémoires pour servir à l'histoire de mon temps.* Ils sont trop des mémoires pour servir à l'histoire de Guizot et de son parti. Ils sont trop circonscrits à l'enceinte du palais législatif. Comme les *Mémoires de Saint-Simon* sont l'histoire des corridors de Versailles, les *Mémoires* de Guizot sont trop l'histoire des couloirs du parlement ; et l'*Histoire de la pensée au XIX° siècle*, écrite par un historien, par un philosophe et un homme d'État, qu'on attendait, qui était presque promise, on est désolé qu'elle ne nous soit point donnée. Une certaine étendue de regard tout autour de lui a certainement manqué à Guizot.

Il a été le dernier ministre du gouvernement aristocratique en France, et le dernier chef de l'aristocratie politique en France. La France n'a été gouvernée aristocratiquement que de 1815 à 1848. Elle a eu pendant ce temps une aristocratie hétérogène et un peu improvisée, composée des débris de l'ancienne noblesse et de la partie la plus active de la haute bourgeoisie. Cette aristocratie n'a point démérité pendant son court gouvernement. Elle s'est montrée intelligente, sage, prudente, très patriote, très soucieuse du bien général et, si on la compare aux autres aristocraties que l'histoire nous fait connaître, très désintéressée. Elle a montré des qualités administratives du premier ordre : les Louis, Gouvion Saint-Cyr, Thiers et Guizot sont ses gloires. Elle avait, en général, une politique très positive, très réaliste, très attentive aux faits, très instruite des forces de l'homme et très ménagère des forces du pays, et qui, si elle ne se privait pas d'être éloquente, n'avait rien de déclamatoire. Elle n'avait aucun souci de « faire grand, » et se piquait si peu du chevaleresque qu'on lui a reproché son manque de charlatanisme. Elle était libérale, avec certaines timidités, mais avec une bonne volonté incontestable. Elle aimait la liberté de conscience, la liberté de pensée, la liberté de discussion, et la discussion. Elle était même, malgré ses hésitations et ses dégoûts, si libérale qu'elle a rendu difficile après elle l'exercice tranquille du despotisme.

Elle avait de graves défauts. Improvisée, elle manquait de traditions, d'idées générales arrêtées. Ce sont ces idées générales que Royer-Collard et Guizot ont voulu lui donner, l'un les faisant un peu subtiles et abstraites, l'autre s'appliquant à les lui faire très simples et un peu communes, pour qu'elles fussent pratiques. — Hétérogène, elle manquait de cohésion, un peu, mais vraiment très peu, parce qu'elle était hétérogène, beaucoup pour des raisons qui tiennent au caractère français, beaucoup pour des causes qui tiennent au système de gouvernement qu'elle pratiquait. Car il est à remarquer que si elle a été très divisée, alors qu'il fallait qu'elle se tînt fermement unie et liée, ce ne fut pas de classe à classe, et la noblesse luttant, par exemple, contre la grande bourgeoisie ; ce fut d'homme à homme et de groupe à groupe. Elle ne se montrait pas hétérogène, encore qu'elle le fût ; elle se montrait et elle était indisciplinée, parce qu'elle était française ; et le gouvernement parlementaire avec sa lutte continuelle d'homme à homme, à trois pas de distance et les yeux dans les yeux, avait développé ce défaut naturel. C'est cette discipline, qui lui manquait, que Guizot a mis tout son effort, et un effort si énergique qu'il passait le but, à lui donner.

Enfin, elle avait une préoccupation insuffisante, non certes des besoins, mais des sentiments de la foule. Elle n'a pas organisé, et même n'a jamais songé à organiser un système de consultation populaire, ce qui est absolument nécessaire à un gouvernement aristocratique. Elle n'a pas songé à trouver un moyen de savoir avec netteté, continuellement ou périodiquement, ce que pensait, espérait, regrettait ou rêvait le peuple ; et c'est une chose qu'il faut toujours savoir. Elle se contentait de dire, avec raison, du reste, qu'elle était une aristocratie ouverte, la plus ouverte du monde et accessible à tous par le travail. Il était vrai ; mais cela ne suffit point, il est nécessaire à une aristocratie non seulement qu'elle soit ouverte, mais qu'elle soit avertie.

A tout compter, elle a fait son métier avec conscience, avec habileté, avec courage et avec succès. Elle a une très grande et très belle place dans l'histoire de France. Guizot a été son dernier représentant, non le moindre. Il l'a conduite, il a essayé de la discipliner, il l'a aidée à faire quelques grandes choses, il lui a fait honneur. Elle est tombée avec lui. C'était tomber avec un noble porte-drapeau. Les dieux devaient sans doute « cet hommage aux mânes d'un tel homme » d'emporter avec eux le gouvernement aristocratique.

TABLE DES MATIÈRES

	Pages
AVANT-PROPOS.	V
JOSEPH DE MAISTRE.	1
I. La politique de Joseph de Maistre.	4
II. Ses idées sur son temps.	25
III. Sa philosophie.	32
IV. Son système religieux.	42
V. Remarques sur le système et la méthode.	50
DE BONALD.	69
I. Philosophie de Bonald. — Le système ternaire.	70
II. Philosophie de Bonald. — Les créatures.	86
III. La politique de Bonald.	105
IV.	119
MADAME DE STAEL.	123
I. Tendances générales.	124
II. Madame de Staël avant « l'Allemagne ».	185
III. Madame de Staël après « l'Allemagne ». — Sa philosophie.	148
IV. Ses idées sur l'art.	160

TABLE DES MATIÈRES.

Pages.

V. Sa politique. 173
VI. 183

BENJAMIN CONSTANT. 187

I. Son caractère. 188
II. Son caractère. — *Adolphe*. 196
III. La politique de Benjamin Constant. . . 210
IV. Ses idées religieuses. 232
V. 250

ROYER-COLLARD. 257

I. Conception générale de Royer-Collard. . 259
II. La politique de Royer-Collard. 264
III. Remarques sur ce système. 285
IV. 300

GUIZOT. 307

I. Le juste milieu philosophique. 311
II. Juste milieu politique. — La « classe moyenne ». 319
III. Quelle doit être la politique de la classe moyenne. 330
IV. Quelle a été la politique de Guizot. . . 340
V. 367

www.ingramcontent.com/pod-product-compliance
Lightning Source LLC
Chambersburg PA
CBHW050430170426
43201CB00008B/612